AF541584

योग पुराण

देवदत्त पट्टनायक की अन्य किताबें

शिव टू शंकर: गिविंग फॉर्म टू द फॉर्मलेस

कल्चर: 50 इनसाइट्स फ्रॉम माइथोलॉजी

लीडर: 50 इनसाइट्स फ्रॉम माइथोलॉजी

फेथ: 40 इनसाइट्स इनटू हिंदू माइथोलॉजी

धर्म अर्थ काम मोक्ष

देवदत्त पट्टनायक

मैथ्यू रूली के साथ

योग पुराण

64 आसन और उनकी कहानियाँ

अनुवादक: मिहीर सासवडकर

हार्पर हिन्दी
(हार्परकॉलिंस पब्लिशर्स इंडिया) द्वारा वर्ष 2022 में प्रकाशित
बिल्डिंग नं. 10, टॉवर A, 4th फ्लोर,
डीएलएफ साइबर सिटी, फेज II, गुरुग्राम 122002, भारत
www.harpercollins.co.in

P-ISBN: 9789354896743
E-ISBN: 9789354896156

कवर डिजाइन © : स्पेशल इफेक्ट्स ग्राफिक्स डिज़ाइन कम्पनी, मुंबई
टाइपसेटिंग : स्पेशल इफ़ेक्ट्स ग्राफ़िक्स डिज़ाइन कम्पनी, मुंबई
मुद्रक : न्यूटेक प्रिंट सर्विसेज प्रा. लि.

This book is printed on FSC® certified paper
which ensures responsible forest management.

HarperCollins *Publishers*, Macken House, 39/40 Mayor Street Upper,
Dublin 1, D01 C9W8, Ireland

विषय-सूची

देवी

ब्रह्मा

शिव

विष्णु

निवेदन और स्वीकृतियाँ

योग के छात्रों और शिक्षकों की कई पीढ़ियों को समर्पित, विशेषतः उन्हें जिन्होंने इस जीवन में योग का अनुभव करने में मेरी मदद की है: द योग इंस्टिट्यूट (योगेंद्र स्कूल) की सरलता से लेकर अय्यंगार स्कूल की सटीकता तक।

देवदत्त पट्टनायक

मैं इस पुस्तक में अपने योगदान को अपने शिक्षकों को समर्पित करना चाहूँगा: डेव, जिनकी योग के प्रति दिलचस्पी की वजह से ही उसके पुराणशास्त्र को समझने की मेरी जिज्ञासा बढ़ी और शेरिल, जिनकी दोस्ती, मार्गदर्शन और ज्ञान का मेरे जीवन पर बहुत बड़ा प्रभाव रहा है।

और मेरे बेटे ब्रैडली को, जिससे मैंने सीखा है कि ख़ुद से ज़्यादा किसी और से प्रेम और उनकी देखभाल करना वास्तव में संभव है, और जिसे मैं मेरे जीवन का सबसे प्यारा, सबसे दयालु व्यक्ति मानता हूँ – मैं तुमसे बहुत प्रेम करता हूँ।

मैं देवदत्त का सबसे ज़्यादा आभारी हूँ। मैंने उनकी *जय, इंडियन मायथोलॉजी* और *सेवन सीक्रेट्स* सीरिज जैसी पुस्तकें पढ़ी थीं। इसलिए जब योग के पुराणशास्त्र पर एक पुस्तक लिखने का मुझे पहली बार विचार आया, तो मैं जानता था कि कई वर्षों के अनुसंधान के बाद भी, मैं योग पर ऐसी उत्तम दर्जे की पुस्तक नहीं लिख पाऊँगा जो देवदत्त ने अन्य विषयों पर

लिखी थीं। जब मैंने उन्हें ईमेल भेजा, तो मुझे उनके जवाब की उम्मीद नहीं थी, और इस पुस्तक पर एक साथ काम करने के लिए उनसे निमंत्रण मिलने की उससे भी कम उम्मीद थी। उनके साथ इस पुस्तक पर काम करने के बहाने उनकी जैसी प्रेरक और प्रतिभाशाली हस्ती के साथ कुछ सृजन करने का अवसर मेरे लिए बड़े विशेषाधिकार और सम्मान का रहा है।

मैं अपनी माँ और शेष परिवार को उनके असीम प्रेम और समर्थन के लिए धन्यवाद देना चाहूँगा। लियो को, हमारी दोस्ती के लिए और मुझे पहली बार योग से परिचित कराने के लिए। मेरे शिक्षक, कारलिन, मैरीविक, जूली और जॉन को, अपने ज्ञान को लोगों के साथ बाँटने और योग परंपरा को संरक्षित करने के प्रति निष्ठावान रहने के लिए। पतंजलि, श्री टी. कृष्णमाचार्य, श्रीवत्स रामास्वामी, पट्टाभि और शरथ जोइस और बी. के. अय्यंगार और उन सैंकड़ों गुरुओं को जो सदियों से योग का ज्ञान प्रसारित करते आए हैं।

और अंत में, मैं आपका, मेरे पाठकों का आभारी हूँ। आपकी रुचि और समर्थन के बिना यह पुस्तक संभव नहीं होती। पुराणशास्त्र योग के अभ्यास को एक अवर्णनीय गहराई और समृद्धि प्रदान करते हैं। इस पुस्तक ने मुझमें इनके प्रति आकर्षण और प्रशंसा प्रेरित की। आशा है कि आपको भी इसका अनुभव हो।

मैथ्यू रूली

लेखक की टिप्पणी

यह पुस्तक योग के अभ्यास के बारे में नहीं है।
यह उस पुराणशास्त्र के बारे में है जिसने योग के
विचार का पोषण किया।

हम ऐसे विश्व में रह रहे हैं जहाँ बुद्ध को स्पा का प्रतीक बनाया गया है और स्वस्थ होने के बहाने हम वज़न कम कर और 'सिक्स-पैक ऐब्ज़' बनाकर हमारे घमंड को बढ़ावा दे रहे हैं। लोग स्वास्थ्य को एक धर्मनिरपेक्ष क्रिया मानते हैं। वे मानते हैं कि स्वास्थ्य धर्म या आध्यात्मिकता से अलग है। वे या तो इन्हें तिरस्कारपूर्वक नकारते हैं या अत्यधिक आक्रामकता से व्यक्त करते हैं। बहुत कम लोग इस बात को स्वीकार करते हैं कि श्रद्धा का मनोविज्ञान और समाज पर असर होता है या शरीर, मनोविज्ञान और समाज के बीच संबंध होता है। आधुनिक काल में योग पर कोई भी बातचीत करते समय ऐसी

तीक्ष्ण बहस से बचना मुश्किल हो गया है कि क्या योग केवल स्वास्थ्य बनाए रखने की एक पद्धति है या उसके कोई आध्यात्मिक (रहस्यमय या मनोगत), धार्मिक (हिंदू, बौद्ध या जैन) या सांस्कृतिक (भारतीय) पहलू भी हैं।

कट्टरपंथी हिंदू, यहाँ तक कि वे हिंदू भी जो भारत छोड़ चुके हैं, योग पर अपना हक़ जमाते हैं और उसे नैतिकतावाद (औपनिवेशिक काल की एक देन) और भक्ति के दृष्टिकोण से देखने पर दृढ़ हैं। ऐसा करने में वे लोक-साहित्य में वर्णित कामुक योगिनियों की भूमिका और योगियों के साथ जुड़ी जादुई शक्तियों के महत्त्व को अनदेखा करते हैं। उन्हें डर है कि योग पाश्चात्य देशों द्वारा सांस्कृतिक रूप से अपनाया जाएगा। इसके जवाब में कई पाश्चात्य शिक्षकों ने योग को अपनी जड़ों से अलग करने का प्रयत्न किया है। उनका तर्क यह है कि विश्व में आधुनिक योग भारतीय संतों, या हिंदू रीति-रिवाज़ों और विश्वासों के बजाय यूरोपीय उपनिवेशवादियों और अमरीकी उद्यमियों के कारण उभरा है।

इसलिए, विवाद से बचने के लिए और इस हेतु से कि योग का लाभ अधिकतर लोगों तक पहुँच सके, कई योग शिक्षक अपने छात्रों को योग की विरासत के बारे में नहीं बताते हैं। वे उन्हें यह सिखाते हैं कि योग का संबंध ज्ञान की तुलना में स्वास्थ्य से अधिक है; शरीर के बारे में अधिक और मन के बारे में कम, और आत्मा के बारे में उससे भी कम है। फलस्वरूप, विश्वभर में योग का अभ्यास करने वाले बहुत कम लोग उससे जुड़े दर्शनशास्त्र के बारे में जानते हैं। योग के पुराणशास्त्र के बारे में उससे भी कम लोग जानते हैं: वह कहानियाँ, प्रतीक और अनुष्ठान जिन्होंने उस दृष्टिकोण को आकार दिया जिसमें योग का 3000 वर्षों से पोषण हुआ था। यह पुस्तक ज्ञान में इस कमी को एक ऐसे स्वर से भरने की उम्मीद करती है जो रूढ़िवादी के बजाय चुलबुला है; यह पुस्तक एक सत्य को प्रस्तुत करती है, एकमेव सत्य को नहीं।

कई लोगों को 'भारतीय' शब्द का उपयोग विवादास्पद लगता है। इसके बजाय वे दक्षिण एशिया जैसे भौगोलिक वाक्यांशों या हिंदू या बौद्ध या जैन जैसे धार्मिक विशेषण लगाने पर ज़ोर देते हैं। इससे मानविकी के क्षेत्र में विद्वतजनों की बेचैनी स्पष्ट है जो शुद्ध विज्ञान की सटीकता के साथ प्रतिस्पर्धा करना चाहते हैं। यह पुस्तक मुख्य रूप से भारतीय उपमहाद्वीप (दक्षिण एशिया) में उत्पन्न और पोषित होने वाले विचारों के संदर्भ में 'इंडिक' शब्द का उपयोग करती है, ऐसे विचार जो आज भी इस क्षेत्र में सांस्कृतिक और धार्मिक अभिव्यक्ति को प्रभावित करते हैं।

यह आसन के लिए नियमावली नहीं है, हालाँकि हमने आसनों पर कुछ विचार प्रस्तुत किए हैं। यह संभव है कि इस पुस्तक में सूचीबद्ध मुद्राओं को कोई दूसरा योग विद्यालय अलग नाम दे रहा हो। इसे दिखाने के लिए हमने आसनों के कुछ प्रकार भी समाविष्ट किए हैं। भारतीय संस्कृति मानकीकरण को नकारती है। प्रत्येक गुरु अपनी और अपने छात्रों की क्षमता और अनुभव के अनुसार अपने छात्रों को योग का ज्ञान देता है। हर आसन के सैकड़ों प्रकार और आशुरचनाएँ होते हैं। जो बातें बाहर से संरेखित नहीं लगती वे भी एक व्यापक विचार से बंधी हुईं होती हैं। तो कृपया *योग पुराण* पढ़ते समय यह ध्यान में रखें:

अनंत मिथकों में छिपा है सनातन सत्य
इसे पूर्णतः किसने देखा है?
वरुण के हैं नयन हज़ार
इंद्र के सौ
आपके मेरे, केवल दो

हिंदी संस्करण के लिए लेखक की प्रस्तावना

मैं हिंदी में नहीं लिखता। लेकिन हिंदी के माध्यम से ही *योग पुराण* में व्यक्त किए गए मेरे विचार कई सारे दर्शकों तक पहुँच सकते हैं। भाषा वह पात्र है जिसके माध्यम से विचारों का संचार होता है। हम उम्मीद करते हैं कि भाषा रूपी यह पात्र हमारे विचारों के भाव को नहीं बदलेगा। लेकिन हम सभी जानते हैं कि कोई भी अनुवाद दोषहीन नहीं हो सकता। लेखक जो कुछ भी कहता है उसका सार व्यक्त करने के लिए अनुवादक पूरी कोशिश करते हैं। मैं उन्हें प्रणाम करता हूँ। वे अजनबियों को साथ लाकर उन्हें दोस्त बनाने में मदद करते हैं।

उदाहरणार्थ, अंग्रेज़ी में 'the Truth' यह वाक्यांश पूर्ण सत्य को व्यक्त करता है। लेकिन भारतीय भाषाओं में the जैसे कोई निश्चयवाचक उपपद नहीं होता और न ही शब्दों को कैपिटल लेटर्स में लिखा जाता है। नतीजन, भारत में 'the Truth' का अनुवाद करना कठिन है। लोग इसका अनुवाद 'परम-सत्य' के रूप में करते हैं जिसका अर्थ है पूर्ण सत्य। लेकिन ग़ौर करने

पर आप समझेंगे कि पूर्ण सत्य गुणात्मक है, और असत्य के विपरीत है, जबकि परम-सत्य मात्रात्मक है और सीमित सत्य के विपरीत है।

हिंदू, जैन और बौद्ध पुराणशास्त्रों से संबंधित विचारों को अंग्रेज़ी में व्यक्त करने में इन चुनौतियों से जूझना पड़ता है। निश्चित ही इसी तरह की चुनौतियों का सामना हिंदी अनुवादकों को भी करना पड़ता होगा। कुछ लोगों का तर्क है कि केवल मूल भाषा सीखने से ही आप मूल अर्थ को समझ सकते हैं। लेकिन इतिहास में इंसानों ने कभी भी केवल एक भाषा नहीं बोली है। हमें दैनिक जीवन में एक से अधिक भाषाएँ समझनी पड़ती हैं।

मैं मानता हूँ कि तथ्य सबका सच है, कल्पना किसी का भी सच नहीं है, जबकि मिथक कुछ लोगों का सच है। मेरी पुस्तक भारतीय मिथकों पर आधारित योग की मेरी समझ को प्रस्तुत करती है। मैं आशा करता हूँ कि आप इसे सराहेंगे और इससे योग की आपकी समझ भी बढ़ेगी।

प्रस्तावना:
योग की विवरणात्मक पृष्ठभूमि

ध्रुवतारे के नीचे, बर्फ़ से ढके पत्थर के पहाड़, कैलाश पर्वत पर, जिज्ञासा का सूरज उज्ज्वलता से चमक रहा था। इस कारण बर्फ़ पिघलकर पहाड़ से ज्ञान की नदियाँ नीचे बह रही थीं। शक्ति शिव से प्रश्न पूछती गईं। आख़िरकार शिव ने अपनी चुप्पी तोड़ी और उन्हें बताया कि कैसे शरीर की सतहें विश्व की सतहों के साथ जुड़कर, एक ही रचना बन सकती है, बिना गाँठ और सिलवट की और आनंदपूर्ण। शिव के गले में लिपटे सर्प ने यह वार्तालाप सुना, जिससे उनमें कई सिर और हाथ अंकुरित हुए। अंततः वह मानव रूप लेकर पतंजलि के नाम से जाने

योग के रहस्यों का ख़ुलासा

गए और इस ज्ञान को विश्व के साथ साझा किया। यही ज्ञान एक मछली ने सुना और उसने मत्स्येंद्र नामक पुरुष का रूप लेकर उसे प्रसारित किया। इसी ज्ञान को अगस्त्य ऋषि दक्षिण ले गए। उत्तर से पहाड़ और नदियों के साथ वे अपनी सुंदर पत्नी, ऋषिका और योगिनी, लोपामुद्रा को भी वहाँ ले गए। जब सरस्वती ने यह ज्ञान ब्रह्मा को दिया तब एक हंस ने उनकी बात सुनी। जब हंस ने यह ज्ञान सप्त ऋषियों के साथ साझा किया तब वह हंस परम-हंस में परिवर्तित हो गया। आगे जाकर सप्त ऋषियों ने वह ज्ञान देवों और असुरों के साथ साझा किया। क्षीरसागर पर लेटे हुए विष्णु ने इसे लक्ष्मी के साथ साझा किया। अपने मत्स्यावतार में उन्होंने इसे मनुष्यों के नेता मनु के साथ भी साझा किया। यही ज्ञान सीता ने राम को दिया था, जब वे अपने सिंहासन पर बैठे थे। यह ज्ञान हनुमान ने सुना और आगे प्रसारित किया। राधा ने इसे कृष्ण को दे दिया, जिससे वे मधु-वन छोड़कर मथुरा जाकर अपने भाग्य को पूरा करने में सक्षम हुए। फिर कृष्ण ने यह ज्ञान रणभूमि में अर्जुन को दिया ताकि वे कुरुक्षेत्र में बिना क्रोध के लड़ सकें। वैरागी दत्तात्रेय ने यह ज्ञान हर जगह प्राप्त किया: चट्टानों और नदियों में, पेड़ों और जानवरों में, और पुरुषों और महिलाओं के व्यवहार में। तीर्थंकरों और बुद्धों ने भी उसे हर जगह प्राप्त किया। इस ज्ञान को 'योग' कहते हैं। और यह कथाएँ योग का पुराण हैं।

योग के पुराण का अध्ययन करने से पहले आइए समझते हैं कि योग क्या है और पुराण क्या है।

पतंजलि

योग क्या है?

भारत की महिलाओं में हर सुबह चावल के आटे से अपने घर के बाहर फर्श पर कोलम या रंगोली नामक रचना बनाने की परंपरा रही है। बिंदुओं को रेशाओं के साथ जोड़ा जाता है, हमें याद दिलाते हुए कि तारों को जोड़कर तारामंडल बनाने से हमें आकाश को समझने में मदद मिलती है। इसी तरह, डेटा के खंडों को जोड़ने से जानकारी बनती है, किसी चीज़ के भागों को जोड़कर संपूर्ण चीज़ बनती है और सीमित को जोड़ने से हमें असीम की खोज करने में मदद मिलती है। यह घरेलू अनुष्ठान योग के लिए एक रूपक है।

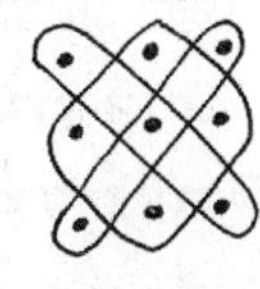

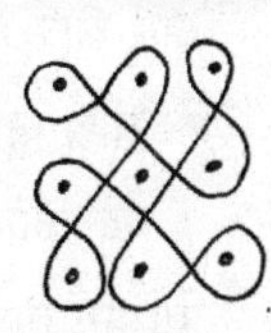

कोलम

योग (कई भारतीय बहुधा इसका उच्चारण 'जोग' करते हैं) का सबसे सरल अर्थ संरेखण है। यह संरेखण शरीर के दो भागों के बीच या दो वस्तुओं या दो अवधारणाओं के बीच हो सकता है। उदाहरणार्थ, भारतीय ज्योतिष-शास्त्र में जब तारें और ग्रह विशेष तरीक़े से संरेखित होकर एक लाभदायक आकृति तैयार होती है, तो इसका वर्णन 'योग' या 'जोग' शब्द के उपयोग से किया जाता है। सामाजिक संदर्भों में प्रतीत रूप से असंरेखित वस्तुओं के एक साथ आकर सफलता प्राप्त करने में इस शब्द का उपयोग किया जाता है। जो व्यक्ति प्रतीत रूप से असंरेखित बातों को भी संरेखित कर कार्यों को पूरा करता है उसे 'जुगाडू' या 'जोगाडू' (पूर्व भारत की ओडिया भाषा में) माना जाता है। हालाँकि इसका अर्थ है एक साधन संपन्न व्यक्ति, कभी-कभार इस शब्द का निंदात्मक उपयोग किया जाता है। योगी या जोगी और योगिनी या जोगिनी, वे थे जिन्होंने प्रतीत रूप से असंरेखित शक्तियों को संरेखित कर कार्यों को साधा। इस क्षमता ने योगी को 'योग्य' बनाया।

संदर्भानुसार, योग को विभिन्न अर्थ दिए गए हैं: शरीर के साथ मन का संरेखण, या श्वास और मन का संरेखन, या मन, श्वास और शरीर का संरेखन, या केवल शरीर के विभिन्न अंगों के बीच संरेखण। यह शरीर के आगे और पीछे के भागों में या बाएँ और दाएँ भागों में या उसके ऊपरी और निचले हिस्सों के बीच तालमेल हो सकता है। कुछ लोग कहते हैं कि यह समाज के साथ व्यक्ति का जोड़ है; जबकि दूसरे इसे दो मनुष्यों के बीच जोड़ मानते हैं, चाहे वह पति और पत्नी, या पालक और बच्चा, या शिक्षक और छात्र, या मित्रों के बीच हों। धार्मिक संदर्भ में, कोई इसे भक्त और देवता के बीच का जोड़ कह सकता है।

यह जोड़ कैसे साधा जा सकता है इसका वर्णन करने के लिए अब विभिन्न विशेषणों का उपयोग किया जाता है। उदाहरणार्थ, 'कर्म योग' कर्म के माध्यम से जुड़ने से संबंधित है, जहाँ हमारी व्यक्तिगत क्रिया एक बड़े सामाजिक लक्ष्य से संरेखित होती है; 'भक्ति योग' में भावनाओं के माध्यम से हम किसी व्यक्ति या व्यक्तिगत देवता के साथ जुड़ते हैं; 'ज्ञान योग' इससे अधिक बौद्धिक है; 'हठ योग' अधिक शारीरिक है; 'तंत्र योग' अनुष्ठानों और प्रतीकों के पक्ष में है।

योग-सूत्र के लेखक पतंजलि ने विभिन्न योग तकनीकों को सुव्यवस्थित किया। उनके अष्टांग योग को राज योग के नाम से भी जाना जाता है। अष्टांग योग में हम मानव शरीर की बहुत ही परंपरागत भारतीय समझ को जान सकते हैं। इस समझ के अनुसार मानव शरीर संकेंद्रित पात्रों की श्रृंखला के जैसे है, जिसमें भौतिक कोष (स्थूल शरीर) के बाहर सामाजिक कोष (कारण शरीर) होता है और भौतिक कोष के अंदर मनोवैज्ञानिक कोष (सूक्ष्म

अंदरूनी संबंध

शरीर) होता है। मनोवैज्ञानिक कोष के अंदर आत्मा होती है जो अमर है और जो हमें जीवित करती है। देह की निवासी होने के कारण आत्मा को देही कहा जाता है और वह परम-आत्मा नामक उस असीम कोष का भाग है जिसमें ब्रह्मांड होता है।

कई लोग कारण शरीर के लिए 'तारकीय शरीर' जैसे शब्द उपयोग करते हैं। लेकिन कारण शरीर सामाजिक शरीर के रूप में प्रकट होता है, जो उन सभी चीजों पर आधारित है जो हम पिछले कार्यों (कर्म) के प्रति प्रतिक्रियाओं के कारण स्वाभाविक रूप से हमारी ओर आकर्षित करते हैं या हमारे वर्तमान कार्यों (जो भी कर्म है), के माध्यम से हमारे जीवन में लाते हैं। भारतीय पुराणशास्त्र में माना जाता है कि कर्म हमारे जीवन की परिस्थितियों को आकार देता है, स्वैच्छिक और अनैच्छिक दोनों परिस्थितियों को। इसके अलावा, बौद्ध धर्म में, आत्मा शाश्वत नहीं है, बल्कि हमारे मनोवैज्ञानिक शरीर का निर्माण है। जैन धर्म में आत्मा को 'जीव' कहा जाता है।

योग-सूत्र में अष्ट अंगों का क्रम बाहर से अंदर तक की यात्रा समान बन जाता है। इस प्रकार यम, नियम, आसन, प्राणायाम, प्रत्याहार, धारणा, ध्यान और समाधि यह अष्टांग हैं।

बाहरी संबंध

यम जीवन के सामाजिक पहलुओं, दूसरों के साथ हमारे रिश्तों से संबंधित है। नियम अधिक व्यक्तिगत है, स्वयं के साथ हमारे रिश्ते से संबंधित। आसन योग का सबसे

लोकप्रिय दृश्य रूप है (लोकप्रिय क्योंकि हम आसनों की तस्वीर ले सकते हैं और वे दिखने में भी आकर्षक होते हैं) और हमारे शरीर से जुड़ा है। प्राणायाम श्वास से संबंधित है। प्रत्याहार हमारी ज्ञानेंद्रियों से संबंधित है, जिसके माध्यम से हम बाहरी विश्व से जुड़ते हैं, जिससे हम बाहरी विश्व से अंदरूनी विश्व तक की यात्रा कर पाते हैं। धारणा जागरूकता और दृष्टिकोण और हमारे विचारों को नियंत्रित किए बिना उनका मुक्त प्रवाह होने देने के बारे में है। ध्यान उस फोकस के बारे में है जहाँ हम संपूर्ण जागरूकता और सक्रियता से किसी भी वस्तु या विचार पर हमारा ध्यान केंद्रित करते हैं, जैसे कि जप करते समय। ध्यान शब्द से जापान में 'ज़ेन' शब्द उत्पन्न हुआ। जापान में बौद्ध धर्म के माध्यम से योग का प्रसार हुआ। समाधि परम से जुड़ने की प्रक्रिया है।

योगिक प्रथाओं का शरीर की संरचना से संबंध

शरीर	कोष	विवरण	योगिक प्रथा
कारण शरीर (सामाजिक कोष)		संबंध	यम
		अनुशासन	नियम
स्थूल शरीर (भौतिक कोष)	अन्न	शरीर	आसन
	प्राण	श्वास	प्राणायाम
सूक्ष्म शरीर (मनोवैज्ञानिक कोष)	मन	ज्ञानेंद्रिय	प्रत्याहार
	चित्त	भावनाएँ	धारणा
	बुद्धि	बुद्धिमत्ता	ध्यान
	आत्मा	आत्मा	समाधि

लेकिन परम क्या है? कुछ लोगों के लिए इसका अर्थ है कि आरंभिक स्रोत तक लौटना, शरीर के अंदर की आत्मा (जीव-आत्मा), जो अनंत काल तक शांत (आनंदित) है, भूख और भय से मुक्त, और शरीर में निवास करती है। दूसरों के लिए, यह मुड़कर बाहरी आत्मा के साथ फिर से जुड़ जाना है:

भगवान (परम-अत्मा), प्रकृति और संस्कृति के बिना।

'समाधि' इस शब्द का प्रयोग संतों की समाधि के लिए भी किया जाता है, इस मान्यता के कारण कि वे परमात्मा से जुड़े हैं। उनकी मृत्यु नहीं होती; वे बस अपने शरीर से फिसलकर बाहर निकलते हैं जैसे एक तलवार अपनी म्यान से निकलती है। इस प्रकार उनका शरीर शुद्ध है, मृत्यु से अनछुआ। इस प्रकार उनकी समाधि केंद्र-बिंदु बन जाती हैं जहाँ आप मानव और दिव्य विश्व के बीच संबंध देख सकते हैं। समाधि योग को काफ़ी रहस्यमय बनाती है। लेकिन कई लोगों के लिए, योग का एक मनोगत पहलू भी है। योग की साधना से योगी को 'सिद्धि' नामक जादुई शक्तियाँ प्राप्त होती हैं, जिनसे वह अपना आकार और विस्तार बदलने, हवा में उड़ने, पानी पर चलने, नि:संतान दम्पतियों को बच्चे प्रदान करने और राक्षसों और चुड़ैलों को पराजित करने में सक्षम बनते हैं।

कीलों की शय्या पर बैठा योगी

कई भारतीय लोककथाओं में योगी रहस्यमय होने के साथ तंत्र विधा में भी सिद्ध होते हैं। वे स्वेच्छा से अपने शरीर को छोड़ सकते हैं, मानो वह एक कवच हो, विश्वभर में और तारकीय लोकों की यात्रा कर सकते हैं, और अपनी इच्छानुसार लौट सकते हैं। सिद्धि को वीर्य-शक्ति से जोड़ा जाता है, वीर्यपात रोककर जब वीर्य मेरुदंड के नीचे से होते हुए मस्तिष्क में अंकुरित हो जाता है। तांत्रिक ग्रंथों में इस कृत्य को सर्प कुंडलिनी के खुलने और चक्रों के खिलने के रूप में वर्णित किया जाता है।

हड़प्पा के मुहर पर आदिम-शिव

योगिक मुद्राओं का स्रोत हम हड़प्पा काल की 4000 वर्ष पुरानी मिट्टी की मुहरों में पाते हैं, जिनमें एक व्यक्ति सिंहासन की मुद्रा (भद्र-आसन) में बैठा हुआ दिखाया गया है। लेकिन 'योग' शब्द, 3000 वर्ष पहले रचे गए वेदों से आता है। प्रारंभ में योग का उल्लेख गाड़ी को घोड़े या बैल से जोड़ने के लिए किया जाता था। ऋषियों ने, जो समाज के किनारों पर रहना पसंद करते थे और वास्तविकता के स्वभाव पर चिंतन करते थे, योग को आध्यात्मिक प्रथाओं के लिए एक रूपक बना दिया।

लगभग 2500 वर्ष पहले, बौद्ध धर्म और जैन धर्म जैसे मठवासी (संस्कृत में 'श्रमण') संप्रदायों के उदय के साथ, योग का अर्थ अधिक रूपकात्मक बन गया। अब, योग शब्द का उपयोग उन विभिन्न तकनीकों के लिए किया जाने लगा जिससे भिक्षु मनुष्यों को पुनर्जन्म (संसार) के चक्र में फ़ँसाने वाले भूख और भय से मुक्त करने में सक्षम बनाते थे। इस प्रथा ने बौद्धों को विस्मरण (निर्वाण), हिंदुओं को मुक्ति (मोक्ष), जैनों को सर्वज्ञान (कैवल्य), और सभी धर्मों के तांत्रिकों को अलौकिक शक्तियाँ (सिद्धि) प्रदान की।

बैलगाड़ी का जोड़

जब लगभग 2000 वर्ष पहले शिव और शक्ति की पौराणिक कथाएँ रची जा रही थीं, महाकाव्य महाभारत में पाए गए भगवद् गीता नामक संवाद में योग की बात भक्तिपूर्ण और रहस्यमय शब्दों में की जा रही थी। इसे बाद में वेदांत के विद्वानों ने लौकिक आत्मा (परम-आत्मा) के साथ व्यक्तिगत

आत्मा (जीव–आत्मा) के मिलन के रूप में समझाया, एक ऐसा विचार जो भारतीय गुरु अब पश्चिम में लोकप्रिय बना रहे हैं।

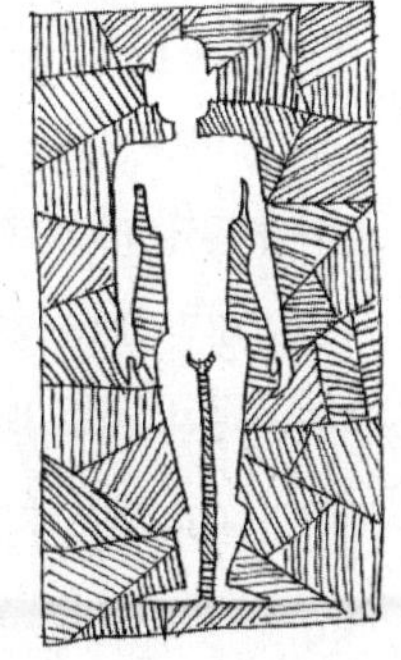

स्वयं (जीव, आत्मा)

योग की सबसे लोकप्रिय परिभाषा – चित्त वृत्ति निरोध – या मन की गांठों को खोलना – लगभग 1500 वर्ष पहले संहिताबद्ध की गई थी। इसका श्रेय पतंजलि को दिया जाता है, जिन्हें कुछ लोग एक ऐतिहासिक व्यक्ति मानते हैं और अन्य एक पौराणिक व्यक्ति मानते हैं, योग को शाश्वत ज्ञान माना जाता है, जो काल या देश से बाध्य नहीं है। इस काल तक, योग को तपस्या से जोड़ा गया था, साधुओं द्वारा मानसिक अग्नि (तप) को मंथन करने की क्रिया। उसे तंत्र से भी जोड़ा गया, मनोगत प्रथाएँ जिन्होंने भिक्षुओं को ब्रह्मांड के चलन को नियंत्रित करने और लोगों के भाग्यों को बदलने में सक्षम बनाया। इस प्रकार योग न केवल ज्ञान से बल्कि शक्ति से भी जोड़ा जाने लगा।

गोरख-नाथ जैसे नाथ योगी, जो लगभग 1000 वर्ष पहले रहते थे ने योग के भौतिक और मनोगत पहलू को अधिक महत्त्व दिया। इस काल में तांत्रिक साहित्य लोकप्रिय हो गया और बढ़ती मात्रा में योगिनियों की कथाएँ पाईं जाती हैं, जो मोहक और डरावनी दोनों हैं। उनके लिए गोलाकार में मंदिर बनाए गए, जिनमें छत नहीं थे ताकि वे सहजता से अंदर और बाहर जा सकती थीं। योगियों ने योगिनियों को नियंत्रित करने का प्रयत्न किया जिन्होंने बदले में योगियों को लुभाना और वश में करना चाहा।

योगिनी

मुख्यधारा में पाए जाने वाले आधुनिक काल के योग को, लगभग उन्नीसवीं सदी के उत्तरार्ध में औपचारिक रूप दिया गया था। इस काल में अंग्रेज़ों द्वारा शासित भारतीय बढ़ती मात्रा में जिमनास्टिक्स पर आधारित लोकप्रिय यूरोपीय स्वस्थ रहने की पद्धतियों के संपर्क में आ रहे थे। योग मानसिक स्वास्थ्य की तुलना में शारीरिक स्वास्थ्य से अधिक जोड़ा जाने लगा। पश्चिम में, धार्मिक वर्गों ने उसे 'पूर्वी धार्मिक अभ्यास' मानकर संदेह के साथ देखा। इसलिए योग के शिक्षक उसके आध्यात्मिक, रहस्यमय, मनोगत और धार्मिक पहलुओं को कम महत्त्व देने में विवश हो गए।

इतनी सदियों से, विभिन्न ऐतिहासिक परिवर्तनों के बावजूद, विश्व को समझने का एक सिद्धांत बना रहा है। यह सिद्धांत पहले वैदिक भजनों में व्यक्त किया गया, फिर बौद्ध, जैन, वेदांत और तांत्रिक दर्शनशास्त्र और अंत में पौराणिक, आगमिक और जातक कथाओं में व्यक्त किया गया। इस सिद्धांत को शानदार परिदृश्य, कथानक और पात्रों का उपयोग करते हुए प्रस्तुत किया जाता है। इस सिद्धांत के अनुसार काल और स्थान का न कोई प्रारंभ है और न कोई अंत है और वे हमेशा बदलते रहते हैं और मृत्यु के बाद लोग लगातार पुनर्जन्म लेते रहते हैं। यह मन को पदार्थ से, आत्मा को तत्त्व से, स्थूल को सूक्ष्म से, आकार को निराकार से, स्वयं को अन्य से और सीमित को असीम से अलग करता है। इसके अनुसार जीवन में चिंता और भय के कारण हमारा मन गाँठदार बनता है, क्योंकि जीवन बहुत सी माँगों से हमें डराता है। जीवित रहने के लिए और ख़ुद को पोषित रखने के लिए हमें भोजन की खोज करनी पड़ती है; हमें ख़ुद को ख़तरे से बचाना पड़ता है; हमें लगातार यह निर्णय लेने पड़ते हैं कि क्या हमें उस ख़तरे

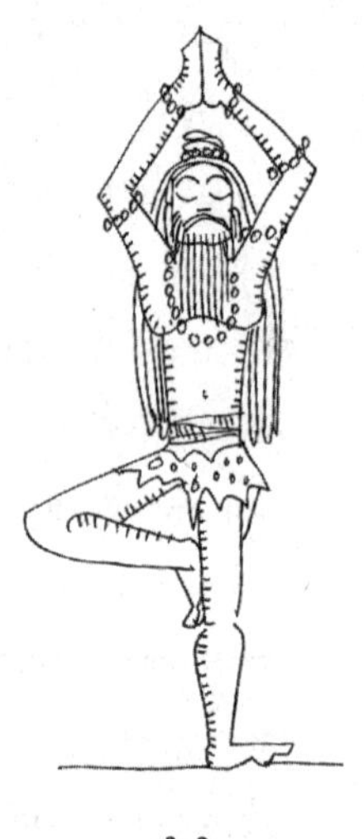

योगी

से भागना है या उससे लड़ना है और कभी कभार हम इन दोनों विकल्पों के बीच असमंजस में रह जाते हैं। हम कुछ वस्तुओं को खोज रहे हैं और अन्य वस्तुओं से दूर भी रह रहे हैं। योग एक ऐसी प्रक्रिया है जिसके द्वारा गाँठें खोली जाती हैं। उससे हम स्वयं को विश्व के वास्तविक स्वरूप के साथ संरेखित कर पाते हैं, न कि विश्व के हमारे काल्पनिक स्वरूप के साथ। इस अंतर्दृष्टि से, हम भूख और भय से मुक्त हो सकते हैं और अंततः पुनर्जन्म के चक्र से। हम रहस्यमय तरीक़े से ब्रह्मांड के साथ एकजुट हो सकते हैं या मनोगत शक्तियाँ विकसित कर सकते हैं जो हमें मानवीय समस्याओं को हल करने में मदद करती हैं।

पुराणशास्त्र क्या है?

एक तथ्य सबके लिए सच होता है क्योंकि वह ऐसे प्रमाण पर आधारित है जो मापा जा सकता है। कल्पना किसी की सच्चाई नहीं है क्योंकि वह फ़ैंटसी पर आधारित होती है। मिथक कुछ लोगों की सच्चाई है, जिसके माध्यम से विश्व उस संस्कृति को देखता है।

'मिथक' और 'पुराणशास्त्र' शब्द केवल तब विवादास्पद बन जाते हैं जब कोई उनकी उन्नीसवीं सदी की परिभाषाओं को स्वीकार करता है। उस काल में मिथक कल्पना और फ़ैंटसी का समानार्थी शब्द माना जाता था। वो सरल, द्विगुण युग बहुत पहले ही ख़त्म हो चुका है। इक्कीसवीं सदी में, दुनिया को हम और करीब से समझने लगे हैं। यह ध्यान रखना आवश्यक है कि शब्दों का अर्थ समय के साथ बदलता है। 'गे' शब्द आज समलैंगिकता को संदर्भित करता है न कि निश्चिंतता को जैसे कि वह एक सदी पहले करता था; यूनानियों के लिए 'न्याय' का अर्थ था पदानुक्रम का स्वाभाविक

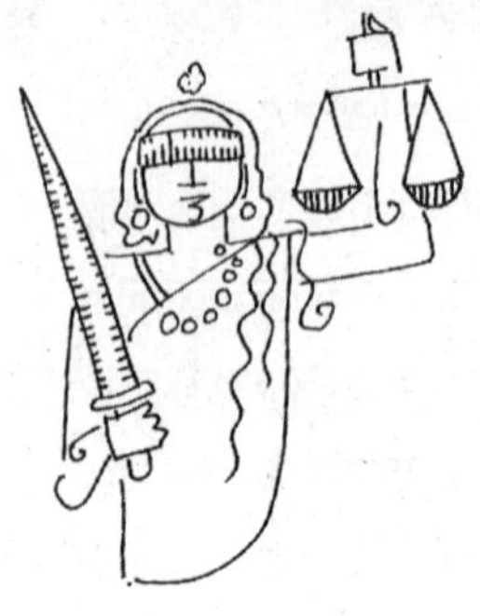

न्याय का तराज़ू

क्रम, आधुनिक काल के समानता के अर्थ से बहुत अलग। इसीलिए मिथक को आधुनिक संदर्भ में देखना आवश्यक है, न कि औपनिवेशिक संदर्भ में।

ज्ञानोदय का काल उपनिवेशन का काल भी था, एक ऐसा तथ्य जिसके बारे में बहुत कम लोग बात करते हैं। इस काल में यूरोपीय उपनिवेशवादियों की सभी मान्यताओं को सच समझा गया और उनके द्वारा शासित एशिया, अफ्रीका और अमरीका के लोगों की मान्यताओं को झूठ और मिथक माना गया। इक्कीसवीं सदी में, विज्ञान के उदय के बाद, हमने समझा है कि विभिन्न लोगों के विभिन्न सच हैं, क्योंकि वे विश्व को विभिन्न तरीक़ों से अनुभव करते हैं। यूरोपीय या अमरीकी सच भी कथाओं, प्रतीकों और अनुष्ठानों के माध्यम से निर्मित मिथक का एक रूप है। इसलिए 'मिथक' शब्द लोगों के व्यक्तिपरक या सांस्कृतिक सच को संदर्भित करता है।

मिथक केवल धार्मिक धारणा न होते हुए धर्मनिरपेक्ष धारणा भी है। भगवान और न्याय मिथक के दो सबसे लोकप्रिय उदाहरण हैं। कुछ लोग भगवान में विश्वास करते हैं, तो कुछ लोग उनमें विश्वास नहीं करते हैं। आस्तिकों के लिए, भगवान एक सच हैं, नास्तिकों के लिए भगवान सच नहीं हैं। और न्याय का क्या? क्या यह तथ्य या कल्पना है या केवल एक मान्यता, आशा या विश्वास है? क्या विश्व में न्याय मौजूद है? कुछ लोग कहेंगे कि न्याय मौजूद है; तो कुछ और कहेंगे कि वह मौजूद नहीं है। भगवान की धारणा पर विश्वास करने वाले व्यक्ति के लिए न्याय सच है, जबकि विश्वास नहीं करने वाले व्यक्ति के लिए वह सच नहीं है। भगवान और न्याय दोनों सार्वभौमिक अवधारणाएँ नहीं हैं, हालाँकि कई चाहते हैं कि वे ऐसी धारणाएँ हों, यह मानते हुए कि ये विश्व को सुधारेंगी।

मिथक एक विचार है और कथाएँ, प्रतीक और अनुष्ठान के वाहनों की मदद से काल और स्थान के पार इस विचार को प्रसारित किया जाता है। मिथक का संचार करने वाली इन कथाओं, प्रतीकों और अनुष्ठानों के अध्ययन को पुराणशास्त्र कहते हैं। लोगों के सांस्कृतिक सच को समझने की कोशिश करते समय जब हम उन्हें समझते हैं, तो हम जान जाते हैं कि कैसे पुराणशास्त्र बदलते हैं और काल और स्थान के पार मिथक अलग क्यों हैं।

हमें यह महत्त्वपूर्ण बात याद रखनी होगी कि हर इंसान मिथक में विश्वास करता है। लोगों में एक साधारण भ्रम यह है कि आधुनिक, सभ्य लोग मिथक में विश्वास नहीं करते, जबकि आदिम लोग या अनोखी संस्कृतियों के लोग उसमें विश्वास करते हैं। यह सच नहीं है। मनुष्य और जानवरों के बीच अंतर यह है कि मनुष्य जीवन में उद्देश्य की खोज करते हैं। जीवन को उद्देश्य दिलाने के लिए, हम विश्व को एक विशेष तरीक़े से देखते हैं। जीवन, मृत्यु और उद्देश्य के बारे में पूर्वधारणाएँ करते हैं। इसलिए, हम एक दूसरे को कहानियाँ सुनाते हैं और उनके माध्यम से विश्व को समझने के दृष्टिकोण का निर्माण करते हैं; यह हमारा मिथक है। इस प्रकार, विश्व में हर जनजाति, चाहे वह अफ्रीका में हो या अमरीका में, और न्यूयॉर्क, मुंबई या टोक्यो में रहने वाले प्रत्येक व्यक्ति का विश्व के बारे में एक विशेष दृष्टिकोण होता है: इस मिथक में वह विश्वास करता है। अधिकतर मामलों में, यह मिथक हमें विरासत में मिलते हैं, वे पीढ़ी दर पीढ़ी प्रसारित किए जाते हैं। हालाँकि, इक्कीसवीं सदी में, तकनीक में हमारा विश्वास बढ़ने के साथ, विरासत में मिली परम्पराओं के प्रति सम्मान कम होता जा रहा है।

धीरे-धीरे, हमारे विश्व में शैक्षणिक संस्थानों और सोशल मीडिया के माध्यम से विचारधाराएँ प्रसारित हो रही हैं जो बदले में हर दिन निर्मित होने वाले नए मिथकों को प्रसारित कर रही हैं। जनजातीय समाज का जनजातीय मिथक होगा और सभ्य समाज का अपना 'सभ्य' मिथक होगा। साम्यवाद

और पूंजीवाद यहूदी धर्म, ईसाई धर्म, इस्लाम, बौद्ध धर्म और हिंदू धर्म ऐसे ही मिथक हैं। आधुनिक राज्य भी एक मिथक है – हम इन ढाँचों में जी रहे हैं। यदि जनजातीय पुराणशास्त्र जनजाति के प्रति निष्ठा को जन्म देता है, तो राज्य से जुड़ा पुराणशास्त्र देशभक्ति को जन्म देता है। पूंजीवाद मूल्य निर्माण करने के आधार पर उद्देश्य की भावना को जन्म देता है, साम्यवाद एक ऐसा मिथक निर्मित करता है जो श्रम को महत्त्व देता है। हर कोई मानता है कि उसका मिथक सच है और जो उनसे असहमत हैं वे झूठ में विश्वास करते हैं। आज पैसा विश्व में सबसे शक्तिशाली मिथक है। एक सिक्के, कंप्यूटर स्क्रीन पर अंक या एक कागज़ के टुकड़े को मूल्यवान माना जाता है, क्योंकि खरीदार और विक्रेता पैसे के पीछे की कथा में विश्वास करते हैं और उससे संबंधित प्रतीक और अनुष्ठानों का सम्मान करते हैं। इस मिथक को दूर करो और आधुनिक समाज ढेर हो जाएगा।

जिस तरह प्रमाण ना होने के कारण उन्नीसवीं सदी में विज्ञान ने मिथक को अस्वीकार कर दिया, उसी तरह संरचना को अस्वीकार करने वाले लोग, सामाजिक न्याय के सक्रियतावादी और सांस्कृतिक मार्क्सवादी इक्कीसवीं सदी के सभी मिथकों को उत्पीड़न करने का षड्यंत्र मानकर अस्वीकार करते हैं। उनके अनुसार पूंजीवाद धनवान लोगों को और धनी बनाने के लिए बनाया गया, साम्यवाद मध्यमता की स्थापना और उद्यम का अंत करने के लिए बनाया गया, हिंदू धर्म जाति के माध्यम से लोगों को ग़ुलाम बनाने के लिए बनाया गया, ईसाई धर्म साम्राज्य स्थापित करने के लिए बनाया गया और इस्लाम स्वतंत्र इच्छा और विविधता को मिटाने के लिए बनाया गया। सभी धर्म लिंग, वर्ग और सांस्कृतिक पदानुक्रम स्थापित करने के लिए और कुछ पसंदीदा लोगों के लिए मूल्य बनाने के उपकरण माने जाते हैं। इस प्रकार का विश्लेषण करने से ये लोग अपने स्वयं के पदानुक्रम और अर्थ निर्माण करते हैं और विश्व में कोई मिथक नहीं होने का मिथक स्थापित करते हैं।

योग को समझने के लिए, हमें 'जजमेंट डे' अर्थात 'क़यामत के दिन' के मिथक को समझना आवश्यक है। यह धारणा यहूदी धर्म, ईसाई धर्म और इस्लाम में पाई जाती है। इनके साथ वह प्राचीन काल के मिस्री, फ़ारसी, मेसोपोटामियाई और यूनानी पुराणशास्त्रों में भी पाई जाती है। इसके अनुसार किसी व्यक्ति की मृत्यु होने पर उसके कार्यों को तौला जाता है और फिर उसे स्वर्ग या नरक में भेजा जाता है। यहूदी धर्म, ईसाई धर्म और इस्लाम में गॉड न्यायाधीश हैं। और इसलिए, हमें गॉड के बनाए नियमों का पालन करना चाहिए। नियमों का पालन करने पर हम स्वर्ग जाते हैं और न करने पर नरक। धर्मनिरपेक्ष राज्य भी उसी ढाँचे का पालन करते हैं जिसपर क़यामत के दिन की धारणा आधारित है। लेकिन गॉड की धारणा के बजाय, वे नागरिकों को समूह मानते हैं और गॉड के धर्मादेश एक संविधान का रूप लेते हैं। नागरिकों से आशा की जाती है कि वे राज्य के नियमों का पालन करें और जो ऐसा नहीं करते उन्हें दंड सुनाया जाता है। इस प्रकार, संरचनात्मक रूप से, क़यामत के दिन की धारणा सामाजिक न्याय और कॉर्पोरेट सामाजिक ज़िम्मेदारी के धर्मनिरपेक्ष विचार में भी अंतर्निहित है।

क़यामत का दिन

न्यायाधीश, क़यामत का दिन और स्वर्ग और नरक के बीच द्विगुण की हिंदू धर्म, बौद्ध धर्म या जैन धर्म में प्रमुख धारणाएँ नहीं हैं। बौद्ध धर्म में, बुद्ध न्यायाधीश नहीं हैं। उसमें पाए गए स्वर्ग और नरक के विचार किसी न्यायाधीश के निर्णय या धर्मादेशों पर आधारित नहीं हैं। बौद्ध धर्म इस जीवन

में अपने कार्यों के अनुसार कर्म की अवधारणा और पुनर्जन्म में विश्वास करता है। हिंदू धर्म, बौद्ध धर्म और जैन धर्म के नियम धार्मिक तपस्वी संप्रदायों और समुदायों तक सीमित हैं, तत्त्वमीमांसिक कारणों के लिए कम और व्यावहारिक कारणों के लिए अधिक। आप नियमों का पालन करके नहीं बल्कि इंद्रियों पर नियंत्रण पाकर और ज्ञान की खोज करने से स्वर्ग जाते हैं। इस प्रकार, स्वर्ग और नरक की बौद्ध अवधारणा निम्नलिखित नियमों को पालने या तोड़ने पर नहीं, बल्कि मनोवैज्ञानिक परिवर्तन पर और कर्म को अर्जित करने पर आधारित है जिससे हम या तो इस ब्रह्मांड की कई सतहों में ढकेले जाते हैं या हमारी उससे उन्नति होती है।

न्याय की अवधारणा एक ऐसे समाज में निर्मित होती है जो समानता में विश्वास करता है और इसलिए विविधता को नकारते हुए समरूपता की ओर प्रयास करता है। हिंदू धर्म, बौद्ध धर्म और जैन धर्म विविधता पर आधारित हैं जिसका बहुधा असमानता के रूप में ग़लत अर्थ लिया जाता है। हर इंसान अपने पिछले जन्मों से अलग-अलग कर्मों का बोझ लेकर जन्म लेता है। इसलिए हर इंसान अलग है। प्रत्येक इंसान के विभिन्न गुण और दोष होते हैं और उसे जीवन में अलग अवसर मिलते हैं और अलग चुनौतियों का सामना करना पड़ता है। इसलिए, एक नियम सभी पर लागू नहीं हो सकता। इसी तरह, विभिन्न लोगों को भी योग के विभिन्न रूपों और विभिन्न प्रकार के शिक्षकों की आवश्यकता होती है। ऐसा कोई एक योग या एक गुरु नहीं है जो सभी के लिए उपयुक्त हो। वह योग जो हमारे विशेष संदर्भ और हमारे शरीर के लिए लाभदायक है, ज़रूरी नहीं कि वो दूसरों के लिए भी लाभदायक हो। योग को सूचीबद्ध या मानकीकृत नहीं किया जा सकता है। और न ही गुरु, योगियों या योगिनियों को वैसा किया जा सकता है।

विश्व को समझने के विरोधाभासी सिद्धांत

अब्राहमी पुराणशास्त्र	इंडिक पुराणशास्त्र
एकेश्वरवादी	एकेश्वरवादी, बहुदेववादी, अनीश्वरवादी
समानता	विभिन्नता
समय रैखिक और सीमित है	समय चक्रीय और असीम है
एक जीवन	अनेक जीवन
आज्ञापालन	जागरूकता
बच जाओ या न्याय पाओ	मुक्त हो जाओ या जुड़ जाओ

योग का पुराणशास्त्र क्या है?

योग मुद्राओं को भारतीय मूल के विभिन्न नाम दिए गए हैं, जैसे कि वीर-आसन, श्वान-आसन, मार्जर-आसन, गालव-आसन और सूर्य-नमस्कार। इनमें से कुछ आसनों का अंग्रेज़ी में आसानी से अनुवाद किया जा सकता है, जैसे कि हीरो पोज़ (hero pose), डॉग पोज़ (dog pose) और कैट पोज़ (cat pose)। लेकिन कुछ नाम व्यक्तिवाचक संज्ञाएँ हैं और केवल हिंदू पुराणक शास्त्र से परिचित लोगों को समझ आएँगे। कुछ आसन किसी जानवर की नकल करते हैं और इसलिए उनके डॉग या कैट पोज़ जैसे नाम होते हैं। इनमें से कुछ जानवर किसी देवता का पवित्र जानवर या वाहन हों या न भी हों। कुछ आसनों को तर्कहीन नाम भी दिए जा सकते हैं, जिससे अनोखेपन की भावना पैदा होती है और उस आसन को प्रामाणिकता मिलती है। कुछ लोग मानते हैं कि आसन का नाम उस योगी के नाम से आता है जिन्होंने उस मुद्रा का आविष्कार किया था, जैसे रुचिका-आसन (रुचिका की मुद्रा), या लोगों को ख़ुद में एक विशेष भाव विकसित करने के लिए निर्देश देते हैं, जैसे कि वीर–भद्र-आसन। इन नामों के पीछे की कहानियों की

खोज करने से हम भारतीय पुराणशास्त्र समझ सकते हैं, ऐसा पुराणशास्त्र जिसने हज़ारों वर्षों से योग का पोषण किया है। इस पुस्तक का उद्देश्य उन कहानियों को एक व्यवस्थित तरीक़े से प्रस्तुत करना है, ताकि पाठक न केवल कहानियों का आनंद ले सकें, बल्कि उसमें अंतर्निहित दर्शनशास्त्र की सराहना भी कर सकें।

अग्नि-तपस्वी और जल-अप्सरा

यह पुस्तक विभिन्न योग मुद्राओं से प्रेरणा लेकर हिंदू पुराणों की यात्रा करती है, कभी-कभी जैन और बौद्ध पुराणों में भी। भारतीय उपमहाद्वीप से उभरे यह तीन पुराणशास्त्र पुनर्जन्म की धारणा पर आधारित हैं, और ये तीनों ही योग को एक ऐसी तकनीक के रूप में महत्त्व देते हैं जो शरीर को अपनी उच्चतम शारीरिक, मनोवैज्ञानिक, भावनात्मक, बौद्धिक, रहस्यमय और मनोगत क्षमता को प्राप्त करने के लिए तैयार करता है।

हिंदू पुराणशास्त्र में, 'तपस्या' और योग शब्द बहुधा एक दूसरे की जगह प्रयोग किए जाते हैं। तपस्या का अर्थ है तप, या मानसिक अग्नि का मंथन, जो मन की गाँठों को जलाकर ब्रह्मांड के गूढ़ और मनोगत रहस्यों पर प्रकाश डालता है। विभिन्न देवता, राक्षस, ऋषि और मनुष्य देवताओं का आह्वान करने के साथ-साथ विश्व को और उनके जीवन को बदलने के लिए तपस्या करते हैं। सौर राजवंश के राजकुमार भागीरथ चाहते थे कि आकाशीय नदी मंदाकिनी गंगा नदी के रूप में पृथ्वी पर प्रवाह करें। इस हेतु से उन्होंने तपस्या की। महिषा नामक असुर ने ऐसा वरदान प्राप्त करने

के लिए तपस्या की कि वह किसी पुरुष, देवता, राक्षस, खनिज, पौधे या जानवर द्वारा नहीं मारा जाए (वह महिलाओं से सुरक्षित रहने का वरदान माँगना भूल गया और अंततः दुर्गा ने उसका वध किया)।

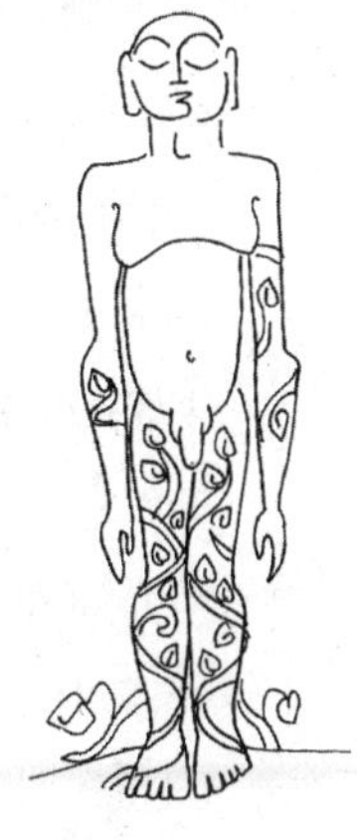

जैन साधु

अप्सराएँ तपस्वियों के लिए सबसे बड़ा ख़तरा होती हैं। उनके लुभाने से तपस्वी अपनी इंद्रियों पर नियंत्रण खो, वीर्यपात कर देता है, यह मानसिक नियंत्रण खोने का एक लोकप्रिय रूपक है। यदि तप का अर्थ अग्नि है और तपस्वी वो है जो अग्नि की तपश्चर्या करता है, तो अप्स का अर्थ जल है और अप्सरा जल-परी है। दोनों के बीच का तनाव हमारे शरीर और उन प्रलोभनों के बीच के तनाव जैसे है जो हमारे मन को गाँठों में बाँध देते हैं। बौद्ध पुराणशास्त्र में सिद्धार्थ गौतम और इच्छा के राक्षस, मार के बीच यही तनाव देखा गया है। मार को हराने के बाद, सिद्धार्थ गौतम 'बुद्ध' बन जाते हैं। नाथ-योगियों के पुराणशास्त्र में, ब्रह्मचारी योगी उन मंत्रमुग्ध करने वाली योगिनियों से दूर रहते हैं जो उन्हें केले के वन में फंसाना चाहती हैं।

दुर्भाग्यवश इन कहानियों का बहुधा शाब्दिक अर्थ लिया जाता है और महिलाओं को प्रलोभन के रूप में देखा जाता है। यह माना गया कि महिला शरीर के लिए आध्यात्मिक उच्चता प्राप्त करना असंभव था और यह कि उसके लिए महिलाओं को एक पुरुष शरीर के साथ पुनर्जन्म लेना होगा। पुरुष शरीर वीर्य का उत्पादन करता है जिसके प्रवाह को योग के माध्यम से संयमित कर उलटा जा सकता है। महायान बौद्ध धर्म में प्रबुद्ध प्राणियों के

बुद्ध

स्वर्ग, सुखवती नामक शुद्ध भूमि में प्रत्येक निवासी पुरुष है, जो महिला के गर्भ से नहीं बल्कि कमल के फूल से जन्मा है। जैन धर्म में भी, सभी जीन, जिन्हें सबसे अधिक जागरूक प्राणी माना जाता है, पुरुष हैं।

तपस्या में श्रम करना पड़ता है और इसलिए तपस्वियों को श्रमण भी कहा जाता है, हालाँकि यह शब्द बहुधा बौद्ध और जैन साधुओं तक ही सीमित है। योग, या तपस्या, जैन परंपरा में सर्वज्ञान (कैवल्य), बौद्ध परंपरा में विस्मरण (निर्वाण), हिंदू परंपरा में परमात्मा के साथ मिलन से मुक्ति (मोक्ष) और इन तीनों धर्मों की तांत्रिक परंपराओं में सिद्धि (मनोगत शक्तियों) को प्राप्त करने का माध्यम माना जाता है। और इसलिए, भारत के सभी पवित्र पुरुषों को योगी माना गया (या स्थानीय बोली में जोगी) और पवित्र महिलाओं को योगिनी (या लोकसाहित्य में पाई गई संयमित जोगन या जंगली जोगिनी)। योगियों और योगिनियों को गोसाई और गोसानी के रूप में भी जाना जाता है, गाय के स्वामी। यह इंद्रियों के लिए एक आम भारतीय रूपक है जो बाहरी उत्तेजनाओं के 'चरागाह की घास खाते' हैं।

लोग बहुधा इस बात से अचरज में पड़ जाते हैं कि विभिन्न योग मुद्राएँ कहाँ से आईं। आज की अधिकांश मुद्राएँ लगभग सौ साल पुरानी हैं। उन्हें भारत के राजदरबारों में आकार दिया गया और वे यूरोपीय व्यायामशालाओं से प्रभावित हैं। लेकिन परंपरागत हिंदू विद्या में, भारत के योगी हज़ारों वर्षों से यह मुद्राएँ करते आए हैं। इस अभ्यास ने उन्हें विश्व के बारे में अंतर्दृष्टि प्रदान की और उन्हें न केवल स्वस्थ और बुद्धिमान बनाया, बल्कि उन्हें सिद्धि नामक अलौकिक शक्तियाँ भी प्रदान की। पुराणशास्त्र में, यह ज्ञान प्रकृति से, पौधों और जानवरों से, और देवताओं, द्रष्टा और तपस्वियों से

आता है, जिनमें से कुछ देवताओं से भी शक्तिशाली थे।

आधुनिक काल में लोग विशेषज्ञता से आसक्त होते हैं और इसलिए मानते हैं कि केवल योगियों को योग का ज्ञान हुआ होगा; लेकिन प्राचीन काल में इस तरह का वर्गीकरण नहीं होता था। अतीत में, दार्शनिक भी कीमियागर, जादूगर, कहानीकार, तांत्रिक, समस्या हल करने वाला, शिक्षक, मनश्चिकित्सक और डॉक्टर होता था। इसी तरह, योगियों को चिकित्सा, रहस्यवाद, ज्योतिषशास्त्र और तंत्र-मंत्र के साथ-साथ चित्रकला, गायन और नृत्य जैसी विभिन्न कलाओं का विशेषज्ञ भी माना जाता था। उदाहरणार्थ, शिव, जो योगी हैं, नृत्य और रंगमंच के स्वामी नटराज भी हैं। हम यह जानते हैं कि प्राचीन भारत के कई सैनिक नृत्य के माध्यम से कसरत किया करते थे। नृत्य ने सैनिकों को स्वस्थ रखने, उनका ध्यान केंद्रित करने और आपस में सहयोग बढ़ाने में मदद की। इससे उनका मनोरंजन भी होता था और देवताओं की कहानियाँ भी साझा की जाती थीं। संभवत: योग में जो इशारे हम आज देखते हैं, उनमें से कई इस नृत्य से उत्पन्न हुए होंगे।

आसनों को साधारणत: स्थिरता और गतिशीलता पर ध्यान केंद्रित करने वाले आसनों में विभाजित किया जाता है। स्थिरता को बढ़ावा देने वाले आसन योगियों में लोकप्रिय थे। वे एक ही मुद्रा में बैठे रहते थे और अपना समय ब्रह्मांड के रहस्यों पर ग़ौर करने, ध्यान देने और चिंतन करने में बिताते थे। गतिशील मुद्राएँ योगिनियों से उत्पन्न हुईं जो नर्तकियां भी थीं। गोलाकार में स्थित नृत्य करने वाली योगिनियाँ परंपरागत हिंदू मंदिरों का एक अभिन्न अंग हैं। विडंबना यह है कि योग में महिलाओं के योगदान को काफ़ी हद तक उपेक्षित किया गया है। भारत

योगिनी

की मौखिक परंपरा विस्तृत है, लेकिन लिखित साक्ष्य पर निर्भरता के कारण हमारा ज्ञान पुरुषों के वर्चस्व वाले कुलीन समूहों के लेखन तक सीमित रह जाता है। चूँकि इन पुरुष लेखकों के लिए, शिव आदि योगी हैं और उनके छात्र भी पुरुष हैं, वे आदि योगिनी, शक्ति और उनके साथियों को, जिनमें से कुछ मातृकाओं और महाविद्याओं के समूह हैं, सहजता से अनदेखा करते हैं। पहाड़ों की राजकुमारी पार्वती, शक्ति थीं। वे आदि योगिनी थीं, जिनके कारण शिव ने योग के रहस्यों को शब्दों के साथ-साथ मुद्राओं के माध्यम से प्रकट किया। इन शब्दों का पतंजलि ने अपने योग-सूत्र में और इन इशारों का भरत ने अपने नाट्यशास्त्र में समावेश किया। हम नर ईश्वर, नर विद्वानों और नर गुरुओं का स्मरण करते हैं, लेकिन हम देवी और स्वतंत्र महिलाओं को भूल जाते हैं – गणिकाओं, देवदासियों और नटियों को। इन्होंने मंदिरों में भारत की नृत्य परंपरा का पोषण किया। लेकिन शुद्धतावादी विक्टोरियन युग में 'वेश्या' ठहराकर उनके साथ दुर्व्यवहार किया गया और उन्हें पूरी तरह से दरकिनार किया गया।

योग के पुराणशास्त्र के अधिकतर स्रोत मौखिक हैं। लेकिन कई लिखित संस्करण भी हैं। भारत में, लेखन केवल 2300 वर्ष पहले ही प्रचलित हुआ। इस काल में राजा अशोक ने ब्राह्मी लिपि में अपने राजादेश लिखें। भाषाई विश्लेषण हमें बताता है कि 3000 वर्ष से अधिक पुराने वेदों में सबसे पुराने भजन पाए जाते हैं। फिर उपनिषद आए, जो 2500 वर्ष से अधिक पुराने हैं और तत्त्वमीमांसा और दर्शनशास्त्र से भरे हैं। फिर लगभग 2000 वर्ष पहले रामायण और महाभारत के महाकाव्य और फिर पुराण आए, जो लगभग 1500 वर्ष पुराने हैं।

बौद्ध कथाएँ जातकों से आती हैं जिन्हें हिंदू महाकाव्यों के समय लिखित रूप दिया गया था। जैन कथाएँ जैन पुराणों और रामायण और महाभारत के जैन पुन:कथनों से आती हैं, जो बौद्ध कथाओं जितनी पुरानी हैं, लेकिन उनके बहुत बाद, लगभग 1000 वर्ष पहले लिखी गईं।

हिंदू ग्रंथ मुख्यत: संस्कृत में रचे गए। जैन और बौद्ध ग्रंथ प्राकृत और पाली में रचे गए, हालाँकि बाद में महायान बौद्ध और जैन आचार्यों ने संस्कृत का उपयोग किया। पिछले 1000 वर्षों में, इन कहानियों में से कई को क्षेत्रीय भाषाओं में गीतों और गाथागीतों के रूप में दोहराया गया है, मौखिक रूप से भाट और कलाकारों द्वारा प्रसारित किया गया है, और मूर्तियों और भित्ति चित्रों के रूप में मंदिर की दीवारों पर भी दर्शाया गया है।

धर्म	कथा का स्रोत	आशय
हिंदू	वेद	वैदिक देवताओं को समर्पित स्तोत्रों और अनुष्ठानों का संग्रह
हिंदू	रामायण	सौर राजवंश के सबसे महान राजा, राम की कथा
हिंदू	महाभारत	चंद्र राजवंश के पांडवों और कौरवों के बीच युद्ध की कथा
हिंदू	पुराण	हिंदू त्रिमूर्ति (स्त्री और पुरूष) की कथा
बौद्ध	जातक	आने वाले बुद्धों के पुनर्जन्म की कहानियाँ
जैन	त्रिषष्टि शलाका पुरुष-चरित्र	63 महापुरुषों की कहानियाँ जो हर कल्प में प्रकट होते हैं

अठारहवीं सदी में, यूरोपीय प्राच्यविदों ने संस्कृत को विशेषाधिकार दिया, जिसे हिंदू धर्मी देवताओं की भाषा मानते थे। यह प्राच्यविद संस्कृत को लैटिन जितना महत्त्वपूर्ण मानते थे। उन्होंने लिखित ग्रंथों को भी मौखिक परंपरा से अधिक महत्त्वपूर्ण माना। यही कारण है कि योग का इतिहास समझने के लिए लोग बहुधा लिखित परंपराओं की मदद लेते हैं। यह एक

ऐसा विचार है जो हिंदुओं को समझ में नहीं आता, वो अपने गुरुओं को और महत्त्व देते हैं, इस जीवित ज्ञान के शिक्षकों और प्रसारकों को। हिंदुओं, बौद्धों और जैनियों के लिए, योग सदा से उनके इतिहास का अंग रहा है क्योंकि उनके पुराणशास्त्र लगातार योगियों और योगिनियों, तपस्वियों और तपस्विनियों, गोसाई और गोसनियों का उल्लेख करते हैं; इनमें से कुछ संयमित ऋषि थे, जबकि अन्य उन्मुक्त जादूगर थे।

सदियों से हिंदुओं ने इन कहानियों का आनंद लिया है, इनमें तर्क के बजाय उस ज्ञान को ढूँढते हुए जो योग का आधारस्तंभ है। आप भी इसी अंदाज़ में इन कहानियों का आनंद लें।

इस पुस्तक का ढाँचा

दसवीं और पंद्रहवीं सदियों में लिखी पांडुलिपियाँ चौरासी योग मुद्राओं का उल्लेख करती हैं। हिंदू मानते हैं कि ये आसन देवताओं की देन हैं। समय के साथ विभिन्न गुरुओं ने इनमें कई बदल किए हैं। भगवान शिव ने 84,000 जीवों पर आधारित 84,000 मुद्राओं का आविष्कार किया। इनमें से चौरासी मुद्राएँ विभिन्न योगियों और योगिनियों तक पहुँची, जिन्हें फिर मानवता तक प्रसारित किया गया। हमें यह समझना होगा कि 84,000 की संख्या केवल काल्पनिक है, विस्तृतपन को सूचित करने के लिए; उदाहरणार्थ, बौद्ध साहित्य में कहा गया कि बुद्ध ने 84,000 विभिन्न व्याख्यान, 84,000 विभिन्न प्रकार के प्राणियों के लिए दिए और उनकी आवश्यकता के अनुरूप, उनके अवशेष 84,000 स्थानों में बाँटे गए।

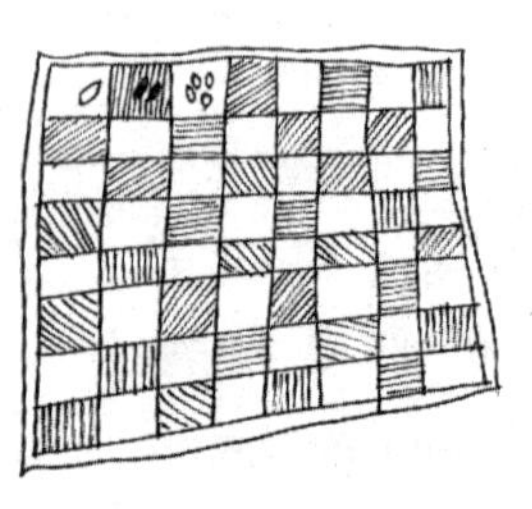

बिसात

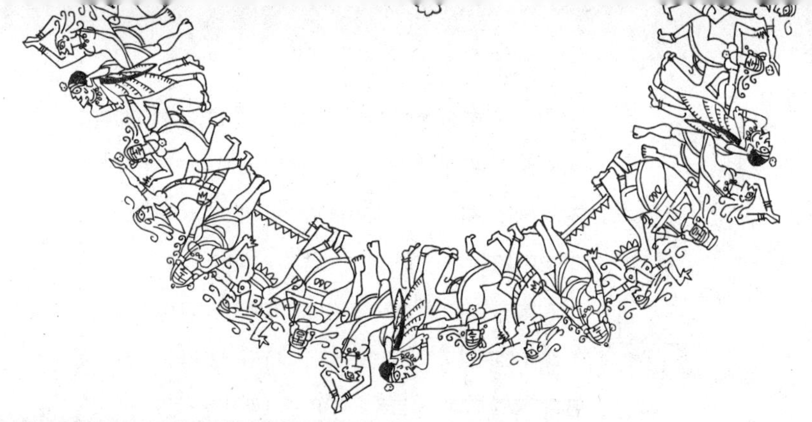

बिना छत के तांत्रिक मंदिरों में अंदर की ओर मुँह किए योगिनियाँ

पिछले 100 वर्षों में, योग गुरुओं ने 100 से 300 के बीच मुद्राओं का आविष्कार किया। इस पुस्तक में, हम केवल चौसठ मुद्राओं पर ध्यान केंद्रित करते हैं। केवल चौसठ ही क्यों? क्योंकि चौरासी की तरह चौसठ की संख्या भी अनंत को सूचित करती है। दो आयामों में आठ मूल दिशाएँ हैं। तीन आयामों में, आठ गुणित आठ अर्थात चौसठ दिशाएँ हैं।

इसके अतिरिक्त, चौसठ वर्गों पर खेले जाने वाले शतरंज के खेल का आविष्कार भारत में किया गया था और बाद में अरब लोग उसे फ़ारस और फिर यूरोप ले गए। जिस व्यक्ति ने शतरंज का आविष्कार किया, उसने वह खेल चावल के कुछ दानों के बदले में एक राजा को सौंपा: पहले वर्ग के लिए 1 दाना, दूसरे वर्ग के लिए 2 दाने, तीसरे वर्ग के लिए 4 दाने इत्यादि।

छत वाले वेदांतिक मंदिरों में बाहर की ओर मुँह किए योगिनियाँ

ब्रह्मा, सृजनकर्ता

इस प्रकार चौसठवें वर्ग के लिए राजा को उसे 2^{63} चावल के दाने, अर्थात 18 अरब टन से अधिक चावल देना आवश्यक था। इतना चावल तो किसी राजा के लिए भी असीम था।

तांत्रिक विद्या में चौसठ संख्या विश्व के सभी ज्ञान को संदर्भित करती है, जिसे चौसठ विद्या या योगिनियों के रूप में मूर्त रूप दिया जाता है। योगी इन योगिनियों का आह्वान करते हैं या उन्हें अपने वश में करना चाहते हैं। इनमें से बत्तीस योगिनियाँ पुरुष को एक राजा में परिवर्तित कर सकती हैं और चौसठ उसे एक योगी में बदल सकती हैं। भारत में कई मंदिर हैं जहाँ गोलाकार में दिखाई गईं चौसठ योगिनियाँ शक्ति का प्रतीक हैं। गोलाकार तांत्रिक मंदिरों में, जिनमें कोई छत नहीं होती, उनका मुँह अंदर की तरफ होता है, और मंदिर की मुख्य देव होती हैं। आगमिक या वेदांतिक मंदिरों में, उनका मुँह बाहर की तरफ होता है, और मंदिर के मुख्य देवता उनके पीछे विराजित होते हैं।

विष्णु, संरक्षक

इस पुस्तक में चर्चित चौसठ योग मुद्राओं को चार खंडों में बाँटा गया है: देवी, ब्रह्मा, विष्णु और शिव, हिंदू पुराणशास्त्र के चार स्तंभ। यह वर्गीकरण बिना किसी तर्क के किया गया है, कहानियों पर आधारित न कि आसनों के अनुक्रमण पर। परमात्मा के तीन पुरुष रूप, ब्रह्मा, विष्णु और शिव परमात्मा के स्त्री रूप, देवी को पूर्ण करते हैं।

शिव, विनाशक

देवी विश्व के उस भाग को मूर्त रूप देती है जिसे मापा जा सकता है, जिसे स्पर्श किया जा सकता है। वह प्रकृति को भी मूर्त रूप देती है। कई पुराणशास्त्र प्रकृति को स्त्रैण

मानते हैं, जिसका एक उदाहरण हम अंग्रेज़ी वाक्यांश 'मदर नेचर' में देखते हैं। हिंदू पुराणशास्त्र में संस्कृति भी स्त्रैण है। संस्कृति पालतू बनाई गई प्रकृति है। इसलिए देवी के दो रूप हैं, जंगली काली और पालतू गौरी, जिनसे धन की देवी लक्ष्मी और ज्ञान की देवी सरस्वती का उदय होता है। देवी को शक्ति या दुर्गा के रूप में भी जाना जाता है, क्योंकि देवी मूल रूप से बल हैं।

सरस्वती, ज्ञान

ब्रह्मा, विष्णु और शिव पुरुष को मूर्त रूप देते हैं, जो भौतिक वास्तविकता की ओर मानव प्रतिक्रिया है। ब्रह्मा, विष्णु और शिव को सृजनकर्ता, संरक्षक और विनाशक कहा जाता है। लेकिन वे प्रकृति का नहीं बल्कि संस्कृति का सृजन, संरक्षण और विनाश करते हैं। इसलिए, देवी उनकी माँ हैं, और एक साथ ब्रह्मा की बेटी, विष्णु की बहन और शिव की पत्नी भी हैं। संस्कृति के निर्माता ब्रह्मा प्रकृति को नियंत्रित करने का प्रयास करते हैं और इसलिए पूजा के अयोग्य बन जाते हैं। शिव संस्कृति और प्रकृति पर बिलकुल भी नियंत्रण नहीं करना चाहते हैं। इसलिए वे तब तक वैरागी रहते हैं, जब तक कि शक्ति उन्हें गृहस्थ बनने के लिए मनाती नहीं हैं। विष्णु प्रबुद्ध गृहस्थ हैं। वैरागी शिव के विपरीत, विष्णु प्रकृति और संस्कृति में भाग लेते हैं और अप्रबुद्ध गृहस्थ ब्रह्मा के विपरीत, वे प्रकृति या संस्कृति को नियंत्रित करना नहीं चाहते हैं, बल्कि प्रेम के साथ ज़िम्मेदारी से देवी के साथ जुड़ते हैं। ध्यान दें कि कैसे भगवान क्रियाओं के साथ जुड़े हैं (सृजन, संरक्षण और विनाश करते हैं) और देवी संज्ञाओं के साथ जुड़ी हैं

लक्ष्मी, धन

दुर्गा, बल

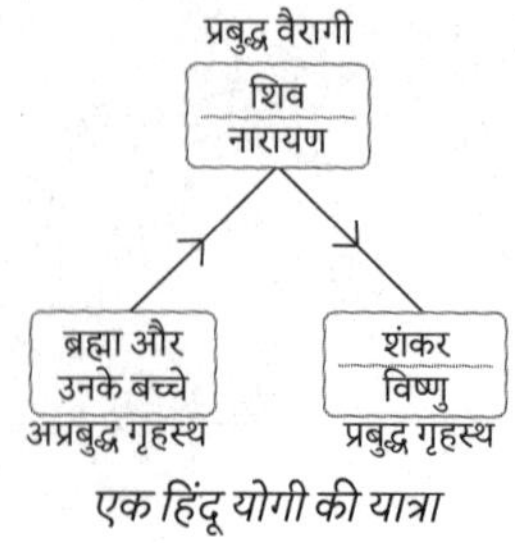

एक हिंदू योगी की यात्रा

(धन, शक्ति, ज्ञान)। यह दर्शाता है कि वे मिलकर विषय और वस्तु को मूर्त रूप देकर भाषा का निर्माण करते हैं।

चूँकि वे एक ही सांस्कृतिक वातावरण से उत्पन्न हुए थे, बौद्ध और जैन पुराणशास्त्र और हिंदू पुराणशास्त्र में कई समानताएँ हैं, लेकिन तीनों में कुछ स्पष्ट मतभेद भी हैं। तीनों पुनर्जन्म के चक्र में विश्वास करते हैं और तीनों में दुष्टता या क़यामत के दिन जैसी धारणाएँ नहीं हैं। बौद्ध धर्म में आत्मा या भगवान की धारणा नहीं है। जैन धर्म व्यक्तिगत प्राणियों के भीतर आत्माओं पर विश्वास करता है लेकिन ब्रह्मांडीय आत्मा या भगवान की कोई धारणा नहीं है। हिंदू धर्म में, ब्रह्मांडीय आत्मा तत्त्व (देवी) और मन (ब्रह्मा, विष्णु और शिव) के रूप में प्रकट होती है और हम सब उस लौकिक आत्मा का एक बहुत छोटा अंश होते हैं और हममें उस प्रारंभिक, बिना गाँठ की स्थिति तक लौटने की क्षमता होती है।

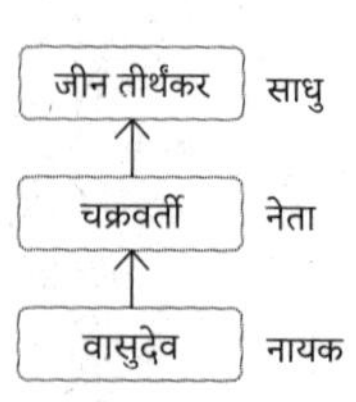

एक जैन योगी की यात्रा

शिव के वैरागी रूप (उनका गृहस्थ रूप नहीं) और बुद्ध और जीन में कई समानताएँ हैं। बौद्ध और जैन धर्म में अंतिम उद्देश्य एक वैरागी बनना है। हालाँकि, हिंदू धर्म एक वैरागी-गृहस्थ के रूप में गृहस्थी में लौटने को महत्त्व देता है, जो कर्तव्यों में व्यस्त है, लेकिन इच्छाओं से तटस्थ है।

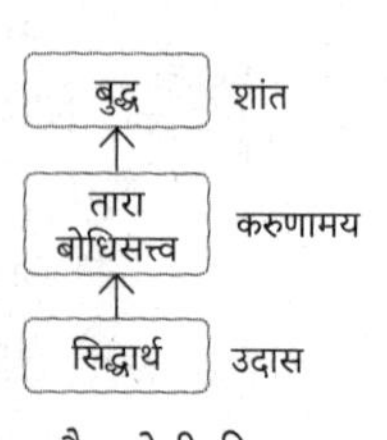

एक बौद्ध योगी की यात्रा

थेरवाद बौद्ध धर्म में, बुद्ध राजा, पुत्र, पिता और पति की अपनी भूमिकाएँ त्याग देते हैं। महायान बौद्ध धर्म में, बोधिसत्त्व सभी पीड़ित आत्माओं को

बचाने के बाद ही बुद्धत्व तक अपना उत्थान करते हैं।

भारतीय पुराणशास्त्रों की विशेषताएँ

	व्यक्तिगत आत्मा (भगवान का भाग) जीव-आत्मा	ब्रह्मांडीय आत्मा (संपूर्ण भगवान) परम-आत्मा भगवान ईश्वर	सबसे ऊँचा मूल्य
बौद्ध धर्म	अनुपस्थित	अनुपस्थित	वैरागी
जैन धर्म	उपस्थित	अनुपस्थित	वैरागी
हिंदू धर्म	उपस्थित	उपस्थित	वैरागी-गृहस्थ

जैन धर्म में, जीन या तीर्थंकर, वासुदेव (नायक) और चक्रवर्ती (राजा या नेता) के रूप में पिछले जीवन जीते थे और एक गृहस्थ के रूप में वर्तमान जीवन जीते थे। यह जीवन जीने के बाद वे अपने कपड़े और अपनी पहचान सहित, सब कुछ त्याग देते हैं। यही कारण है कि ये सर्वज्ञ ऋषि मंदिर की दीवारों पर एक जैसे दिखते हैं और केवल प्रतीकों से उनमें अंतर समझ आता है। हिंदू धर्म में, ज्ञानी होने के कारण स्थिर शिव कैलाश पर्वत पर अपने निवास स्थान से उतरकर काशी में गृहस्थ बन जाते हैं और सोए हुए विष्णु क्षीरसागर से उठकर राम और कृष्ण के रूप में पृथ्वी पर अपने नश्वर अवतारों में प्रकट होते हैं। किसी व्यक्ति (जीव-अत्मा) को ज्ञान प्रदान कर उसके उत्थान के लिए भगवान (परम-अत्मा) आकार लेकर अवतरित होते हैं।

ज्ञान के केंद्र में देवी की बेहतर समझ है, इसलिए योगिनियाँ, ताकि हम उस पर नियंत्रण पाने के बजाय उसके साथ नृत्य कर सकते हैं।

जैसे आप चार खंडों में फैले चौसठ मुद्राओं की चौसठ कहानियाँ पढ़ोगे, आप इंडिक पुराण शास्त्र के दिलचस्प संसार में प्रवेश करेंगे। इनमें से अधिकतर कहानियाँ हिंदू पुराणशास्त्र की हैं, लेकिन कुछ बौद्ध और जैन पुराणशास्त्र की भी हैं।

देवी	**ब्रह्मा**	**शिव**	**विष्णु**
सूर्य	ओंकार	पर्वत	अनंत
अर्ध चंद्र	हंस	सिद्ध	गरुड़
पूर्वोत्तान	मरीची	भैरव	माला
पश्चिमोत्तान	वशिष्ठ	श्वान	चक्र
वृक्ष	दुर्वास	वीरभद्र	बाला
पद्म	रुचिका	नटराज	मत्स्य
बक	विश्वामित्र	शव	नाव
क्रोंचा	गालव	स्कंद	कुर्म
कक्क	अष्टावक्र	षणमुख	वराह
कुक्कुट	कौंडिन्य	मयुर	सिंह
गोमुख	कश्यप	गज	गंड भेरुंड
वृश्चिक	वज्र	मत्स्येंद्र	त्रिविक्रम
मार्जर		गोरक्ष	भद्र
मकर		दंड	सेतु बंध
भुजंग			हनुमान
भेक			तुला
धनुर			हल
पाश			भुज पीड
			वातायन
			पिंड

देवी

यदि देवी नहीं होती तो भगवान भी नहीं होते। निकट और मध्य पूर्वी एशिया में उभरें और विश्वभर में फैलें यहूदी-ईसाई-इस्लामी पुराणशास्त्रों (जिन्हें अब्राहमी या सेमेटिक पुराणशास्त्र भी कहते हैं) और हिंदू पुराणशास्त्र के बीच कई अंतरों में से यह एक अंतर है।

कैसे गॉड ने विश्व का निर्माण किया और कैसे क़यामत के दिन विश्व का विनाश होगा इसका वर्णन बाइबल में किया गया है। ईसाई धर्मीय और मुसलमान क़यामत के दिन पर विश्वास करते हैं। इस दिन सभी मनुष्यों को पृथ्वी पर उनके जीवन में किए कार्यों के लिए उत्तर देने होंगे: क्या उनके कार्य गॉड के कानून के अनुसार थे या नहीं? इसके विपरीत, हिंदू पुराणशास्त्र में, विश्व का न कोई प्रारंभ है न अंत: यह हमेशा अस्तित्व में रहा है, कभी-कभार आकार के साथ और कभी-कभार आकार के बिना। भगवान सृजनकर्ता नहीं है। इसके अलावा, हम एक जीवन नहीं बल्कि अनंत जीवन जीते हैं, हमारे पिछले जीवनों के कार्य हमारा वर्तमान जीवन निर्धारित

लक्ष्मी, धन

करते हैं और हमारे इस जीवन में कार्य हमारे भविष्य के जीवन निर्धारित करते हैं। दूसरे शब्दों में कहना हो तो हिंदू पुराणशास्त्र में भगवान न्यायाधीश नहीं हैं। विश्व स्वयंधारी है और उसे देवी के रूप में कल्पित किया जाता है। देवी सदा से अस्तित्व में रही हैं। लेकिन हम उन्हें तब 'देख' सकते हैं जब भगवान जागते हैं। यहाँ भगवान का अर्थ कोई बाह्य सृजन नहीं है; भगवान जागरूक होने और उस प्रकार विश्व की 'सृजन' करने की क्षमता है। यदि यहूदी, ईसाई और मुसलमान गॉड से इसलिए प्रार्थना करते हैं ताकि वे उनसे भोजन प्राप्त कर सकें; हिंदू भगवान को भोजन मानकर उसकी प्रार्थना करते हैं।

यहाँ हमें यह स्पष्ट करना चाहिए कि हिंदू पुराणशास्त्र में लिंग का उपयोग रूपक जैसे किया जाता है और इसलिए उसका शाब्दिक अर्थ नहीं लिया जाना चाहिए। दुर्भाग्यवश, मनुष्य यहीं भूल करते हैं। इसलिए हम देवी को महिलाओं से जोड़ देते हैं और भगवान को पुरुषों से। लेकिन यह सही नहीं है। हमारे शरीर के दो भाग होते हैं – एक शारीरिक और दूसरा मनोवैज्ञानिक। हमारे शरीर का शारीरिक भाग देवी है और हमारे शरीर का मनोवैज्ञानिक भाग भगवान है। जैसा कि हम सभी जानते हैं, शारीरिक और मनोवैज्ञानिक भागों में गहरा संबंध है। शारीरिक भाग पहले आया या मनोवैज्ञानिक भाग पहले आया यह प्रश्न बना रहेगा। लेकिन इस प्रश्न का उत्तर देना बहुत कठिन है। उसी प्रकार, क्या देवी पहले आईं या भगवान इस प्रश्न का उत्तर देना भी बहुत कठिन है।

दुर्गा, शक्ति

वैज्ञानिकों के अनुसार, 13 अरब वर्ष पहले बिग बैंग के साथ विश्व का प्रारंभ हुआ। पृथ्वी लगभग 5 अरब वर्ष पहले अस्तित्व में आई थी और लगभग 4 अरब साल पहले जीवन का उदय हुआ। यहाँ 'जीवन' का अर्थ है शारीरिक विश्व के प्रति एक मनोवैज्ञानिक

सरस्वती,
ज्ञान और कलाएँ

प्रतिक्रिया। पहली बार, हम ऐसे सूक्ष्मजीव पाते हैं जिनमें जीवित रहने की वृत्ति है, जो स्वयं को जीवित रखने के लिए पोषण और भोजन की खोज में होते हैं। मनुष्य केवल 1,00,000 वर्ष पहले पृथ्वी पर प्रकट हुए लेकिन उनमें और अन्य प्राणियों में एक महत्त्वपूर्ण अंतर यह है कि उनके पास कल्पनाशक्ति थी। उन्होंने आग और पानी को नियंत्रित किया और गांवों और शहरों को बनाने के लिए पर्यावरण को फिर से आकार दिया। ऐसा करने से उन्होंने वो कर दिखाया जो पहले किसी अन्य प्राणी ने नहीं किया था।

तकनीकी रूप से, वैज्ञानिक दृष्टिकोण से देखा जाए तो स्पष्ट है कि जीव के उभरने से पहले विश्व अस्तित्व में था; मनोविज्ञान से पहले शरीर तत्त्व अस्तित्व में था। हिंदू पद्धति में, विश्व को देवी और जो जीवन बनाता है उसे भगवान कहा जाता है। और सही ढंग से कहना हो तो, भगवान का आगमन जीवन के आगमन के समय नहीं बल्कि मनुष्यों के आगमन के समय हुआ। यह इसलिए कि सभी प्राणियों में से केवल मनुष्यों की कल्पनाशक्ति होती है। वे अकेले प्राणी हैं जो प्रकृति को देख सकते हैं और उस पर विचार कर सकते हैं और प्रकृति को नियंत्रित करने और उसे सुधारने के तरीक़े भी खोज सकते हैं। मनुष्यों के इस जागरण को ही हम भगवान का आगमन कहते हैं। ये जटिल विचार हिंदू पौराणिक कथाओं में लिंग के रूपकों का उपयोग करके प्रस्तुत किए गए हैं।

कुछ शास्त्रों में, देवी को माँ कहा गया है जबकि दूसरे शास्त्रों में उन्हें बेटी, पत्नी और बहन के रूप में वर्णित किया गया है। यह एक रूपक है हमें समझाने के लिए कि प्रकृति सभी वस्तुओं के पहले आई और इसलिए वे हमारी माँ हैं। प्रकृति को पालतू बनाकर मनुष्य संस्कृति का निर्माण करते

हैं। हम संस्कृति के साथ कैसे जुड़ते हैं उसके अनुसार संस्कृति मानवता की बेटी, पत्नी या बहन बन जाती है।

हिंदू धर्म और बौद्ध और जैन धर्म जैसे मठवासी धर्मों में मुख्य अंतर देवी को दिए गए मूल्य में है। मठवाद पहले संस्कृति से स्वतंत्रता चाहता है और फिर प्रकृति से। इन धर्मों का पालन करने वाले लोग देवी से मुक्त होना चाहते हैं और इच्छा और भय से भी। वे परिवार और समाज से सभी संबंध छोड़ देते हैं। शांति और समता की खोज में इच्छा उनके लिए बाधा बनती है और अमरत्व की खोज में मृत्यु उनके लिए बाधा है। बौद्ध धर्म में बुद्ध बनने के लिए सिद्धार्थ गौतम ने अपनी पत्नी को छोड़ा जबकि जैन धर्म में सभी जीन अपने पारिवारिक दायित्वों को निभाने के बाद पारिवारिक जीवन त्याग देते हैं। लेकिन हिंदू धर्म में भूख और भय को नष्ट करने वाले महान शिव से देवी पूछती हैं कि वे स्वेच्छा से विवाह कर गृहस्थी में भाग लें। महायान बौद्ध धर्म में, तारा और कई योगिनियों के अस्तित्व का उद्देश्य है ऋषि को विस्मरण (निर्वाण, शून्य) की ओर ले जाने में मदद करना। जैन धर्म में, योगिनियाँ और यक्षियाँ केवल जीनों के संरक्षण के लिए होती हैं।

योगिनी

इस जानकारी के साथ, आइए अब देवी से जुड़े या प्रेरित आसनों की ओर बढ़ते हैं। इस खंड में, आप अधिकतर प्रकृति से संबंधित चीज़ों के बारे में पढ़ेंगे: अंतरिक्ष, समय, पौधों और प्राणियों के बारे में। कई प्राणी अन्य खंडों में भी पाए जाएंगे क्योंकि वे ब्रह्मा, विष्णु और शिव के संदर्भ में अधिक सार्थक हैं। लेकिन आम तौर पर, यह खंड मानव हस्तक्षेप के बिना प्रतापी प्रकृति के बारे में बात करता है।

1

सूर्य नमस्कार

सूर्य को नमन

सूर्य की सबसे प्रारंभिक छवियाँ बौद्ध कला से पाई जाती हैं। रथ पर सवार सूर्य इन छवियों में अपनी पत्नियों या महिला धनुर्धरों के साथ दिखाई देते हैं, बाण चलाकर रात के अंधेरे को दूर भगाते हुए। हिंदू मंदिरों में, सूर्य-देवता को सात घोड़ों द्वारा खींचे गए रथ पर सवार दिखाया जाता है, जो सप्ताह के सात दिनों का प्रतीक हैं। रथ के बारह पहिए प्रत्येक वर्ष के बारह महीनों का प्रतीक हैं; और प्रत्येक पहिए की आठ तीलियाँ दिन के आठ परंपरागत पहरों का प्रतीक हैं। सूर्य के साथ उनकी पत्नियाँ संजना और छाया भी होती हैं। उनके सारथी भोर के देवता हैं, जिन्हें कभी पुरुष अरुणि और कभी महिला उषा के रूप में दिखाया जाता है। उपनिषदों में, याज्ञवल्क्य ऋषि के शिक्षक ने उन्हें वैदिक ज्ञान से वंचित किया था। तब सूर्य ने ही उन्हें बताया कि हममें और

सूर्य का रथ

हमारे आस-पास की हर वस्तु में, वह दिव्य क्षमता अर्थात ब्राह्मण है जिससे मन का विस्तार होकर हम अनंत का अनुभव कर सकते हैं।

सूर्य ने हनुमान को भी यह ज्ञान दिया। सूर्य नमस्कार के माध्यम से हनुमान ने अपने गुरु को धन्यवाद दिया।

हनुमान 2000 वर्ष पहले रचे गए हिंदू महाकाव्य रामायण में एक बहुत ही महत्त्वपूर्ण किरदार हैं। रामायण में अयोध्या के राजकुमार, राम की कहानी बताई गई है, जिन्हें वनवास जाना पड़ता है, और फिर अपनी पत्नी, सीता को रावण नामक राक्षस के लंका द्वीप से बचाना पड़ता है। समुद्र के पार पुल का निर्माण करने में राम को एक वानर सेना मदद करती है। हनुमान इस सेना के सेनापति हैं, लेकिन वे कोई साधारण वानर नहीं हैं। उनमें दिव्य क्षमता पूरी तरह से साकार हुई होती है, विशेषत: अमर विष्णु के नश्वर रूप, राम, के साथ बात करने के बाद।

हनुमान सूर्य को प्रणाम करते हुए

बाल-हनुमान इतने शक्तिशाली थे कि उन्होंने उगते सूर्य को खाने के लिए आकाश में छलाँग लगाई, इस भ्रम में कि सूर्य एक सुनहरा फल था। जब वे बड़े हुए, तब वे विश्व का संपूर्ण ज्ञान अर्जित करना चाहते थे और मर्गदर्शन के लिए वे अपनी माँ के पास गए। उनकी माँ ने आकाश की ओर इशारा

किया और कहा कि सूर्य सब कुछ देख सकते हैं और शायद सूर्य उनकी कुछ मदद कर सकें। हनुमान सूर्य से मिले और उनसे कहा कि वह वो सब कुछ सीखना चाहते थे जो सूर्य देव ने विश्व के बारे में देखा और सीखा था। लेकिन सूर्य ने हनुमान को सिखाने में अपनी अक्षमता व्यक्त की। आख़िरकार, वे दिनभर यात्रा करते थे और रातभर आराम करते थे और इस प्रकार वे हनुमान को सिखाने के लिए क्षण भर भी रुक नहीं सकते थे। हनुमान ने उनसे कहा कि उन्हें रुकना नहीं होगा। उन्होंने निर्णय लिया कि प्रत्येक दिन वे सूर्य के रथ के सामने सवारी करेंगे ताकि सूर्य उन्हें यात्रा करते समय सिखा सकें। सूर्य देव ने हनुमान को चेतावनी दी कि उनकी रोशनी से होने वाली पीड़ा और गर्मी असहनीय होंगी। लेकिन हनुमान उसे सहन करने के लिए तैयार थे, क्योंकि वे मानते थे कि कष्ट झेले बिना ज्ञान प्राप्त नहीं किया जा सकता। वे परिश्रम करने के लिए तैयार थे। उनके निश्चय से प्रभावित होकर सूर्य सहमत हो गए और इस प्रकार हनुमान ने शिक्षण प्राप्त किया। उन्होंने सूर्योदय से लेकर सूर्यास्त तक सूर्य को घूरते हुए हज़ारों वर्ष बिताए और सूर्य से संपूर्ण ज्ञान प्राप्त किया। ज्ञान में तल्लीन होकर उन्होंने अपनी दिव्य क्षमता साकार की। वे परिमित ज्ञान और शक्ति के वानर से अनंत ज्ञान और शक्ति के हनुमान देवता में बदल गए। सूर्य नमस्कार की रचना से उन्होंने अपने शिक्षक को अपना आभार व्यक्त किया।

सूर्य नमस्कार संभवतः आसनों का सबसे प्रसिद्ध क्रम है। आसन अभ्यास की कई शैलियों के प्रारंभ में सूर्य नमस्कार को सम्मिलित किया गया है। आसन करने वाला व्यक्ति इस क्रम में जिस मुद्रा की ओर बढ़ रहा है उसके अनुसार प्रत्येक चलन साँस के जानबूझकर अंदर लेने या छोड़ने के साथ किया जाता है। इस प्रकार सूर्य नमस्कार से बहुत तरलता और सहजता का बोध मिलता है। इस क्रम के कई प्रकार हैं और योग की विभिन्न शैलियों में से कुल मिलाकर 108 प्रकारों की गणना की जा सकती है। यहाँ दर्शाया गया प्रकार सबसे सामान्य प्रकारों में से एक है। मैसूर की अष्टांग विन्यास पद्धति से उत्पन्न हुआ यह प्रकार आसनों की कई विन्यास शैलियों के लिए आधारस्तंभ है। रोचक बात यह है कि संस्कृत शब्द 'विन्यास' 'न्यास' अर्थात 'रखना' और उपसर्ग 'वि' अर्थात 'किसी विशेष ढंग से' के संयोजन से बना है। विन्यास का शाब्दिक अर्थ है 'व्यवस्था' या 'क्रम', जिनसे इस शारीरिक अभ्यास के अधिक गतिशील रूप निर्माण हुए। अपने नाम के अनुरूप, यह क्रम परंपरागत रूप से पूर्व दिशा में उगते सूरज की ओर मुँह करके किया जाता है।

2

अर्ध चंद्र-आसन

अर्ध चंद्र की मुद्रा

सूर्य और चंद्र दिन और रात का प्रतीक हैं और इसलिए समय को पूरा करते हैं। देवी के बाल आकाश के रूप में फैले होते हैं और सूर्य और चंद्र उनके बालों में लगाए गए काँटों के रूप में कल्पित किए जाते हैं।

चंद्र, जिसे सोम के रूप में जाना जाता है, एक रूमानी देवता हैं। वे क्षीरसागर से उभरे थे। वे सभी देवताओं में सबसे सुंदर देवता हैं और पुरुष सौंदर्य के सबसे उत्तम उदाहरण माने जाते हैं। ज्योतिषशास्त्र में वे भावनाओं, रूमानी इच्छाओं और उदासी के साथ जुड़े हुए हैं। सूर्य की तरह, वे भी एक रथ पर सवार होते हैं। हिंदू छवि-चित्रण में मृग ये रथ खींचते हैं जबकि तांत्रिक बौद्ध छवि-चित्रण में ये रथ कलहंस द्वारा खींचे जाते हैं।

चंद्र का रथ

साधारणतः, चंद्र को एक अर्धचंद्राकार में

चित्रित किया जाता है, ताकि वे सूर्य से अलग दिख सकें। अर्धचंद्राकार रूप घटता चंद्र दर्शाता है, बढ़ता चंद्र नहीं। यह इसलिए कि चंद्र और उनकी नक्षत्र नामक पत्नियों के बीच तनावपूर्ण संबंध हैं।

पाश्चात्य पुराणशास्त्र में, राशिचक्र की पद्धति के अनुसार, बारह नक्षत्रों के आधार पर आकाश को बारह भागों में विभाजित किया जाता है। हिंदू पुराणशास्त्र में, अट्ठाईस विभिन्न नक्षत्रों के आधार पर आकाश को अट्ठाईस भागों में विभाजित किया जाता है। ऐसी मान्यता है कि इन नक्षत्रों में से एक नक्षत्र अदृश्य हो चुका है। इन नक्षत्रों को देवियों के रूप में कल्पित किया जाता है। सभी नक्षत्रों के एक ही पति थे और वे थे चंद्र देव। लेकिन वे केवल एक ही पत्नी को चाहते थे, जिस कारण अट्ठाईसवीं पत्नी अदृश्य हो गई। अन्य छब्बीस पत्नियों ने अपने पिता से शिकायत की। चंद्र का व्यवहार जानकर उन्होंने चंद्र देव को तपेदिक अर्थात क्षय-रोग से शापित किया। चंद्र का क्षय होने लगा। वे अदृश्य होने ही वाले थे कि उन्होंने शक्तिशाली भगवान शिव से प्रार्थना की। योग साधना से शिव ने अपने भीतर इतनी ऊर्जा निर्माण की कि उन्होंने कुछ ऊर्जा चंद्र को दी ताकि वे फिर से आकार में बढ़ सकें। इस प्रकार, घटते हुए चंद्र का अर्धचंद्राकार रूप हिंदू पुराणशास्त्र में एक बहुत महत्त्वपूर्ण प्रतीक है। यह रूप मृत्यु और पुनर्जन्म के बीच के क्षण का प्रतीक है और साथ-साथ शिव की शक्ति का भी प्रतीक है। शिव को बहुधा चंद्रशेखर के नाम से जाना जाता है – वे जिनकी लटों में अर्धचंद्र स्थित है।

देवी के बालों में सूर्य और चंद्र

एक अन्य कहानी में, चंद्र देव आकाश के देवता और देवों के गुरु, बृहस्पति ग्रह की पत्नी से प्रेम कर बैठे। बृहस्पति वृद्ध थे तथा बहुत गंभीर और तर्कसंगत भी। उनमें चंद्र जितना

आवेग नहीं था। इसलिए बृहस्पति की पत्नी, तारा, चंद्र से बहुत आकर्षित हुई। बृहस्पति के साथ ऊब जाने से वह अंततः चंद्र के साथ भाग गई। क्रोधित बृहस्पति स्वर्ग के राजा इंद्र से मिले और उन्होंने चेतावनी दी कि यदि उनकी पत्नी को वापस नहीं लाया गया तो वे देवों को समर्थन देना बंद कर देंगे और उनके लिए कोई अनुष्ठान भी नहीं करेंगे। इससे स्वर्गीय राज्य संकट में पड़ गए। अनुष्ठान किए बिना देवों की असुरों के साथ युद्ध में हार निश्चित थी। इंद्र के पास कोई विकल्प नहीं बचा था। उन्होंने चंद्र से लड़ाई की और उन्हें तारा को छोड़ने के लिए विवश किया।

लेकिन जब तारा घर लौटी, तो वह गर्भवती थी और हर कोई सोच में पड़ गया कि क्या वह बच्चा उसके प्रेमी चंद्र का था या उसके पति बृहस्पति का था? तारा ने कुछ भी नहीं कहा। जब गर्भ में पल रहे बच्चे से पूछा गया तो उसने कहा कि वह तारा और चंद्र देव के प्रेम से जन्मा था। क्रोधित बृहस्पति ने उसे शाप दिया: वह न तो नर के रूप में जन्म लेगा और न ही मादा के रूप में। जन्म के समय, इस उभयलिंगी बच्चे को बुध कहा गया, तारा देवी और चंद्र देव का बच्चा। और इसलिए, बुध परिवर्तनशील है, न ये और न वो, दोनों पुरुष और स्त्री।

बुध, जो न पुरुष है और न स्त्री, पत्नी की खोज में विश्वभर घूमा और उसे एक ऐसी पत्नी मिली जो पुरुष और महिला दोनों थी। उसका नाम इला था, एक राजकुमार जो एक जादुई वन में जाकर महिला में बदल गया था। उसने शिव और शक्ति से इस जादू को हटाने की विनती की,

शिव की लटों में चंद्र

लेकिन वे केवल उसे बदल सकते थे: चंद्र बढ़ते समय इला पुरुष होगा और चंद्र घटते समय इला महिला होगा। बुध और इला के वंशज चंद्र वंश के कहे जाने लगे।

भारत के राजाओं ने बहुधा अपने आप को या तो सूर्य (सौर राजवंश) या चंद्र (चंद्र राजवंश) के वंशज कहलाकर अपने शासन को वैध बनाया। महाकाव्य रामायण सौर राजवंश की कहानी बताता है जबकि महाकाव्य महाभारत चंद्र राजवंश की कहानी दोहराता है। सौर राजाओं को सूर्य जैसे उज्ज्वल और ईमानदार माना जाता था, जबकि चंद्र राजाओं को चाँद जैसे तुनकमिजाज़ और कुटिल माना जाता था।

जैनों का मानना है कि जैन ज्ञान की तरह विश्व का भी कोई प्रारंभ या अंत नहीं है। विश्व अच्छे और बुरे चरणों के कल्पों से गुज़रता है। प्रत्येक कल्प में चौबीस जीन प्रकट होते हैं। यह जीन जैनों का ज्ञान फिर से उस कल्प में रहने वाले लोगों के लाभ के लिए खोजते हैं। यह ज्ञान बताता है कि आत्मा को देह से कैसे मुक्त किया जा सकता है और नश्वरता और परिमित ज्ञान से अमरत्व और अनंत ज्ञान कैसे प्राप्त किया जा सकता है। जीन को तीर्थंकर भी कहा जाता है, वे जो तीर्थ ढूँढते हैं, क्योंकि वे भौतिक बंधन और पुनर्जन्म से मुक्ति का मार्ग ढूँढते हैं। जीन जैनों के इस ज्ञान को मानवता के साथ बाँटते हैं। योग की साधना से सर्वोच्च ज्ञान प्राप्त करने पर उनका रूप अन्य जीनों जैसे बन जाता है। इसलिए, जीनों को पहचानने के उद्द्देश्य से उनके अनुयायी हर जीन को एक प्रतीक के साथ जोड़ते हैं। इस कल्प में, चंद्रप्रभा आठवें जीन थे और उनका प्रतीक अर्धचंद्र था।

जीन चंद्रप्रभा

अर्ध चंद्र-आसन इस नाम में चंद्र तो आप जानते ही हैं। अर्ध 'आधा' के लिए संस्कृत शब्द है और इसका उपयोग कई आसनों के नामों में किया जाता है। साधारणतः इसका तात्पर्य यह होता है कि किसी आसन का परिपूर्ण प्रकार भी है, लेकिन अर्ध चंद्र-आसन में ऐसा नहीं है। इस आसन का उद्देश्य है चंद्र की कलाओं में बदलाव के बीच संतुलन को दर्शाना। इसलिए यह जटिल मुद्रा करते समय स्वयं को संतुलित करना कठिन हो सकता है। इस आसन को पहली बार करते समय आसन करने के शुरू में लोग बहुधा ज़मीन पर घूरने की भूल कर देते हैं। अपने आप को एक पैर पर संतुलित करते समय ज़मीन की ओर न देखना अंतर्ज्ञान के विरुद्ध प्रतीत हो सकता है। लेकिन चूँकि इस आसन में कूल्हों को ऊर्ध्वाधर रूप से खड़ा करना होता है, नीचे देखने से शरीर का संरेखण लड़खड़ा सकता है और फिर वह व्यक्ति अपना संतुलन

खो सकता है। सामने की ओर एक निश्चित बिंदु पर तब तक ताकना जब तक कि शरीर संतुलित न हो जाए इस आसन को अधिक सुलभ और काफ़ी हद तक कम बेढंगा बना देता है।

3

पूर्वोत्तान-आसन

पूर्व की ओर का तानना

परंपरागत हिंदू अनुष्ठानों में, देवता पूर्व की ओर मुँह करते हैं ताकि उगते सूर्य की रोशनी उन पर पड़ सके और भक्त पश्चिम की ओर मुँह करते हैं। लेकिन, योग करते समय या वैदिक अनुष्ठान करते समय, अग्नि वेदी को पूर्व में रखा जाता है ताकि हम उगते सूर्य की ओर मुँह कर सकें।

अधिकांश हिंदू अपने दिनचर्या के प्रारंभ में सूर्य की ओर मुँह कर उस दिशा में पानी अर्पण करते हैं। पूरे भारत में मंदिर इस तरह बनाए जाते हैं कि कुछ विशेष दिनों पर उगते हुए सूर्य की किरणें गर्भगृह में स्थित देवता पर पड़ें, ऐसे दिन जिन्हें विशेष रूप से शुभ माना जाता है।

पूर्व दिशा में किया गया यज्ञ

हिंदू, जैन और बौद्ध पुराणशास्त्रों में दिशाएँ बहुत महत्त्वपूर्ण भूमिका निभाती हैं। वैदिक काल से, विभिन्न

बायाँ उत्तर है, दाहिना दक्षिण है

दिशाओं को विभिन्न गुणों से जोड़ा गया है। पूर्व को उगते सूर्य के साथ और इसलिए विकास के साथ जोड़ा गया है; पश्चिम को समुद्र के साथ जोड़ा गया है, वह स्रोत जहाँ से सभी चीज़ें उभरती हैं और जहाँ वे सब लौटती हैं; दक्षिण को मृत्यु के साथ और इस प्रकार अस्थिरता और नश्वरता के साथ जोड़ा गया है; और उत्तर को ध्रुवतारा के साथ और इसलिए स्थिरता या अमरत्व के साथ जोड़ा गया है।

जब कोई पूर्व की ओर मुँह करता है, तो उसकी पीठ पश्चिम की ओर होती है, बायाँ हाथ उत्तर की ओर और दाहिना हाथ दक्षिण की ओर होता है। इसलिए, उत्तर को बायाँ (वाम) और दाहिने को दक्षिण कहा जाता है।

उत्तर में शिव निवास करते हैं। वे अमरत्व से जुड़ा योग सिखाते हैं। दक्षिण की ओर मुँह करने के कारण उन्हें दक्षिण-मूर्ति भी कहा जाता है। देवी दक्षिण से आती हैं और हमें भौतिक अस्थायित्व से अवगत कराती हैं। इसलिए उन्हें दक्षिण-काली कहा जाता है। दाहिने ओर का पथ, दक्षिण-पथ, मुख्यधारा के संयमित वैदिक अनुष्ठानों से संबंधित है। बायें ओर का पथ, वाम-पथ, विध्वंसकारी संवेदिक तांत्रिक अनुष्ठानों से संबंधित है।

शिव दक्षिण-मूर्ति

शिव मंदिरों में, पत्ती के आकार का कुंडा उत्तर की ओर होता है: इसलिए जब हम

मंदिर में प्रवेश करते हैं, और पूर्व की ओर के शिव-लिंग की ओर मुँह करते हैं, तो कुंड हमारे दाहिनी ओर होता है। इस प्रकार शक्ति का प्रतीक, कुंडा, बिना किसी विशेष अभिविन्यास वाले शिव के गोलाकार स्तंभ को दिशा देता है।

पीठ पश्चिम की ओर है, जिसके स्वामी हैं समुद्र के देवता और सौभाग्य की देवी लक्ष्मी के पिता, वरुण। पूर्व दिशा इंद्र का निवास-स्थान है, जो वर्षा लाते हैं और इस प्रकार सूखी पृथ्वी को नम करने और कुओं, तालाबों, झीलों और नदियों को फिर से भरने की समुद्र की क्षमता को पूरा करते हैं।

शिव-लिंग और योगी, पूर्व की ओर मुँह और उत्तर दिशा की ओर संकेत करते हुए

पूर्वोत्तान-आसन की उत्पत्ति संस्कृत शब्द 'पूर्व' से हुई है। चूँकि योग का अभ्यास परंपरागत रूप से पूर्व की ओर मुँह करके किया जाता है, इसलिए शरीर का 'पूर्व' भाग आगे का भाग बन जाता है और फिर यह आसन 'पूर्व की ओर काया खींचना' बन जाता है। यह आसन दिखने

में भले ही सरल हो, लेकिन वास्तव में कूल्हों को ऊँचा उठाने के लिए पेट की, उसके आसपास के भाग की और पैरों की मांसपेशियों का शक्तिशाली होना आवश्यक है। इस आसन को पूर्ण रूप से करने के लिए पहले घुटनों को मोड़कर आकाश की ओर देखते हुए रिवर्स 'टेबल-टॉप' मुद्रा में आकर, फिर धीरे-धीरे पैरों को आगे की ओर बढ़ाया जा सकता है।

4

पश्चिमोत्तान-आसन

पश्चिम की ओर तानना

योग में, हमारा मुँह या शरीर के सामने का भाग पूर्व दिशा का प्रतीक है, हमारी पीठ पश्चिम दिशा का प्रतीक है, बायाँ भाग उत्तर और दाहिना भाग दक्षिण दिशा का प्रतीक है। हिंदू, बौद्ध और जैन पुराणशास्त्रों में, सभी दिशाओं के दिग्पाल नामक संरक्षक होते हैं।

मोटे तौर पर, हिंदू पुराणशास्त्र के दो चरण हैं: वैदिक और पौराणिक। वेदों में, लगभग 3000 वर्ष पुराने अनुष्ठान संबंधित नियमावलियों में, छह संरक्षक सूचीबद्ध हैं: पूर्व के अग्नि और इंद्र, पश्चिम के वरुण, दक्षिण के यम, उत्तर के सोम और ऊर्ध्व दिशा के बृहस्पति। लगभग 1000 वर्ष पहले जब शिव और विष्णु जैसे पौराणिक देवताओं के लिए भारत में मंदिर बनाए जाने लगे, तब दिग्पालों की संख्या बढ़कर दस हो गई। पौराणिक देवता

पश्चिम की ओर पीठ

द्वितीयक दिशाओं और कई प्राचीन वैदिक देवताओं की जगह लेते हैं। कुबेर सोम की जगह उत्तर के स्वामी बन जाते हैं। ब्रह्मा बृहस्पति की जगह ऊर्ध्व दिशा के स्वामी बन जाते हैं और सर्प आदिशेष तल के स्वामी के रूप में उभरते हैं। चंद्र (उत्तर-पूर्व), सूर्य (दक्षिण-पश्चिम), अग्नि (उत्तर-पश्चिम) और वायु (दक्षिण-पूर्व) द्वितीयक दिशाओं के प्रतीक हैं।

चीन, जापान और थाईलैंड में बौद्ध पुराणशास्त्र में, चतुर्महाराजिकों का उल्लेख किया गया है, चार राजा जो चार प्रमुख दिशाओं में खड़े होकर बुद्ध की रक्षा करते हैं। यह चार राजा हैं वैश्रवान या कुबेर, उत्तर के संरक्षक, जो संपत्ति जमा करने वाले यक्षों के राजा हैं; धृतराष्ट्र, पूर्व के संरक्षक, जो स्वर्गीय संगीतकार, गंधर्वों के राजा हैं; विरुधक, दक्षिण के संरक्षक, जो तोंदुए बौने कुंभांडों के राजा हैं; और विरुपक्ष, पश्चिम के संरक्षक, जो नागों के राजा हैं। यह विचार बौद्ध धर्म के माध्यम से चीन में फैला और चीनी विद्या में मिल गया। चीन में चार दिशाओं की पहचान आकाश में नक्षत्रों के रूप में स्थित चार मिथकीय प्राणियों के साथ की जाती है: पूर्व में एक ड्रैगन, पश्चिम में एक सफ़ेद बाघ, उत्तर में एक कछुआ और दक्षिण में एक लाल पक्षी या फ़ीनिक्स के साथ।

ये विचार भारतीय मूल के वास्तु-शास्त्र और चीन के फ़ेंग-शुई का हिस्सा हैं, जिसका उपयोग कई लोग अपने घरों को बनाते समय करते हैं। जैन पुराणशास्त्र में, जैन सिद्धांत की फिर से खोज करने वाले महान जीन, इस ज्ञान को चारों दिशाओं में प्रसारित करते हैं। हर कल्प में, यह खोज चौबीस बार होती है और इसलिए हर कल्प में चौबीस जीन होते हैं। सभी को जैन ज्ञान के संचार करने के इस कार्य को समवसरण (सभी को शरण देना) कहा

चतुर्मुख

जाता है। ज्ञान प्राप्त करने वाले लोग जीन के चारों ओर बैठते हैं और चारों दिशाओं में बोलते हैं। यह हमें याद दिलाता है कि हम सबकी दृष्टि एक दिशा तक सीमित है; केवल सिद्ध-लोक में स्थित जीन हर दिशा में असीम दृष्टि की क्षमता रखते हैं। एक ही जीन की चार छवियाँ बनाकर, उनकी पीठों को एक दूसरे से लगाकर उन्हें खड़ा दिखाकर, चार दिशाओं की ओर मुँह करके चार प्रवेश द्वार वाले मंदिर (चतुर्मुख-बसदी) में रखकर इस बात को व्यक्त किया जाता है। एक साथ चार दिशाओं में मुँह करने वाले ऋषि या देवता के इस विचार को बौद्धों और हिंदुओं ने भी अपनाया था। वह विचार समुद्र पार दक्षिण पूर्वी एशिया में बर्मा में पगाना और कंबोडिया में अंगकोर वाट जैसे स्थानों पर फैला जहाँ मंदिर सभी दिशाओं में संरेखित होते हैं।

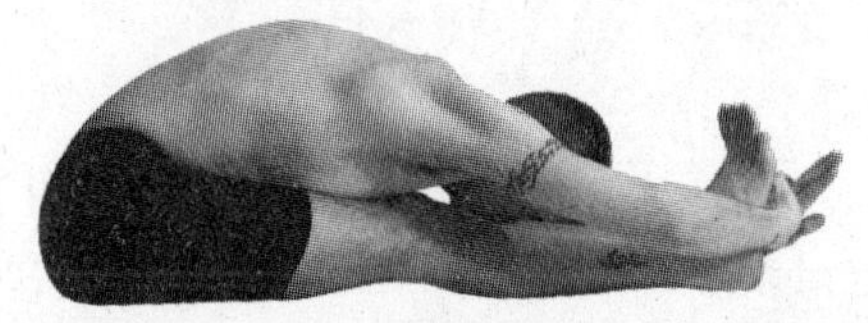

संस्कृत में, पश्चिम का अर्थ आप जानते ही हैं और उत्तान का अर्थ है 'तीव्र रूप से तानना'। इस प्रकार इस आसन का अर्थ है 'पश्चिम की ओर तानना'। परंपरागत रूप से, यह आसन पूर्व की ओर (उगते हुए सूर्य की ओर) मुँह करके किया जाता है। इस प्रकार पीठ शरीर का 'पश्चिम' भाग बन जाती है और इसलिए, इस आसन को 'पीठ को तानने' का आसन भी कहा जा सकता है। इस आसन के नाम में पश्चिम शब्द के अंत में 'अ' की ध्वनि और

उत्तान शब्द के प्रारंभ में 'उ' की ध्वनि के संयोजन के कारण लोग इस आसन के साथ अन्य आसनों की सही वर्तनी के बारे में बहुधा उलझा जाते हैं। संस्कृत में, जब शब्दों को जोड़ दिया जाता है, तो वे एक विशेष प्रकार के सुस्वर सम्मिश्रण नियमों का पालन करते हैं, जिन्हें 'संधि' कहते हैं। इस शब्द में, 'अ' और 'उ' मिलकर 'ओ' की लंबी ध्वनि बनती है। वर्तनी जो भी हो, इस मुद्रा को बहुधा आसन प्रथाओं के प्रारंभिक बैठे हुए भाग में शामिल किया जाता है क्योंकि यह पैरों और पीठ के एक सौम्य, गुरुत्वाकर्षण की सहायता से किया गया स्ट्रेच या खिंचाव है।

5

वृक्ष-आसन

वृक्ष की मुद्रा

हिंदू, बौद्ध और जैन पुराणशास्त्रों में वृक्ष बहुत महत्त्वपूर्ण भूमिका निभाते हैं। आधुनिक भारत की तरह प्राचीन भारत में भी वृक्ष देवताओं, पवित्र पुरुषों और यक्षों तथा यक्षियों से जुड़े थे और उनकी पूजा की जाती थी। इस पूजा का स्रोत हड़प्पा सभ्यता में पाया गया है, जहाँ मिट्टी की मुहरों पर पीपल के वृक्षों की पूजा के चित्र मिले हैं। बौद्ध धर्म में, पीपल का पेड़ पवित्र है क्योंकि इसी पेड़ के नीचे बैठकर बुद्ध को विश्व के परम सत्य, धम्म का ज्ञान मिला और उन्हें निर्वाण प्राप्त हुआ। बौद्ध कला के कुछ प्रारंभिक उदाहरणों में, बुद्ध को बहुधा एक पेड़ के रूप में दर्शाया गया। जबकि बुद्ध से जुड़ा वृक्ष प्रसिद्ध है, बहुत कम लोग यह बात जानते हैं कि जैन धर्म में भी, प्रत्येक जीन, जो भौतिक विश्व से मुक्त होने का एक मार्ग ढूँढते हैं, एक विशेष वृक्ष के नीचे ध्यान में बैठते हैं। हर कल्प में चौबीस जीनों में से प्रत्येक जीन एक विशेष वृक्ष से जुड़े हुए हैं। इस कल्प के पहले जीन, ऋषभ-नाथ,

बरगद के पेड़ के नीचे बैठे थे।

हिंदू धर्म में भी, हर देवता किसी वृक्ष से जुड़े हैं। शिव बरगद के पेड़ के नीचे बैठते हैं और उन्हें बिल्व की टहनी चढ़ाई जाती है; विष्णु कदंब वृक्ष और तुलसी के झाड़ से जुड़े हैं; देवी इमली के बाग़ और नीम के पेड़ से जुड़ी हैं और प्रेम के देवता, कामदेव, आम के पेड़ से जुड़े हैं। देवों के राजा इंद्र का नंदन-कानन नामक एक बाग़ है, जिसमें इच्छापूर्ति वृक्ष, कल्प-वृक्ष, उगता है। शिव और शक्ति एक-दूसरे की संगति का आनंद देवदार वन या दारु-वन में लेते हैं। हनुमान को केले का वन या कदली-वन प्रिय है। गणेश को गन्ने का वन अर्थात इक्षु-वन प्रिय है। कृष्ण को सुगंधित तुलसी वन, वृंदा-वन और मधुर सुगंधित मधु-वन प्रिय है।

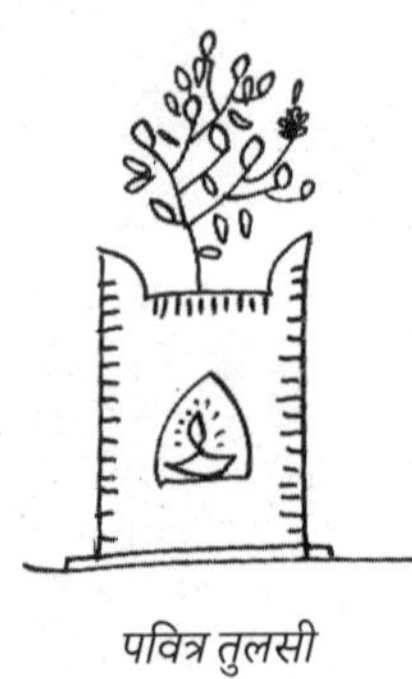

पवित्र तुलसी

पौधे अस्तित्व में कैसे आए इसके साथ कई कहानियाँ जुड़ी हुईं हैं। एक कहानी के अनुसार वे उस समय उगे जब ब्रह्मा ने अपने बाल उखाड़कर उन्हें पृथ्वी देवी पर रख दिया। वैदिक पुराणशास्त्र में, शाकंभरी देवी को पौधों की माता माना जाता है। ब्राह्मण साहित्य में, जब पृथ्वी देवी समुद्र में डूबी हुईं थीं तब प्रजापति ने सूअर का रूप लेकर उन्हें अपने नाक पर रखकर समुद्र से बाहर निकालकर एक कछुए की पीठ पर रख दिया। ऐसा करते समय उनके विशाल दाँतों ने पृथ्वी के शरीर को छेद दिया और वे पौधों के बीजों से गर्भवती हुईं। पौराणिक साहित्य में प्रजापति की जगह विष्णु सूअर का रूप लेते हैं।

वृक्ष से जुड़ी यक्षी

शास्त्रीय संस्कृत कविता में महिलाओं की हंसी से पौधों के खिलने का वर्णन किया गया है। इसलिए वसंत ऋतु में महिलाओं को शाही बाग़ों में गाने, नृत्य करने और खेलने के लिए आमंत्रित किया जाता था। बौद्ध कला में भी हमें पेड़ों की शाखाओं को पकड़ी हुईं, मुस्कुराती और नृत्य करती हुईं अप्सराएँ मिलती हैं। ये प्रजनन की प्राचीन छवियाँ हैं जो समृद्धि और उपजाऊपन से जुड़ी हैं।

वृक्ष

यह आसन संतुलन बढ़ाने वाला एक मौलिक आसन है जो चरणों और टाँगों में सीधे खड़े रहने में मदद करने वाली छोटी मांसपेशियों को विकसित करने में मदद करता है। इसके अतिरिक्त, इस आसन से ऊपर उठाई हुई टाँग में खिंचाव होता है जिससे कूल्हे खुलते हैं। चूँकि

गुरुत्वाकर्षण हमेशा हम पर नीचे की दिशा में प्रभाव करता है, हम जितना समय शरीर को तानकर रखेंगे, शरीर को संतुलित करने और उस संतुलन को बनाए रखने में उतनी ही आसानी होगी। इस आसन में संतुलन पाने में जिन्हें कठिनाई होती है उन्हें अपना वज़न नीचे रखे पैर पर समान रूप से फैलाना चाहिए। पैर का अंगूठा ज़ोर से नीचे दबाने से वज़न आसानी से फैलता है और यह फैलाव बनाए भी रहता है। अंत में, एक निश्चित जगह पर देखने से यह संतुलन खोने की संभावना कम हो जाती है।

यह ध्यान में रखें कि आसन के साथ 'अभ्यास' शब्द का हम उपयोग करते हैं न कि 'प्रदर्शन' शब्द का। गिरना इस यात्रा का एक बहुत ही स्वाभाविक और विनम्र हिस्सा है। तो, इस आसन के साथ-साथ संतुलन के सभी दूसरे आसन करते समय, हास्य की भावना बनाए रखना संतुलन को बनाए रखने जितना ही महत्त्वपूर्ण है!

6

पद्म-आसन

कमल की मुद्रा

पद्म का अर्थ है कमल। काग़ज़ के टुकड़े पर एक वर्ग निकालें। अब पहले वर्ग को 45 डिग्री के कोण पर घुमा कर उसके ऊपर एक और वर्ग निकालें। आठ बिंदुओं का तारा बन गया। तंत्र में, यह आठ-पंखुड़ियों वाले कमल का प्रतीक है, वह गर्भ जिससे संपूर्ण सृष्टि ने जन्म लिया। यह हमारे मन का भी प्रतीक है, जो योग के अभ्यास से खिलने की प्रतीक्षा करता है। योग के अभ्यास से अपनी क्षमता को साकार करने को रीढ़ की हड्डी पर स्थित कमल के फूलों को एक एक कर खिलने के रूप में कल्पित किया जाता है। प्रत्येक फूल में नीचे के फूल से एक पंखुड़ी और होती हैं और सिर में स्थित अंतिम फूल में एक हज़ार पंखुड़ियाँ होती हैं।

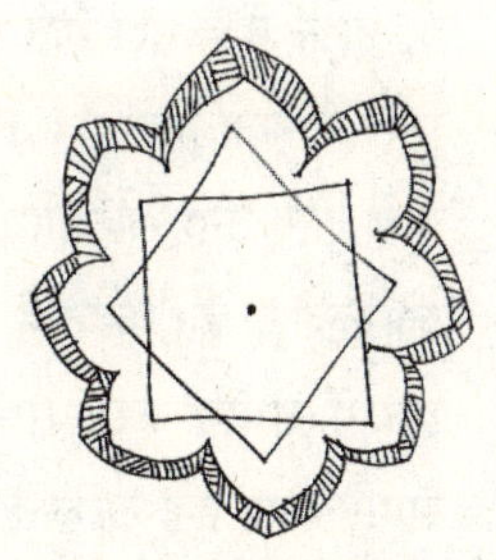
आठ पंखुड़ियों वाला कमल

कमल कीचड़ में खिलता है लेकिन बेदाग रहता है। इस प्रकार वह पवित्रता का प्रतीक है

और भौतिक विश्व की गंदगी से ऊपर उठने का प्रतीक भी है। कमल की पंखुड़ियों से पानी का गिर जाना तटस्थता का प्रतीक है। उसकी पंखुड़ियों का धीरे से खुलना, जिससे मधुमक्खियों को आकर्षित करने वाला मकरंद दिखता है उपजाऊपन का प्रतीक है। इस प्रकार, कमल विरोधाभासी विचारों का प्रतीक है: तटस्थता के साथ जीवन के सुखों का भी।

पद्म

कहते हैं कि जब विश्व का प्रारंभ हुआ तो धूप में कमल खिलने की भाँति चेतना की उपस्थिति में विश्व खिल उठा। इस प्रकार, कमल को सृजन का प्रतीक माना जाता है। सृजनकर्ता ब्रह्मा, विष्णु की नाभि से उभरने वाले कमल के फूल पर विराजमान होते हैं। संरक्षक विष्णु को भी कमल का फूल पकड़े हुए दिखाया जाता है। धन की देवी लक्ष्मी भी कमल से जुड़ी हैं। उनके हाथ में पकड़े कमल मधुमक्खियों और तितलियों को उनकी ओर आकर्षित करते हैं।

हिंदू कला में, कमल की कली पकड़ी हुई महिला को कुंवारी माना जाता है; खिला हुआ कमल पकड़ी महिला को प्रौढ़ और अनुभवी माना जाता है। भारतभर में ऐसी देवी की छवियाँ पाईं जाती हैं जिनके जननांग खुले होते हैं, हाथों में कमल होते हैं और जिनका सिर कमल के फूल से बना होता है। उनका कोई नाम नहीं है, लेकिन कुछ लोग उन्हें लज्जागौरी कहते हैं, अर्थात वह मातृदेवी जो लजीली हैं। कहते हैं कि वे शक्ति हैं। शिव के साथ वन में संभोग करते समय जब ऋषि बिना पूछे उनके सामने आए तब लज्जित होकर उन्होंने अपने चेहरे को ढक लिया।

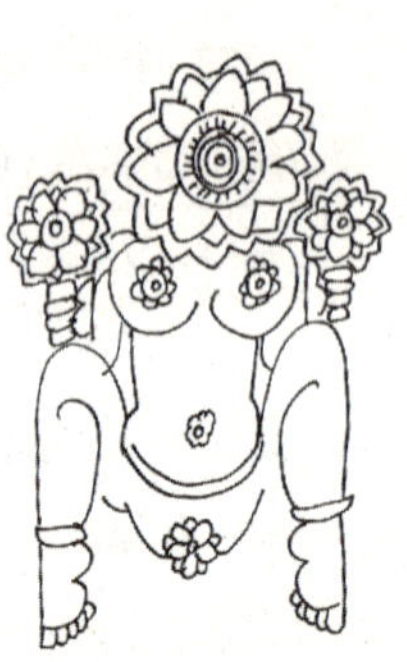
लज्जागौरी

थेरवाद बौद्ध धर्म में यह मान्यता है कि जब बुद्ध ने अपनी माता के गर्भ

से जन्म लिया, तो वे चलने में सक्षम थे और उन्होंने जहाँ भी कदम रखा वहाँ एक कमल का फूल खिल उठा। महायान बौद्ध धर्म में वर्णित शुद्ध भूमि, या सुखवती में, प्रत्येक बुद्ध का जन्म किसी महिला के गर्भ से नहीं बल्कि कमल के फूल से हुआ है। पीड़ित विश्व के लिए बुद्ध के करुणामाय आँसुओं से जन्मी बौद्ध देवी तारा को हाथ में कमल का फूल पकड़े हुए बहुधा दिखाया जाता है। वे ज्ञान से जुड़ी हुईं हैं।

पद्मपाणि
बोधिसत्त्व

पद्मपाणि बुद्ध का एक रूप है – वे जो कमल का फूल अपने हाथ में पकड़े हुए हैं। एक बार, एक युवक ने बौद्ध धर्म पर बुद्ध का लंबा प्रवचन सुना। प्रवचन सुनने के बाद उसने बुद्ध से पूछा कि क्या वे किसी एक इशारे या प्रतीक से प्रवचन का अर्थ समझा सकते हैं। बुद्ध ने केवल एक कमल का फूल उठाया। उस क्षण में, बस कमल के फूल को देखकर, युवक को बौद्ध धर्म का अर्थ समझ आया। और प्रसिद्ध मंत्र 'ॐ मणि पद्मे हुम' अस्तित्व में आया – वह मणि जो कमल के फूल के भीतर बंद है। यह एक रूपक है जिसके कई अर्थ हैं। मणि वह ज्ञान हो सकता है जो मन के कमल का सेचन करता है। मणि पुरुष के बीज का प्रतीक हो सकता है और कमल का फूल महिला के गर्भ का प्रतीक हो सकता है। मणि चेतना का और कमल का फूल भौतिक विश्व का प्रतीक भी हो सकता है। मणि कमल के फूल से उभरते हुए बुद्ध भी हो सकते हैं, जो महायान बौद्ध कला में बहुधा दिखाया जाता है।

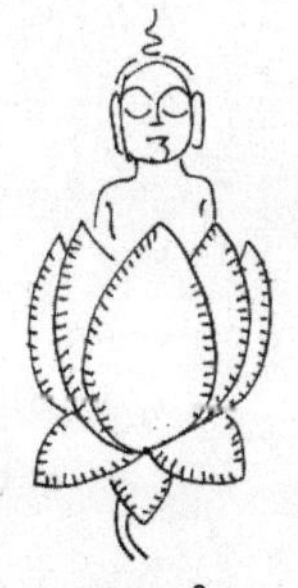
कमल से
बुद्ध का जन्म

जैन पुराणशास्त्र में, पद्म रामायण में राम का नाम है। हिंदू रामायण के विपरीत, जैन रामायण में पद्म अहिंसक हैं और रावण का वध उनके छोटे भाई, लक्ष्मण करते हैं। जैन विद्या में, एक ऐसी रानी का उल्लेख है जिन्हें कमल के फूलों से ढका पलंग प्रिय था। उनके

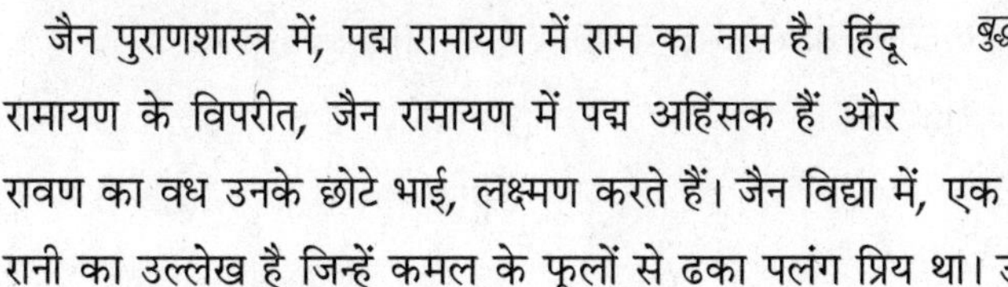

पुत्र का नाम पद्मप्रभा था, वह जिसकी उज्ज्वलता कमल समान थी। वह बड़े होकर छठा जीन बने और उनका प्रतीक कमल का फूल था।

उचित कारणों के लिए, पद्म-आसन संभवतः वह आसन है जिसे विश्व में सबसे अधिक लोग पहचानते हों और जो सबसे अधिक योग और ध्यान के अभ्यास के साथ जुड़ा हुआ है। इस आसन में मानव शरीर सबसे स्थिर बैठ सकता है क्योंकि पैरों और फर्श के बीच सबसे अधिक संपर्क बना रहता है। इस आसन के कारण शरीर प्राणायाम (सांस नियंत्रण प्रथाओं) के लिए आवश्यक आदर्श मुद्रा में रहता है और रीढ़ की हड्डी संरेखित रहती है, जो प्राणायाम आसनों के साथ बहुधा किया जाता है। संस्कृत में, पद्म शब्द एक कमल के पौधे को संदर्भित करता है और कमल केवल शांत पानी की शांति में खिल सकता है।

7

बक-आसन

सारस की मुद्रा

बक का अर्थ है सारस। हिंदू पुराणशास्त्र में, सारस एकाग्रता के साथ जुड़ा हुआ है। पानी में एकाग्रचित्त, धैर्यपूर्वक रुके रहने से वह मछली पकड़ पाता है। इसलिए, सारस को कभी-कभार ज्ञान की देवी, सरस्वती से जोड़ा जाता है।

महाभारत में, सारस रूपी यक्ष, एक तालाब का संरक्षक होता है। जब तक कोई उसके प्रश्नों का उत्तर नहीं देता तब तक वह उसे तालाब का पानी पीने नहीं देता। उत्तर दिए बिना पानी पीने वाले की तुरंत मृत्यु हो जाती है। पांच पांडव भाइयों में से चार भाइयों को राजकुमार होने का अहंकार होता है और इसलिए वे प्रश्नों का उत्तर देने से इंकार करते हैं; पानी पीकर उनकी मृत्यु हो जाती है। लेकिन सबसे बड़े भाई, युधिष्ठिर, सारस की इच्छा का आदर करते हुए उसके प्रश्नों का उत्तर देते

बक

हैं। उनसे पूछा गया एक प्रश्न होता है: विश्व में सबसे बड़ा चमत्कार क्या है? उत्तर में युधिष्ठिर कहते हैं कि विश्व में सबसे बड़ा चमत्कार यह है कि जबकि लोग हर दिन मरते हैं, जीवित लोग जीवन ऐसे जीते हैं जैसे कि वे अमर हैं। युधिष्ठिर के उत्तरों से प्रसन्न होकर, सारस उनके सभी

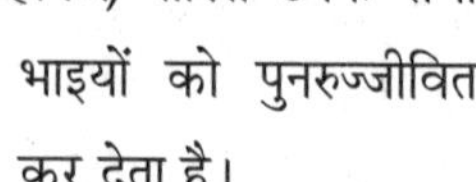

भाइयों को पुनरुज्जीवित कर देता है।

युधिष्ठिर सारस के साथ

कृष्ण बक-असुर का वध करते हुए

कभी-कभार बक को एक असुर भी कहा जाता है। भागवत पुराण में कृष्ण का बचपन वर्णित है। उसमें एक कहानी के अनुसार जब कृष्ण और उनके मित्र नदी के किनारे एक चरागाह में अपनी गायों को चराने जाते हैं तब एक विशाल सारस उन दोनों पर हमला करता है । कृष्ण सारस की चोंच को चीरकर उसे मार देते हैं।

बक को कभी-कभार ज्ञान की देवी, सरस्वती से जोड़ा जाता है और उसे धैर्य और एकाग्रता का प्रतीक माना जाता है। पानी में स्थिर रहकर वह मछली के लिए रुका रहता है। मछली दिख जाने पर वह उसे झट से पकड़ लेता है।

बगुला और सारस बहुधा एक पैर पर खड़े होते हैं। ऐसा करने से वे मछलियों को धोखा देते हैं कि उनका एकल पैर कोई रीड़ या सरकंडा है। जब मछली बगुले के पैर के पास आती है, तो वह तुरंत उस अभागे शिकार को पकड़ लेता है। एक पैर पर

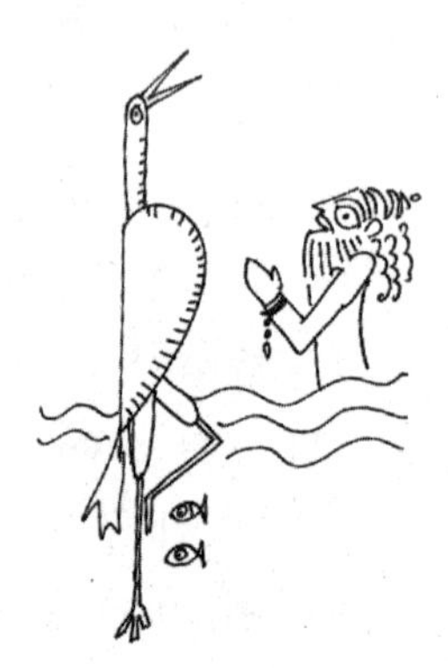

बकुल भगत

खड़ा होना योग का एक आसन भी है। इसलिए, योगी की लंबी सीधी टांग से प्रेरित, ढोंगी योगी को 'बगुला भगत' कहा जाने लगा है। यह कपटी के लिए आधुनिक हिंदी शब्द है, जो संन्यासी होने का ढोंग करता है – क्योंकि एक पैर पर खड़े सारस की तरह उसका मुख्य उद्देश्य है कहावती मछली को पकड़ना।

लोग बहुधा इस आसन और मुड़ी हुईं भुजाओं वाले कक्क-आसन में उलझ जाते हैं। बक-आसन एक लंबे पैरों वाले पानी के पक्षी का प्रतीक है। यह आसन करते समय हाथों को सीधे रखकर उसी मुद्रा में पकड़कर रखा जाता है। इसे बनाए रखने के लिए शरीर के ऊपरी भाग और पेट और उसके आसपास के भाग का शक्तिशाली होना बहुत आवश्यक होता है और कक्क-आसन की तुलना में यह हड्डी से मिले आधार पर बहुत कम निर्भर होता है। इस आसन को करते समय उसका सबसे अच्छा वर्णन है कूल्हों और कंधों को इतना आगे की ओर

झुकाना कि संतुलन बन सके, और उसी समय उंगलियों को पर्याप्त मात्रा में ज़मीन में दबाना ताकि आप चेहरे पर गिर न जाए। इस आसन का एक अन्य महत्त्वपूर्ण पहलू है कि सिर किस दिशा में होता है। इस आसन की शुरुआत में गिरने के डर से सिर को नीचे रखकर ज़मीन की ओर ताकना बहुत लुभावना होता है। लेकिन सिर को ऊपर उठाने और आँखों से सामने की ओर देखने से हमें क्षितिज के संबंध में शारीरिक जागरूकता बनाए रखने में मदद मिलती है (भले ही हम घर के अंदर यह आसन क्यों ना कर रहे हों)। कक्क-आसन में शरीर को संतुलित कर पाना यह निर्धारित करने के लिए एक अच्छा मापदंड हो सकता है कि क्या कोई बक-आसन करने के लिए तैयार है, जो भुजाओं के संतुलन का अधिक कठिन आसन है।

8

क्रौंच-आसन

बगुले की मुद्रा

बक (सारस) और एक क्रौंच (बगुला) के बीच का अंतर यह है कि उड़ते समय बक की गर्दन सीधी होती है, जबकि क्रौंच की गर्दन घुमावदार होती है।

एक लोक रामायण में, जब राम हिरण के शिकार से लौटकर अपनी पत्नी सीता को उनकी कुटिया में नहीं पाते हैं, तो वे सोच में पड़ जाते हैं। एक बगुला राम को बताता है कि वह जानता है सीता कहा हैं, लेकिन वह यह भी कहता है कि वह उन्हें नहीं बताएगा। क्रोध में, राम उसकी गर्दन मरोड़ देते हैं और इसलिए बगुले की गर्दन मुड़ी हुई होती है। फिर बगुला राम से क्षमा माँगता है और उन्हें बताता है कि राक्षस-राजा रावण ने सीता का अपहरण किया है। जब रावण उन्हें ले जा रहा था, सीता के आंसू ज़मीन पर गिर गए। एक आंसू बगुले के शरीर पर गिर गया, जिस

क्रौंच

कारण अब उसके सफ़ेद पंख हैं।

रामायण से एक अन्य कहानी में, क्रौंच पक्षियों की एक जोड़ी प्रणय खेल में एक दूसरे के चक्कर लगा रहे हैं। तब एक शिकारी नर बगुले को तीर मार देता है। कवि वाल्मीकि ने मादा बगुले को अपने साथी के शरीर के पास खड़े होकर दयनीयता से रोते हुए देखा। इस दुःखद दृश्य से क्रोधित होकर, वाल्मीकि शिकारी को शाप देते हैं और यह शाप उनके मुँह से कविता के रूप में निकलता है। इस प्रकार दुःख से कविता जन्म लेती है। संयोगवश यह विश्व की सबसे पहली कविता है और इसलिए वाल्मीकि को विश्व का आदि कवि कहा जाता है। इस घटना के बाद उन्होंने महाकाव्य रामायण को गीत के रूप में रचा। क्रौंच पक्षियों की कहानी और एक व्यक्ति की अपने साथी के लिए लालसा का विषय इस महाकाव्य में बार बार आता है। रामायण में परिस्थितियों और युद्ध के कारण प्रेमी बिछड़ जाते हैं और इसलिए वाल्मीकि की रामायण एक वीरतापूर्ण महाकाव्य कम और रूमानी महाकाव्य अधिक है। रामायण युद्ध की एक महान कहानी है। लेकिन उसके साथ उसे ऐसी कहानी के रूप में भी सराहा जाना चाहिए जिसमें अपने प्रिय साथी की अनुपस्थिति के कारण किसी व्यक्ति को लालसा और पीड़ा का अनुभव करना पड़ता है।

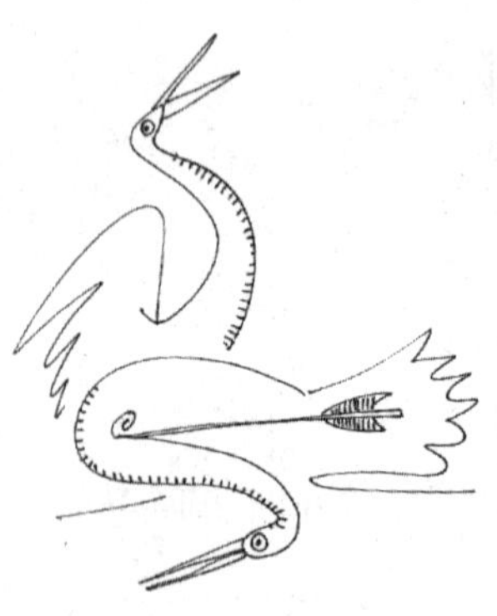

क्रौंच पक्षी अपने साथी की मृत्यु का शोक मनाते हुए

दक्षिण भारत में एक क्रौंच पर्वत या बगुला पर्वत है। इसकी विशेषता यह है कि इसके मध्य में दरार के कारण एक दर्रा बना है। कुछ लोगों का मानना है कि इस दर्रे के कारण यह पर्वत बगुले की गर्दन जैसे दिखता है। दूसरों का मानना है कि एक राक्षस बगुले के रूप में इस पर्वत में छिपा था। जब

युद्ध-देवता कार्तिकेय ने भाले से राक्षस पर वार किया तब पर्वत में दरार हुई।

क्रोंच एक व्यक्तिवाचक संज्ञा भी है। यह उस व्यक्ति का नाम है जिसने भूल से एक ऋषि के पैर पर पैर रखा और जिसे चूहे में बदल दिया गया। इस चूहे ने विश्व का इतना नाश किया कि देवताओं ने हाथी के सिर वाले गणेश से हस्तक्षेप करने की भीख मांगी। गणेश ने तुरंत ही क्रोंच नामक चूहे को पकड़ लिया और उसे अपना वाहन बना दिया। इस प्रकार चूहे ने विश्व को परेशान करना बंद कर दिया।

जीन सुमति-नाथ

बगुला सुमति-नाथ का प्रतीक है, इस कल्प के पाँचवे जीन।

इस सुरुचिपूर्ण बैठे हुए आसन में मुड़े हुए कूल्हे को अंदर से घुमाना पड़ता है और सीधे ताने हुए पैर में जांघ के पीछे की मांसपेशी को तीव्रता से तानना पड़ता है। यह

संभवतः जलीय पक्षी के लंबे पैरों को संदर्भित करता है, या नदी में वाल्मीकि के बगुले के लगे तीर की ओर एक सूक्ष्म संदर्भ है। इस आसन को तिरिअंग मुखैकपदा पश्चिमोत्तान-आसन (एक पैर को तिरछा कर पीछे तानने की मुद्रा) की एक विकसित मुद्रा माना जा सकता है, जो आसन अय्यंगार और अष्टांग योग परंपराओं में एक लोकप्रिय आसन है। दोनों आसनों में अंगों का अभिविन्यास एक समान होता है, लेकिन क्रोंच-आसन के विपरीत पश्चिमोत्तान-आसन में शरीर को पैर के ऊपर मोड़ा जाता है। क्रोंच-आसन में रीढ़ की हड्डी का हल्का सा घुमाव संभवतः बगुले की मुड़ी हुई गर्दन को संदर्भित करता होगा।

9

कक्क-आसन

कौवे की मुद्रा

कौवे की बहुधा सारस से तुलना की जाती है, संभवत: क्योंकि कौवा अक्सर कचरे के पास देखा जाता है, जबकि सारस को पानी से जोड़ा जाता है। सारस सफ़ेद रंग का होता है और ज्ञान के साथ जुड़ा हुआ है, जबकि काले रंग का कौवा मृत्यु और सभी अशुभ चीज़ों से जुड़ा हुआ है। कौवे के पैर छोटे होते हैं और वह अपना अधिकतर समय ज़मीन पर बिताता है जबकि सारस के पैर लंबे होते हैं और वह अपना अधिकतर समय पानी पर बिताता है। इस प्रकार, देखा जाए तो ये दोनों पक्षी जीवन के स्थिर और अस्थिर अवस्थाओं के बीच भेद के प्रतीक हैं।

रामायण में, देवों के राजा इंद्र के पुत्र जयंत ने कौवे का रूप लेकर राम और सीता को जंगल में परेशान किया। सीता का लगातार पीछा करते हुए कौवे से राम चिढ़ गए। उन्होंने घास की एक पत्ती से कौवे की एक आँख में छेद कर दिया। इसलिए यह माना जाता है कि कौवा एक समय केवल एक दिशा से देख सकता है और उसे अपने सिर को एक ओर से दूसरी ओर

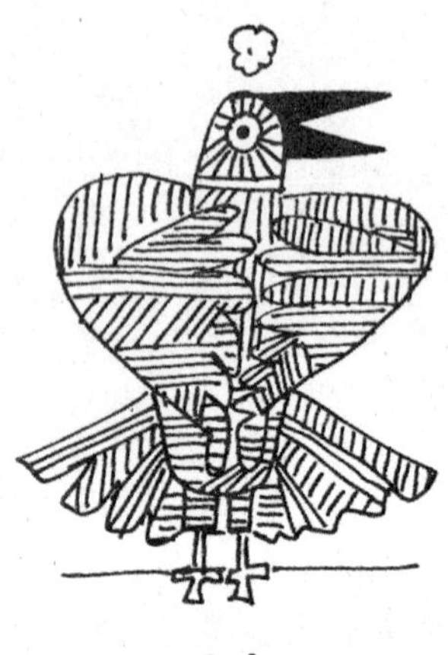

ज्ञानी कौवा,
काकभुशुंडी

हिलाना पड़ता है। वास्तव में, कौवे को दोनों आँखों से दिखाई देता है, लेकिन चूँकि उसकी एक आँख की दृष्टि दो आँखों की दृष्टि से अच्छी होती है वह एक आँख से देखना पसंद करता है।

भागवत पुराण में, एक असुर कौवे का रूप लेकर बाल कृष्ण पर हमला करता है। लेकिन कृष्ण कौवे के पैर पकड़कर उसका वध करते हैं, ठीक उसी प्रकार जैसे हरक्यूलीज़ उस सांप को मारते हैं जो उन्हें डसने का प्रयत्न करता है। कृष्ण और हरक्यूलीज़ की कई कहानियों में समानताएँ हैं। इसलिए विद्वानों ने यह अनुमान लगाया है कि ये कहानियाँ सिकंदर के भारत पर हमले के बाद यूनानियों के साथ भारत में आईं।

काकभुशुंडी एक अमर कौवे हैं, जो शिव और शक्ति के वार्तालाप को सुनते हैं और उसे विश्वभर में प्रसारित करते हैं। अमरत्व प्रदान किए जाने पर उन्होंने विश्वभर में यात्रा की और इसलिए वे ऐसी बातें जानते हैं जो दूसरा कोई नहीं जानता। काकभुशुंडी बहुधा ऋषियों और कथाकारों के साथ जोड़े जाते हैं। इस प्रकार कौवा ज्ञान से जुड़ा हुआ है। वह मृत्यु से भी जुड़ा है। हिंदू अंतिम संस्कार समारोहों में, चावल के गोले

असुर कौवे को
पकड़ते हुए कृष्ण

कौवों को चढ़ाए जाते हैं और यदि कौवे उन्हें खाते हैं, तो इसका अर्थ है कि पूर्वज ख़ुश हैं।

कौवा, पूर्वजों का प्रतीक

कौवों को शनि ग्रह के साथ भी जोड़ा जाता है। हिंदू पुराणशास्त्र के अनुसार, शनि सभी बातों को विलंबित करते हैं, जिससे लोगों को धैर्यवान बनना पड़ता है। समय अनुसार कौवे का कव कव शुभ या अशुभ माना जा सकता है। शुभ रूप से, यह अतिथियों के आने का संकेत देता है; अशुभ रूप से, यह भूतों के आने का संकेत देता है।

शरीर को भुजाओं पर संतुलित करने के आसनों में से कक्क-आसन में संतुलन ढूंढना संभवतः सबसे आसान है और शायद इसलिए इन आसनों में से लोगों को कक्क-आसन पहले सिखाया जाता है। चूँकि भुजा का ऊपरी भाग ज़मीन के समानांतर होता है, घुटने भुजाओं

पर स्थिरता से रखे जा सकते हैं। जैसा कि पहले बताया गया है और लगभग सभी भुजा-संतुलन मुद्राओं के एक मूल सिद्धांत के अनुसार, शरीर के वज़न को हाथों पर समानता से वितरित होने के लिए कंधों को कलाई के आगे रखना आवश्यक है। मुड़ी हुई भुजाएँ शरीर के द्रव्यमान (कूल्हों) के केंद्र को ज़मीन के और निकट रखने में मदद करती हैं। इसके कारण शरीर को संतुलित करना थोड़ा और आसान बन जाता है, क्योंकि कूल्हों को आगे या पीछे ले जाने के लिए कम प्रयास लगता है।

10

कुक्कुट-आसन

मुर्गे की मुद्रा

मुर्गा अल्फ़ा पुरुष का प्रतीक है, वह पुरुष या प्राणी जो अपने परिवार या झुंड का सबसे शक्तिशाली सदस्य होता है। वह अपने हरम में बलाधिक्रम बनाने के लिए जाना जाता है। अपने पुरुषत्व और आक्रामक स्वभाव के कारण, वह मंगल ग्रह के साथ और दक्षिण भारत में मुरुगन और उत्तर भारत में कार्तिकेय के नाम से जाने जाने वाले युद्ध के देवता के साथ जुड़ा हुआ है। कार्तिकेय शिव और शक्ति के पुत्र और आकाशीय सेनाओं के सेनापति हैं, जिन्होंने तारक असुर को पराजित किया था। मुरुगन के ध्वज पर मुर्गा दिखाया जाता है, जो उनके पुरुषत्व का प्रतीक है।

कुक्कुट

रामायण के किसी लोक संस्करण में वर्णित है कि कैसे हिरण के शिकार से लौटकर जब राम को सीता नहीं दिखाई देती तो उन्हें डर लगता है

कि जंगल में रहने की कठिनाइयों से थक कर सीता उन्हें छोड़कर चली गईं हैं। उस समय एक मुर्गा राम को सूचित करता है कि वास्तव में रावण ने सीता का अपहरण किया है। उन्हें यह जानकर चैन मिलता है कि सीता उन्हें छोड़कर नहीं गईं हैं और कृतज्ञता में राम मुर्गे को एक स्वर्ण मुकुट भेंट करते हैं। लेकिन मुर्गा राम से उपहार बदलने की विनती करता है, वो इसलिए कि लोग पहले से ही उसके मांस के लिए उसका पीछा कर रहे थे और अब उसे डर है कि वे उसके स्वर्ण मुकुट के लिए उसका पीछा करेंगे। इसलिए, करुणामय राम स्वर्ण मुकुट को मुर्गे के सिर पर लाल रंग की त्वचा के मुकुट में बदल देते हैं।

भारत के हिजड़े मानते हैं कि वे तीसरे लिंग के हैं, न पुरुष न स्त्री। वे बहुचरा-माता की पूजा करते हैं जो मुर्गे पर सवार देवी हैं। कहते हैं कि किसी राजकुमारी का पति रात का समय उसके साथ नहीं बिताता था। वो जान गई कि वह हर रात जंगल में जाना पसंद करता था। घोड़ा न होने के कारण वह अपने पति का पीछा नहीं कर सकती थी, लेकिन एक विशाल मुर्गे ने उसे अपने पति का पीछा करने में मदद की। जंगल में, राजकुमारी ने पाया कि उसका पति महिलाओं के कपड़े पहने समलैंगिक संभोग कर रहा था। वह इस बात से क्रोधित हुई कि उसके पति ने अपनी सच्ची वासनाओं को गुप्त रखकर उससे विवाह करके उसे धोखा दिया था। उसने उसे बधिया कर दिया और मुर्गे पर सवार देवी में बदल गई। यह देवी उन पुरुषों के सपनों में आती हैं जिन्हें उनके पति जैसी समलैंगिक वासनाएँ होती हैं। यह देवी इन पुरुषों को अपने लिंग और कामुकता की

बहुचरा-माता

सच्चाई को स्वीकार करने और उन सामाजिक दबावों का सामना करने की शक्ति देती हैं जो उन्हें महिलाओं के साथ विषमलैंगिक संबंधों में प्रवेश करने के लिए मजबूर करते हैं। समाज पारलिंगी वेशधारियों, हिजड़ों और विपरीतलिंगी लोगों जैसे समलैंगिकों को भले ही हाशिए पर डाले, लेकिन मुर्गे पर सवार यह देवी ऐसा नहीं करती।

लालसा के बौद्ध चिन्ह

बौद्ध धर्म के अनुसार जीवन चक्र में मुर्गा हमारे लगावों का प्रतीक है, जो बहुधा सूअर (आकर्षण के प्रतीक) और सांप (विकर्षण के प्रतीक) के साथ चित्रित किया जाता है। दोनों मिलकर उस लालसा के प्रतीक हैं जो हमें जीवन में दु:खी करती है।

शरीर को हाथों पर संतुलित करने का यह एक जटिल आसन है। इस आसन में पैरों को पूर्ण पद्म-आसन की स्थिति में मोड़ना पड़ता है। फिर भुजाओं को मुड़े हुए पैरों

के बीच से जांघों के पीछे और पिंडली के बीच से बढ़ाया जाता है। इस आसन में कंधों को कलाई से थोड़ा आगे रखते हुए संतुलन पाया जाता है, एक ऐसी तकनीक जो लगभग सभी हाथ-संतुलन मुद्राओं के लिए लागू होती है। इस कारण उंगलियाँ फैली हुईं होती हैं। चूँकि वह मुर्गे के पैरों की तरह दिखती हैं, इस आसन को कुक्कुट-आसन कहते हैं।

11

गोमुख-आसन

गाय के मुख की मुद्रा

गोमुख का अर्थ आप जानते ही हैं। हिंदू धर्म में गाय को पवित्र माना जाता है; प्राचीन काल में, गाय उन कुछ जानवरों में से एक थी जिन्हें पीड़ा पहुँचाए बिना उनसे भोजन प्राप्त किया जा सकता था। भोजन देने के साथ-साथ वह गोबर के रूप में ईंधन भी देती थी। इसलिए वह बहुत ही शुभ जानवर बन गई। बाद में, गाय चिरस्थायी आजीविका के लिए और पृथ्वी के लिए रूपक बन गई।

गायों और कृष्ण का गहरा संबंध है, जिन्हें गोपाल अर्थात चरवाहे के रूप में भी जाना जाता है। गाय पृथ्वी के लिए एक रूपक भी है, पृथ्वी के पेड़-पौधे गाय के दूध का प्रतीक हैं। पुराणों में पृथ्वी की देवी को बहुधा गाय के रूप में कल्पित किया जाता है और पृथ्वी के राजाओं को उनके रखवालों के रूप में वर्णित किया जाता है।

गोमुख

यह मान्यता है कि गंगा नदी की उत्पत्ति गाय के मुख से हुई और इसलिए उसके परंपरागत स्रोत को गोमुख कहा जाता है। श्रद्धालु अपनी पवित्र रुद्राक्ष माला जिस थैली में रखते हैं वह भी गाय के मुख का प्रतीक है और इसलिए उसे गोमुख भी कहा जाता है।

वास्तुकला में, चौड़ी जगह की ओर बढ़ने वाले संकीर्ण मुख को गोमुख कहते हैं। एक गाय का मुख उसके माथे से अधिक संकीर्ण होता है। इस विषम चतुर्भुज आकार को, जिसमें बाहरी भाग संकीर्ण होता है और भीतरी भाग चौड़ा, परंपरागत रूप से गोमुख से जोड़ा जाता है। सिंहमुख इसके विपरीत है। यह भी विषम चतुर्भुज आकार का होता है, लेकिन इसमें चौड़ा भाग सामने होता है और संकीर्ण भाग पीछे होता है। हिंदू मंदिर विशेषतः इस आकार के होते हैं, जहाँ प्रवेशद्वार बड़े और आकर्षक होते हैं लेकिन गर्भगृह, जिसमें देवता रखे जाते हैं, छोटे और धुँधले होते हैं और तेल तथा घी के दीयों से प्रकाशित होते हैं। परंपरागत भारतीय घरों में गोमुख की शैली की वास्तुकला पाई जाती है। इसलिए वे बाहर से तो बहुत छोटे दिखते हैं, लेकिन हमें घर के परिमाण का एहसास तभी मिलता है जब हम संकीर्ण प्रवेशद्वार से मुख्य आंगन में प्रवेश करते हैं। इसका एक व्यावहारिक कारण यह सुनिश्चित करना है कि आक्रमणकारी शहर या बस्ती में आसानी से प्रवेश न कर सकें। प्राचीन मिस्र के मंदिरों में भी गोमुख शैली दिखाई देती है और इससे यह अनुमान लगाया गया है कि प्राचीन भारत और प्राचीन मिस्र के बीच कुछ संबंध थे। लेकिन, प्राचीन मिस्र में मंदिर 3000 वर्षों से अधिक पुराने हैं जबकि भारत में मंदिर केवल 1000 वर्षों से अधिक पुराने हैं। इसलिए यह समानता केवल एक संयोग हो

गोमुख यक्ष

सकती है। लेकिन हम यह निश्चित रूप से नहीं कह सकते।

कई मंदिर परंपराओं में, गाय के पिछले हिस्से को सिर से अधिक शुभ माना जाता है क्योंकि पीछे के सिरे से दूध देने वाले थन और गोबर देने वाली गुदा स्पष्टतया दिखाई देते हैं। गुदा से गोबर निकलता है जिसका ईंधन और खाद के रूप में उपयोग किया जा सकता है। इसके अलावा गोबर का एक परंपरागत झोपड़ी के फर्श और दीवारों पर प्राकृतिक कीट विकर्षक के रूप में लेप लगाया जा सकता है।

जैन मंदिरों में, तीर्थंकरों अर्थात जीनों की छवियों के दोनों ओर यक्षों और यक्षियों की छवियाँ होती हैं। ये प्राचीन स्थानीय देवता थे जिन्हें जैन देव समूह में समाया गया। गाय के मुख वाले यक्ष, गोमुख, ऋषभ के संरक्षक हैं, इस कल्प के चौबीस जीनों में से पहले जीन।

संस्कृत में गो का अर्थ 'गाय' है और मुख का अर्थ 'मुँह' है। गाय के मुँह की तरह दिखने वाली इस मुद्रा में पैरों को कसकर आड़े रखा जाता है और हाथों को पीठ के पीछे बांधा जाता है। इस मुद्रा में कंधों को काफ़ी तीव्रता

से ताना जाता है। शरीर को इस मुद्रा में लाने के लिए बहुधा शुरू में हाथों को पट्टे से जोड़ा जाता है। मेरा यह अनुभव रहा है कि शुरू में निचले हाथ को पीछे ले जाकर फिर ऊपरी हाथ को उसे मिलाने से दोनों हाथों का जोड़ आसानी से किया जा सकता है। पट्टे का उपयोग करते समय भी यही प्रक्रिया की जा सकती है। पैरों की स्थिति विशेष रूप से पुरुषों के लिए या जिन्हें घुटनों में चोट हुई है उनके लिए चुनौतीपूर्ण हो सकती है। इसलिए कंबल के साथ पैरों को आधार देने से या पैरों की स्थिति बदलने से बहुधा सहायता मिल सकती है और इसलिए उसे प्रोत्साहित किया जाता है।

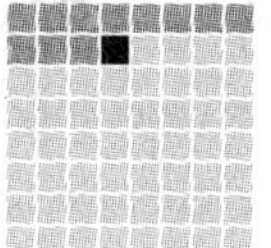

12

वृश्चिक-आसन

बिच्छू की मुद्रा

एक बार एक ऋषि नदी में स्नान कर रहे थे। जब वे नदी से बाहर आए तो उन्होंने देखा कि दो पत्थरों के बीच फंसा हुआ बिच्छू बच निकलने के लिए कड़ा संघर्ष कर रहा था। ऋषि ने पत्थर को हिलाकर बिच्छू को मुक्त किया। जैसे ही वह मुक्त हुआ, बिच्छू ने ऋषि को अपनी ज़हरीली पूंछ से डसा और फिर भाग गया। यह दृश्य देखकर एक व्यक्ति ने ऋषि का उपहास किया। उसने कहा कि बिच्छू को बचाने के लिए उन्हें डसे जाने की उचित शिक्षा मिली थी। ऋषि ने उत्तर दिया, 'मैंने अपने स्वभाव के अनुसार व्यवहार किया जबकि बिच्छू ने उसके स्वभाव के अनुसार व्यवहार किया।' प्रत्येक व्यक्ति को अपना जीवन अपने स्वभाव के अनुसार, अन्य लोगों से प्रभावित हुए बिना जीना चाहिए। यह कहानी योग का एक बहुत ही महत्त्वपूर्ण सिद्धांत

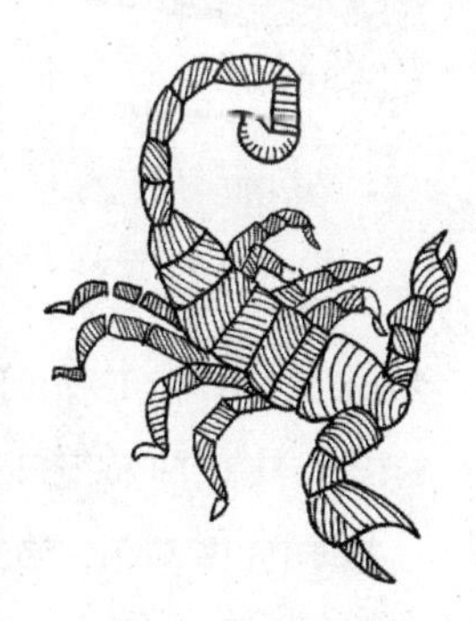

वृश्चिक

समझाती है – स्वाभाव या हमारे आंतरिक व्यक्तित्व का सिद्धांत। क्या हम अपना जीवन अपने स्वभाव के अनुरूप जीते हैं या क्या हम लगातार अपने आसपास के वातावरण के अनुसार अपना व्यवहार बदलते रहते हैं या बदलने का ढोंग करते हैं? यह वातावरण हमारे मन को गाँठों में उलझा देता है जो केवल योगिक प्रथाओं के माध्यम से दूर की जा सकती हैं।

हिंदू पुराणशास्त्र में बिच्छू चामुंडा देवी से जुड़ा हुआ है, जिन्हें बिच्छू के समान पेट होने के लिए भी जाना जाता है। कला में, उन्हें एक क्षीण देवी के रूप में कई भुजाओं के साथ दिखाया जाता है, जो श्मशानों और रणभूमियों से जुड़ी हैं। वे लाशों और भूतों से घिरी हुईं हैं और मृतकों की अंतड़ियाँ खाती हैं। उनके अवतल पेट पर एक बिच्छू को दिखाया जाता है और इसलिए वे और भी उग्र दिखती हैं। चामुंडा एक भयानक देवी हैं। ग़ैर-हिंदू संदर्भ में इस छवि को राक्षसी या चुड़ैल समझा जा सकता है, लेकिन हिंदू पुराणशास्त्र में, देवी-देवता विभिन्न रूप लेते हैं, कुछ रूमानी, कुछ मनभावन, कुछ आनंदमय और कुछ भयानक, ताकि उनके माध्यम से सभी मानवीय भावनाएँ व्यक्त की जाएँ। इस प्रकार, हिंदुओं के लिए, यह देवी का रूप है। श्मशान, भूत और पिशाच भी देवत्व का ही भाग हैं। तांत्रिक परंपराओं में, इन अशुभ, भयानक और अवांछनीय चीज़ों पर ध्यान देने से हम विश्व के वास्तविक स्वरूप को समझकर ज्ञान प्राप्त कर सकते हैं।

चामुंडा

खजुराहो के प्रसिद्ध मंदिर की मूर्तियों में, सुंदर महिलाएँ अपने कपड़े इस बहाने से उतारती देखी जाती हैं कि एक बिच्छू उनकी जाँघों पर चढ़ रहा है।

एक बिच्छू की दृष्टि से होने वाली तीव्र यौन उत्तेजना के लिए यह एक रूपक है। यहाँ बिच्छू स्पष्ट रूप से पुरुष जननांग या हिंसक पुरुष वृत्ति का प्रतीक है। यह आक्रामक और यहाँ तक कि हानिकारक पुरुष व्यवहार की खुली स्वीकृति है, जिससे डरने के बजाय युवतियाँ धीरे-धीरे पालतू बनाती हैं, जिन्हें योगिनी माना जाता है।

मंदिर में डरी हुई युवती

यह मुद्रा करने वाले व्यक्ति का शरीर अपने शिकार पर प्रहार करने के लिए तैयार बिच्छू की मुड़ी हुई पूंछ जैसा दिखता है। यह आसन चुनौतीपूर्ण इसलिए है कि शरीर की पहले से ही पेचीदा उलटी स्थिति में पीठ को भी मोड़ना पड़ता है। जो छात्र यह आसन पहली बार कर रहे होते हैं उन्हें एक आम समस्या का सामना करना पड़ता है कि जब वे शरीर को उलटा करके उसे ऊपर ले जाते हैं

तब उनका चेहरा लगभग फर्श को छूता है। यह इसलिए होता है कि आसन शुरू करते समय छात्र घबरा जाते हैं, जिस कारण वे अपने कंधों को यथासंभव आगे लाने की कोशिश करते हैं। वास्तव में, कंधों की आदर्श स्थिति कोहनी के सीधे ऊपर होती है। इस अभिविन्यास में सिर फर्श से सबसे अधिक ऊपर होता है और ऊपरी भुजाओं की हड्डियों को लंबवत रूप से रखने से संतुलन मांसपेशी के तनाव के बजाय हड्डी के आधार पर निर्भर होता है।

13

मार्जार-आसन

बिल्ली की मुद्रा

बिल्ली, चाहे वो जंगली हो या घरेलू, देवी माँ से जुड़ी हुई है। दुर्गा और काली देवियाँ शेर और बाघ पर सवार युद्ध के लिए निकलती हैं। बिल्ली का मार्जारीय, रहस्यमय स्वभाव शुरू से जादू टोना से जुड़ा हुआ है; लेकिन परंपरागत रूप से, हिंदू विद्या में, यह एक देवी के साथ जुड़ा है। राजा की गद्दी को सिंहासन कहा जाता है और बिल्ली को राजाओं का संरक्षक माना जाता था, विशेष रूप से उसके उग्र और स्वतंत्र स्वभाव के कारण। दक्षिण भारत के कई भागों में, देवी के त्यौहारों में, पुरुष बाघ नृत्य करते हैं। दक्षिण भारत के कर्नाटक राज्य के तुलु-नाडु के 'भूत' नामक स्थानीय संरक्षक देवता भी बाघ का रूप लेते हैं।

विशेष रूप से घरेलू बिल्ली, षष्ठी देवी या सटवाई देवी से जुड़ी हुई है, जो प्रसव को सरल बनाती हैं। संभवतः यह इसलिए है कि बिल्ली अपने बिलौटों की देखभाल करते समय उन्हें उनके गले के पीछे के भाग से पकड़कर सुरक्षित जगह ले जाती है, बिल्ले के घातक पंजों से दूर। बिलौटों के पोषण

षष्ठी का मार्जार

के साथ-साथ रक्षा भी करने से वह अपनी मातृ वृत्ति प्रदर्शित करती है।

दक्षिण भारत के केरल राज्य के राजकुमार मणिकंठ की सौतेली माँ ने अपनी बीमारी को ठीक करने के लिए उसे बाघिन का दूध लाने के लिए कहा था। वह कई बाघिनों के साथ लौटा, जिससे स्पष्ट हुआ कि वह कोई साधारण बालक नहीं था बल्कि एक देवता था। यह जानकर कि उसकी सौतेली माँ ने अपने बेटे को सिंहासन दिलवाने के लिए यह योजना बनाई थी, मणिकंठ ने सिंहासन को त्याग दिया, अपने सौतेले भाई को राजा बनाया और योगी के रूप में एक पहाड़ पर शरण ले ली। कई हिंदू उन्हें शिव और विष्णु की संतान मानते हैं, जब विष्णु ने मोहिनी का स्त्री रूप धारण किया था। इस विलक्षण जन्म के कारण उन्हें हरिहरण की उपाधि प्राप्त हुई, ज्ञान देने वाले देवता, विष्णु-हरि और अज्ञानता को दूर करने वाले देवता शिव-हर की संतान।

अय्यप्पा मणिकंठ

बौद्ध जातकों में, बिल्ली को बहुधा एक चालाक खलनायिका के रूप में दर्शाया जाता है, मुर्गों को विवाह का प्रस्ताव देकर और संन्यासी होने का ढोंग कर चूहों को धोखा देती हुईं उन्हें खाने के उद्देश्य से।

वज्रयान बौद्ध धर्म में बहुधा माना जाता है कि महान शिक्षक पद्मसंभव

दूसरे बुद्ध हैं। उन्हें एक बाघिन पर सवार दिखाया जाता है, जो उनकी आध्यात्मिक पत्नी हैं और वज्रयान बौद्ध धर्म की माँ। यह बाघिन एक राजकुमारी हैं जिसने स्वयं को एक बिल्ली में बदला था, इस हेतु से कि पद्मसंभव हिमालय की सबसे दूर की चोटियों की यात्रा कर सकें और वहाँ स्थित राक्षसों को हराकर लोगों को बौद्ध धर्म के ज्ञान की सराहना करने में मदद कर सकें।

बिल्ली, नक़ली-ऋषि

मार्जार-आसन में रीढ़ की हड्डी को एक कोमल घुमाव दिया जाता है। इस आसन का उपयोग साधारणतः आसन अभ्यास के अधिक कठोर रूपों के लिए शरीर को तैयार करने में किया जाता है। यह बहुधा गोमुख-आसन (जिसमें रीढ़ की हड्डी को उत्तल घुमाव दिया जाता है) के साथ गतिशील ढंग से किया जाता है और यह रीढ़ की हड्डी को और आसनों के लिए तैयार करने में किए गए

आसनों में से एक आसन है। इस आसन की शुरुआत साधारणतः रीढ़ की हड्डी की तटस्थ या 'टेबल-टॉप' स्थिति से की जाती है और साँस चक्र के साँस छोड़ने पर की जाती है। इस मुद्रा को और अधिक सुलभ बनाने के लिए कुछ सरल बदलाव किए जा सकते हैं, जैसे की घुटनों और टखनों के नीचे गद्दी के साथ आधार देना या हाथों के नीचे लकड़ा रखना। इनके कारण शरीर के चलन की सीमा सीमित की जा सकती है।

14

मकर-आसन

मगरमच्छ की मुद्रा

मकर, केप्रिकॉर्न राशि का भारतीय प्रतिरूप है। जबकि पाश्चात्य पुराणशास्त्र में, केप्रिकॉर्न राशि का चिन्ह बकरी के सिर और मछली की पूंछ का होता है, हिंदू पुराणशास्त्र में, उसमें हाथी का सिर और मछली की पूंछ होती है। कभी-कभार केप्रिकॉर्न राशि गंगा नदी के डॉल्फ़िन से भी जुड़ी होती है। यह राशि शीत ऋतु से वसंत ऋतु में परिवर्तन को चिन्हित करती है और प्रेम के देवता कामदेव का प्रतीक है। कृष्ण, जो प्रेम के एक और प्रतीक हैं, मकर के आकार की बालियाँ पहनते हैं। मकर, नदी की देवी गंगा और समुद्र के देव वरुण का वाहन भी है। वह उपजाऊपन, जीवन, वसंत और आनंद का प्रतीक है।

मकर पर सवार गंगा

मकर और मगर यह दोनों शब्द सुनने में लगभग एक जैसे होने के कारण लोग बहुधा

मगर

उनमें उलझ जाते हैं। मगरमच्छ सांसारिक बंधनों के लिए एक रूपक है जो हमें बंदी बनाते हैं। जबकि मकर सांसारिक जीवन के प्राचुर्य को संदर्भित करता है, मगर हमें भौतिकवाद के खतरों के बारे में चेतावनी देता है।

एक बार, हाथियों के राजा गजेंद्र एक कमल के तालाब में स्नान कर रहे थे और अपनी रानियों की संगत का आनंद ले रहे थे। तब अचानक एक मगरमच्छ ने उन्हें डुबाने के उद्देश्य से उनका पैर अपने जबड़ों में जकड़ लिया। गजेंद्र की पत्नियाँ भाग गईं और उनके बचाव में कोई भी नहीं आया। तब उन्होंने एक कमल का फूल उठाया और देवताओं से मदद माँगते हुए उन्हें वह फूल अर्पण किया। उनकी मदद करने विष्णु अपने गरुड़ पर सवार आकाश से प्रकट हुए। उन्होंने अपना सुदर्शन चक्र फेंककर मगरमच्छ को मार दिया और गजेंद्र को मुक्त कर दिया।

मकर

रामायण में, एक अप्सरा की कहानी बताई गई है, जो एक योगी को परेशान करने के कारण शापित होकर एक मगरमच्छ में बदल दी गई और फिर हनुमान ने उसे पराजित किया। इसी तरह की कहानी महाभारत में भी बताई गई है, जहाँ पांच अप्सराओं को मगरमच्छ में बदल दिया गया था जब उन्होंने एक योगी को मंत्रमुग्ध करने की कोशिश की थी। फिर अर्जुन ने उन्हें पराजित कर मुक्त किया। ये कहानियाँ मगरमच्छ की पकड़ को वासना की शक्ति के समान मानती हैं।

मगरमच्छ हाथी को फँसाती हुई

बौद्ध कला में, मकर दृढ़ता का प्रतीक है और श्रीलंका के थेरवाद बौद्ध धर्म के साथ-साथ तिब्बत के वज्रयान बौद्ध धर्म में एक लोकप्रिय रूपांकन है। जापान से लेकर थाईलैंड तक, संपूर्ण बौद्ध विश्व में मकर एक सजावटी रूपांकन के रूप में पाया जाता है।

जीन पुष्पदंत

जातक कथाओं में एक मगरमच्छ की कहानी बताई गई है जिसने एक बंदर को उसकी पीठ पर नदी पार करने में मदद की। लेकिन वास्तव में बंदर बुद्ध था और यह जन्म उनके कई पूर्व जन्मों में से एक था। इसलिए वह समझ गया कि मगरमच्छ उसे नदी में डुबाना चाहता था। बंदर दिनभर बेर खाता था और इसलिए मगरमच्छ मानता था कि उसका हृदय भी बेर जितना स्वादिष्ट होगा। बंदर ने मगरमच्छ को वापस तट पर ले जाने के लिए मना लिया, यह कहकर कि उसने उसका हृदय बेर के पेड़ पर छोड़ दिया था।

मकर, इस कल्प के नौवे जीन, पुष्पदंत का प्रतीक है।

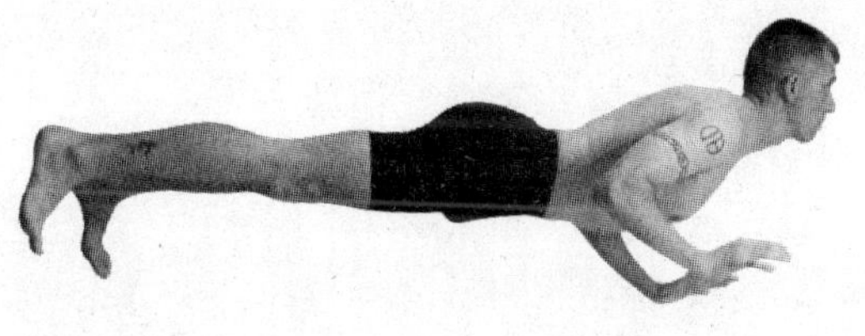

यह एक और गतिशील आसन है जिसे करते समय कोई व्यक्ति मगरमच्छ के दंश करते हुए जबड़ों जैसे दिखता है। यह आसन करने के लिए शरीर को पहले प्लैंक की स्थिति में लाना आवश्यक है, जिसे योग में

चतुरंग डंड-आसन कहते हैं। फिर हाथों को जल्दी से और शक्तिशाली रूप से दबाते हुए फर्श से ऊपर 'कूदना' पड़ता है। ऐसा करते समय पीठ की मांसलता को ज़ोर से लचाने से शरीर का निचला भाग ऊपरी भाग से संरेखित रहता है। साधारणतः यह आसन करते समय शरीर को कुछ पुनरावृत्तियों के लिए आगे बढ़ाकर उतनी ही पुनरावृत्तियों के लिए पीछे लाकर उसे प्रारंभिक स्थिति में वापस लाना पड़ता है। इस आसन का इसी नाम से एक और रूपांतर है जिसमें शरीर पर बहुत कम तनाव आता है और इसलिए वह बहुधा योग के नौसिखिओं के लिए अधिक सुलभ माना जाता है। इस रूपांतर में, शरीर के सामने के भाग को फर्श पर चपटा रखा जाता है और सिर को हाथों तथा कोहनियों का सहारा देकर उसे ढीला रखा जाता है।

15

भुजंग-आसन

भुजंग या नाग की मुद्रा

हालाँकि भारत में कई प्रकार के सांप पाए जाते हैं, भारतीय पुराणशास्त्र में और विशेषत: योग में, भुजंग का बहुत महत्त्व है। भुजंग को उसके फण के कारण विशेष माना जाता है। जब भी वह खतरे की स्थिति में होता है तो वह अपना फण उठाता है। भुजंग का उठा हुआ फण यह सूचित करता है कि वह स्थिर और सतर्क है, डसने के लिए तैयार। इसलिए, फण उठाया हुआ भुजंग स्थिरता का प्रतीक है, संभावित ऊर्जा जो खुली छोड़ी जाने के लिए तैयार है, कुंडलित भुजंग के विपरीत, जो संयम का प्रतीक है। मैथुन करता सांप चलन का प्रतीक है। नागों के ये तीन चित्रण भारतभर के मंदिरों में पाए जाते हैं।

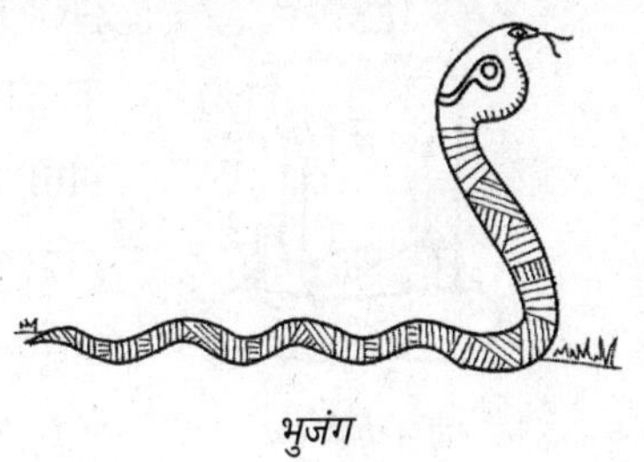
भुजंग

जैन, बौद्ध और हिंदू धर्मों की यह मान्यता है कि पृथ्वी-लोक के नीचे नाग-लोक स्थित है। यह साधारण नाग नहीं होते; वे ऐसे प्राणी हैं जो अपना शारीरिक

स्वरूप बदलने की क्षमता रखते हैं और जिनके फणों में नाग-मणि होती हैं। यह माना जाता है कि इन मणियों में जादुई, आरोग्यकारी गुण हैं। लोकप्रिय विद्या में, नाग मानव रूप में पृथ्वी-लोक पर आते हैं और मनुष्यों के साथ शारीरिक संबंध रखते हैं।

शिव की गर्दन के चारों ओर लपेटे हुए नाग का नाम कर्कोटक है। कुछ लोग मानते हैं कि यह नाग पतंजलि है, जिन्होंने शिव और शक्ति के बीच योग पर बातचीत सुनकर योग-सूत्र लिखा था। लोकप्रिय कला में, पतंजलि को एक नाग का रूप दिया जाता है। उन्हें शंख की तुरही और चक्र के साथ दिखाया जाता है। यह दोनों सांस और विश्व के चक्रीय स्वभाव के प्रतीक हैं, जो पतंजलि को विष्णु से जोड़ते हैं।

जबकि एक भुजंग शिव के गले के चारों ओर लिपटा है, विष्णु आदिशेष नामक भुजंग की कुंडलियों पर सोते हैं और कृष्ण के रूप में वे कालिया नामक भुजंग के फण पर नृत्य करते हैं। कई साहित्यों में, संपूर्ण विश्व आदिशेष के फण पर बैठा हुआ है। स्वयं विष्णु आदिशेष की कुंडलियों पर सोते हैं और आदिशेष का फण उनके लिए एक प्रकार का छत्र बन जाता है। आदिशेष विशेष इसलिए हैं कि उनके कई फण हैं। जैन धर्म में, इस प्रकार का बहु-फण वाला नाग जीन पार्श्व-नाथ के लिए छत्र बनाता है। जब बुद्ध को निर्वाण प्राप्त हुआ तब ऐसा ही एक बहु-फण वाला नाग उन्हें वर्षा और सूर्य की रोशनी से बचाने के लिए आया। कुंडलित, फण उठाया हुआ नाग भारतीय ऋषियों के स्थिरता युक्त ज्ञान के साथ कैसे जोड़ा गया यह स्पष्ट है। जब शिशु कृष्ण के पिता वासुदेव, उन्हें मथुरा के राजा, कंस से बचाने के लिए, यमुना नदी के पार ले जा रहे थे, तब ऐसे ही

जीन पार्श्व-नाथ

एक नाग ने कृष्ण को भारी वर्षा से बचाया।

वासुकी नागों के राजा हैं और मनसा उनकी बहन है। लोगों को नाग के दंश से बचाने के लिए भारत के कई भागों में मनसा की पूजा की जाती है।

ईसाई पुराणशास्त्र में अदनवाटिका का नाग अशुभ माना जाता है। इसके विपरीत, हिंदू परंपरा में, नाग को शुभ माना जाता है। भूमि का उपजाऊपन सुनिश्चित करने के लिए और साथ ही बच्चों की भलाई के लिए भारतभर में नागों की पूजा की जाती है। वे रहस्यमय और मनोगत शक्तियों से जुड़े हुए हैं। योग में, प्रसिद्ध कुंडलिनि शक्ति या कुंडलित ऊर्जा मैथुन करते नागों के रूप में रीढ़ की हड्डी से ऊपर उठती है और सिर में प्रसिद्ध चक्र प्रणाली में उसका मिलन होता है।

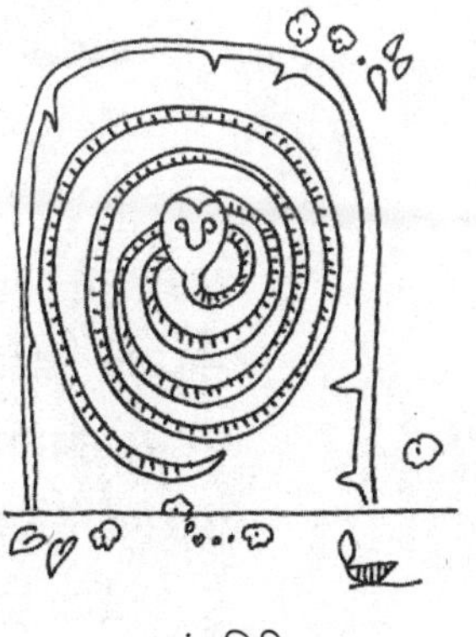

कुंडलिनि

जैन पुराणशास्त्र में, काल को नाग की तरह बढ़ते हुए कल्पित किया जाता है। अच्छे समय में वह ऊपर की ओर बढ़ता है और बुरे समय में वह नीचे की ओर बढ़ता है। काल के प्रत्येक घुमाव को कल्प कहते हैं। हर कल्प में तिरसठ महान जीव प्रकट होते हैं: चौबीस जीन, बारह चक्रवर्ती और नौ शांतिवादी बलदेव। बलदेवों के भाई, वासुदेव, हिंसक नायक होते हैं जो अपने शत्रु, प्रति-वासुदेवों को पराजित करते हैं। वासुदेव विश्व पर नियंत्रण करना चाहते हैं, चक्रवर्ती विश्व को व्यवस्थित करना चाहते हैं और जीन विश्व को समझना चाहते हैं।

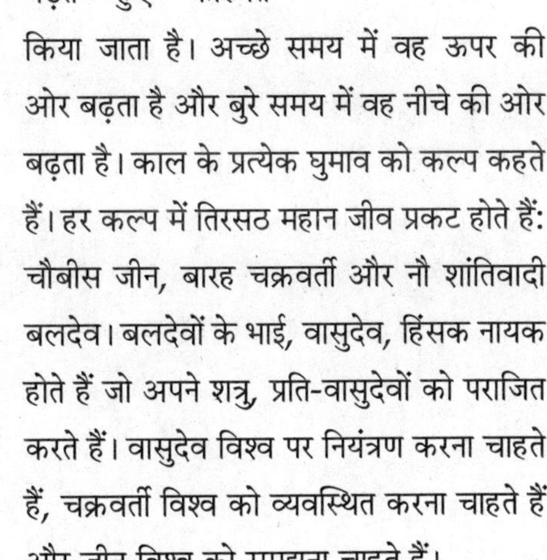

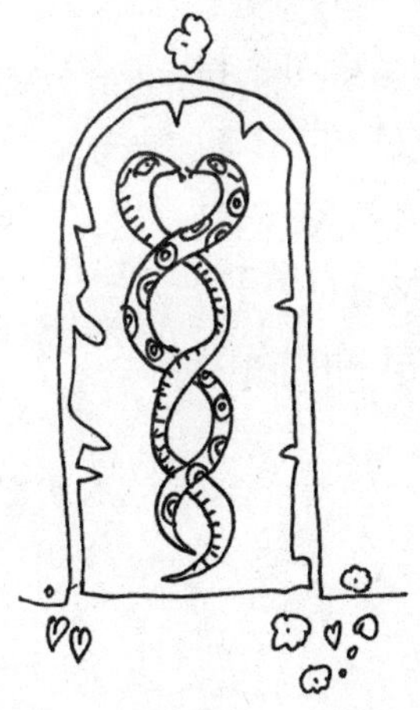

नाग का मंदिर

संस्कृत में, भुजंग का अर्थ है 'सांप' या 'नाग'। इस आसन में व्यक्ति डसने के लिए तैयार सांप जैसे दिखता है और इसका उपयोग बहुधा योग साधकों को पीठ मोड़ने के आसनों के लाभों से परिचित करने के लिए किया जाता है। भुजंग-आसन ऊपर की ओर मुड़े श्वान-आसन के समान है, लेकिन उससे थोड़ा आसान है। यह इसलिए कि भुजंग-आसन में पैरों पर इतना तनाव नहीं आता है क्योंकि वे फर्श के संपर्क में रहते हैं। पीठ में मोड़ की तीव्रता हाथ में मोड़ की मात्रा के अनुसार नियमित की जा सकती है। इस मुद्रा में नज़र परंपरागत रूप से ऊपर की ओर होती है। लेकिन सिर को तटस्थ रखने और सीधे देखने से गर्दन और कंधों में असुविधा को आसानी से बदला और कम किया जा सकता है।

16

भेक-आसन

मेंढक की मुद्रा

वैदिक ग्रंथों में, व्याकरण के नियमों को याद करने और दोहराने वाले बच्चों की तुलना टरटराते हुए मेंढकों से की जाती है।

महाभारत में एक मेंढक राजकुमारी की कहानी है। वह युवकों को लुभाती थी, लेकिन उनसे ऊब जाने पर उन्हें तालाब ले जाकर पानी में तैरने जाती और कभी नहीं लौटती – वह चुपके से मेंढक में बदल जाती और उसके प्रेमी शोकग्रस्त रह जाते थे। ऐसा कई बार हुआ। लेकिन, जब उसने राजा परीक्षित को छोड़ने की कोशिश की, तो राजा घबरा गए और उन्होंने अपने सैनिकों से संपूर्ण तालाब खाली करवाया। वहाँ उन्हें एक अकेला नर मेंढक मिला जो मेंढकों का राजा और राजकुमारी का पिता था। राजा इस मेंढक को मारने ही वाले थे यह सोचकर कि उसने राजकुमारी को

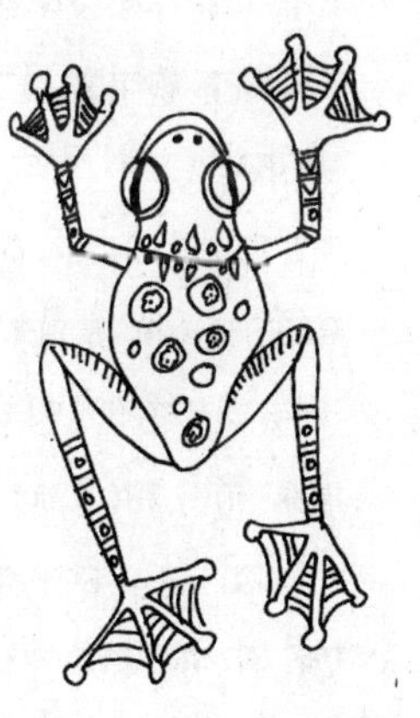

भेक

मेंढक राजकुमारी

निगल लिया था जब राजकुमारी फिर से प्रकट हुई। उसने परीक्षित से क्षमा मांगी और उनसे विवाह किया। यह संभवत: 'फ्रोग प्रिंस' की कहानी का स्थानीय भारतीय संस्करण है।

रामायण के लोक संस्करणों से एक अन्य कहानी में, लंका के महान राजा रावण ने अपने गीतों से शिव को इतना प्रभावित किया कि शिव ने उन्हें एक वरदान दिया। रावण ने शिव की पत्नी शक्ति से विवाह करने की माँग की। शिव को मानना पड़ा। लेकिन शक्ति ने रावण को धोखा दिया। उन्होंने एक मादा मेंढक, एक मंडूका, को अपने सदृश युवती में बदल दिया। रावण उसे पार्वती समझ बैठे और उसे लंका ले गए, लेकिन वे सोचते रहे कि वह केवल वर्षा ऋतु में बाग़ में नर मेंढकों की आवाज़ सुनकर क्यों उत्तेजित हो जाती – उन्हें कभी नहीं पता चला कि उनकी पत्नी वास्तव में मेंढक थी।

जातक कथाओं के अनुसार, बुद्ध के कई पिछले जन्मों में से एक में वे मेंढक थे। उस मेंढक ने देखा कि मछलियों का झुंड एक सांप पर हमला कर रहा था। सांप ने पूछा, 'क्या यह उचित है?' मेंढक ने उत्तर दिया, 'जब मछलियाँ आपके क्षेत्र में आती हैं तब आप उन्हें खाते हो। और जब आप उनके क्षेत्र में जाते हो तो वे आप पर हमला करती हैं। इस संदर्भ के अनुसार, अब जो हो रहा है वह निश्चित ही उचित है।'

बौद्धों की एक कहानी में एक मेंढक बुद्ध के धर्मोपदेश को सुनते समय एक चरवाहे द्वारा कुचला गया। इसके बाद उसने एक देवता के रूप में पुनर्जन्म लिया। जैनों की एक कहानी में एक व्यापारी तालाब बनाने के विचार

से इतना आसक्त था कि उसने उसी तालाब में मेंढक के रूप में पुनर्जन्म लिया। तालाब में तैरते उसने तालाब के निर्माण के लिए लोगों की प्रशंसा सुनी, लेकिन वह समझ नहीं सका कि इस अच्छे कर्म के बावजूद, उसने मेंढक बनकर क्यों जन्म लिया था। फिर उसने जीन महावीर का धर्मोपदेश सुना और आसक्ति की मूर्खता समझ गया। एक हाथी ने उसे भूल से कुचल दिया और उसने एक दिव्य व्यक्ति के रूप में पुनर्जन्म लिया जो पुनर्जन्म के चक्र से मुक्ति के मार्ग पर था।

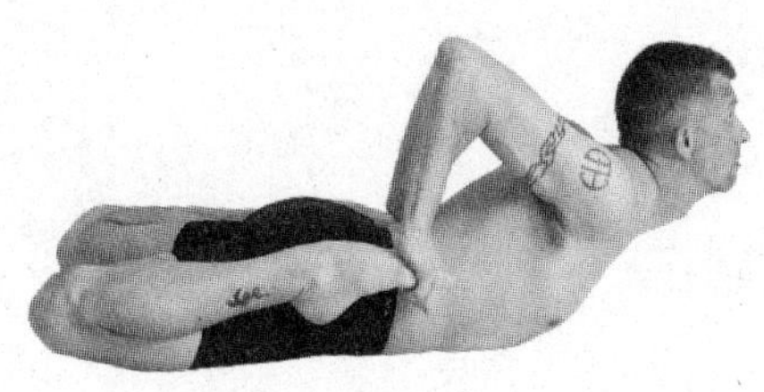

पीठ को मोड़ने वाले इस आसन में जांघों के सामने के भाग के साथ-साथ छाती और पेट और उसके आस-पास के भागों को तीव्रता से ताना जाता है। भेक 'मेंढक' के लिए संस्कृत शब्द है और इस आसन में मुड़े हुए पैर एक मेंढक के कूदने के पैरों जैसे दिखते हैं। इस आसन को करने वाले साधक साधारणतः एक संशोधित भुजंग-आसन (नाग की मुद्रा) से शुरू करते हैं। इस आसन में दोनों पैरों को एक साथ मोड़ने के बजाय उन्हें एक-एक कर मोड़ने से लाभ मिल सकता है। यह आसन पीठ को मोड़ने वाला माध्यमिक आसन है, जिसे करने के बाद इस

प्रकार के अधिक जटिल आसन किए जाते हैं जिनमें पीठ को और 'तीव्रता' से मोड़ा जाता है। सुप्त वीर-आसन (झुकी स्थिति में किया गया वीर-आसन) जैसे आसन में या एक-पैर पर किए गए उसके दूसरे प्रकार में, पैरों का चलन भेक-आसन जितना ही होता है। जो साधक भेक-आसन करना चाहते हैं उन्हें पहले के दो आसनों से शुरू करके मदद मिल सकती है।

17

धनुर-आसन

धनुष की मुद्रा

हिंदू पुराणशास्त्र में, धनुष की बहुत महत्त्वपूर्ण भूमिका है। शिव का धनुष पिनाक के नाम से जाना जाता है जबकि विष्णु का शारंग के नाम से। रामायण में राम अपना एक भी लक्ष्य नहीं चूकते हैं। उधर महाभारत में उत्कृष्ट धनुर्धर अर्जुन की कहानी बताई गई है। देवी इच्छा और भूख तथा प्यास और तड़प के सिद्धांतों पर चलने वाली प्रकृति का प्रतीक हैं। इसलिए धनुष सबसे उचित रूप से देवी के साथ जोड़ा जा सकता है। जीवों में इच्छा, भूख, प्यास और तड़प देखे जाते हैं जो निर्जीव वस्तुओं में नहीं देखे जाते हैं। भूख और प्यास जीवित जीवों की विशेषताएँ हैं। उन्हें देवी के हाथ में पकड़े धनुष से दिखाया जाता है। यह प्रेम, काम-वासना और इच्छा के देवता कामदेव का धनुष है।

कामदेव का धनुष गन्ने से बना होता है, प्रत्यंचा मधुमक्खियों और तितलियों से बनी होती है और बाणों की नोकों पर फूल होते हैं। अपने बाणों से

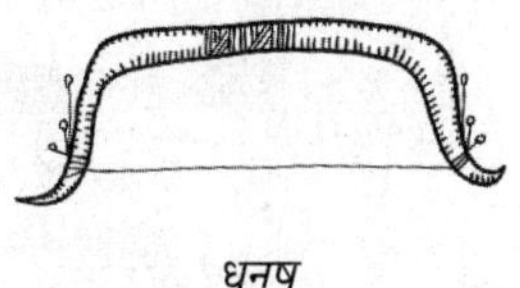

धनुष

कामदेव शरीर में लालसा जागृत करते हैं, प्रेम के यूनानी देवता ईरोस की तरह। जब कामदेव के पाँच बाण हमें लगते हैं तब हममें इच्छा जाग उठती है; हम अन्न, संतुष्टि, आनंद और जीवित रहने के लिए तरसते हैं। भारत की मठवासी परंपराओं में, बौद्ध धर्म और जैन धर्म से लेकर हिंदू धर्म तक, वैरागी यह दावा करते हैं कि इच्छा ही हर पीड़ा और भूख सभी दु:खों का कारण है। इसलिए, जीवन का उद्देश्य इस इच्छा और भूख से परे जाना होना चाहिए। इस प्रकार कामदेव नष्ट करने योग्य शत्रु बन जाते हैं। बौद्ध धर्म में उन्हें इच्छा के राक्षस, मार, के नाम से जाना जाता है।

शिव अपनी तीसरी आँख खोलकर प्रेम के देवता को जलाकर राख कर देते हैं और फिर उस राख को अपने शरीर पर लेपते हैं। लेकिन देवी जानती हैं कि काम या प्रेम के बिना निसर्ग का चलना बंद हो जाएगा। इसलिए वे शिव से कामदेव को पुनर्जीवित करने का आग्रह करती हैं। इच्छा के बिना कोई पौधा सूर्य के प्रकाश की ओर क्यों बढ़ेगा? प्यास के बिना किसी पेड़ की जड़ें पानी की ओर क्यों बढ़ेंगी? प्रजनन की इच्छा के बिना कोई पौधा फूलों को क्यों जन्म देगा? जानवर क्यों चरेंगे? वे शिकार क्यों करेंगे? मानव सभ्यताएँ क्यों विकसित होंगी? शिव इच्छा को रोकने के खतरे समझ जाते हैं और प्रेम के देवता को कामाक्षी या कामिनी के रूप में पुनर्जीवित करते हैं, वे जो इच्छा उत्पन्न करती हैं। अपने साथ कामदेव का धनुष लेकर वे वैरागियों को याद दिलाती हैं कि इच्छा और निसर्ग महत्त्वपूर्ण हैं, आत्मत्याग की सभी बातों के बावजूद।

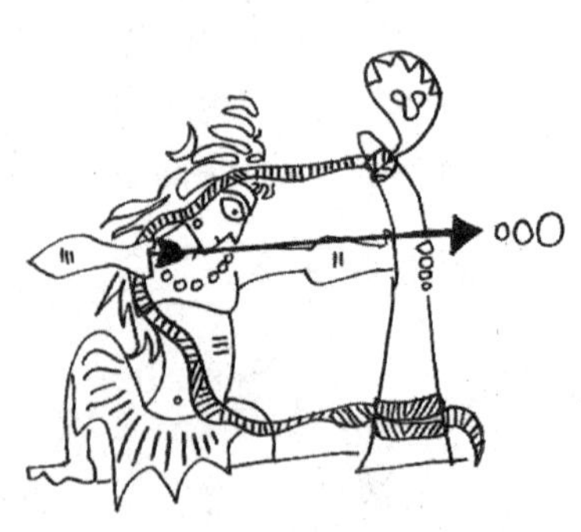

शिव का धनुष

धनुष को कभी-कभार योग का प्रतीक माना जाता है, जिसके माध्यम से इच्छाओं को नियंत्रित किया जाता

है। शरीर को धनुष समझा जा सकता है और श्वास को प्रत्यंचा, जबकि जागरूकता को बाण, जिससे योग का साधक जीवन, विश्व, निसर्ग और संस्कृति के सत्य से जुड़ता है। अपनी वासना से उन्मत्त, विश्व के सृजनकर्ता, ब्रह्मा, देवी का पीछा करते हैं, उन्हें नियंत्रित करने के उद्देश्य से। तब शिव अपने धनुष के उपयोग से ब्रह्मा को आकाश से दबाकर रखते हैं। जब असुरों के तीन उड़ते शहर पतनशील बन जाते हैं तब शिव उन्हें एक ही बाण से नष्ट कर देते हैं। स्वयं विष्णु यह बाण बन जाते हैं। शिव अंतरिक्ष के अक्ष, मेरु पर्वत का धनुष के डंडे के रूप में उपयोग करते हैं और समय के नाग, आदिशेष को धनुष की प्रत्यंचा बनाते हैं। यही कारण है कि शिव राख की तीन क्षैतिज रेखाओं को अपने शरीर पर लेपते हैं।

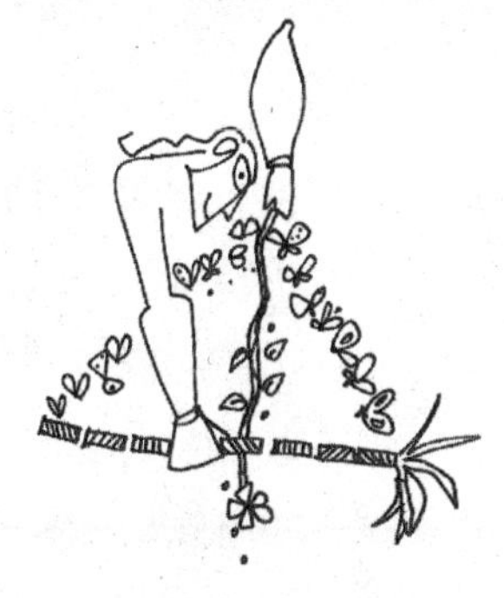

काम का धनुष

आमतौर पर इस आसन में पीठ को प्रगतिशील रूप से मोड़ा जाता है। यह आसन करने वाला व्यक्ति धनुष और उसके तनी हुई प्रत्यंचा जैसे दिखता है। और इसलिए इस आसन का नाम उपयुक्त है। धनुषाकार पैर और धड़

धनुष के डंडे जैसे दिखते हैं और सीधी भुजाएँ धनुष की तनी हुई प्रत्यंचा। हालाँकि इस आसन के कई रूप हैं, यह रूप उन कुछ मुद्राओं में से एक है जिसमें पीठ की मांसलता को सक्रिय रूप से ताना जाता है। इस आसन के और कोमल रूपों में पैरों और घुटनों को अलग किया जाता है या टखनों और हाथों को जोड़ने के लिए एक पट्टे की मदद ली जाती है।

18

पाश-आसन

फंदे की मुद्रा

हिंदू पुराणशास्त्र के अनुसार, इच्छा और भाग्य के दो सिद्धांत प्रकृति को शासित करते हैं। इच्छा क्रिया को प्रेरित करती है, क्रिया से प्रतिक्रिया निर्मित होती है और प्रतिक्रिया उन परिस्थितियों का निर्माण करती हैं जिन्हें हम अनुभव करते हैं और जिनसे हम बच नहीं सकते हैं। दूसरे शब्दों में कहना हो तो इच्छा अंततः भाग्य का निर्माण करती है। यदि धनुष इच्छा का प्रतीक है, तो पाश भाग्य का, जो हमें अपनी इच्छाओं से निर्मित भाग्य का अनुभव करने के लिए बाध्य करता है। यह कर्म है।

लोग बहुधा कर्म और भाग्यवाद में उलझ जाते हैं। लेकिन, यह कर्म की अपूर्ण समझ है। कर्म में क्रिया और प्रतिक्रिया दोनों का समावेश होता है। और क्रियाओं में स्वैच्छिक और अनैच्छिक क्रियाएँ दोनों गिनी जाती हैं। प्रतिक्रियाएँ उन परिस्थितियों के रूप में प्रकट होती हैं जिन्हें हम अनुभव करते हैं। जीवन में हमारे साथ जो कुछ भी होता है वह कर्म है; हमारे जीवन की घटनाओं के प्रति हमारी प्रतिक्रियाएँ क्या हैं वो भी कर्म है।

पाश

पाश को फंदे या गाँठ के रूप में कल्पित किया जाता है: यह मृत्यु और पुनर्जन्म के देवता यम का उपकरण है। वे हमारे सभी कार्यों का लेखा जोखा रखते हैं: ऋण, जो हम अपने जीवन में हमारी इच्छाओं के माध्यम से अर्जित करते हैं, और जिन्हें हमें भविष्य में चुकाना चाहिए। अपने सभी ऋण चुकाने पर ही हम पाश से मुक्त हो सकते हैं और हमें मोक्ष या मुक्ति प्राप्त होगी: भूख, भय, लगाव और जीवन और मृत्यु के चक्र से मुक्ति।

देवी प्रकृति का प्रतीक हैं। उनमें इच्छा और भाग्य दोनों गुण हैं, और इसलिए उन्हें बहुधा कामिनी और यामिनी दोनों नामों से जाना जाता है। कामिनी के रूप में, वे कामदेव का गन्ने का धनुष और फूलों की नोक वाले बाण अपने साथ रखती हैं। यामिनी के रूप में, यम का पाश उनके साथ रहता है जो हमें हमारे भाग्य से बांधे रखता है। कामिनी के रूप में, वे दिन हैं। यामिनी के रूप में, वे रात हैं। इस प्रकार वे विश्व को पूर्ण करती हैं।

हमें याद रखना होगा कि ईसाई और इस्लामी पुराणशास्त्रों के विपरीत हिंदू पुराणशास्त्र में भगवान की न्यायाधीश होने की अवधारणा अनुपस्थित है। ईसाई पुराणशास्त्र में, हम केवल एक जीवन जीते हैं और इस जीवन के अंत में हमें हमारे क्रियाओं के आधार पर आंका जाता है। हिंदू पुराणशास्त्र पुनर्जन्म की बात करता है। जीवन और मृत्यु के इस चक्र में भगवान न्यायाधीश नहीं होते हैं। हमारी क्रियाओं की प्रतिक्रियाओं के माध्यम से हम उनके लिए भुगतान करते हैं। ये प्रतिक्रियाएँ हमारे जीवन की अच्छी और बुरी परिस्थितियों को निर्माण करती हैं, और हम अपने भविष्य में उन्हें सहन करने के लिए बाध्य होते हैं। जब हमारी मृत्यु का समय आता है, तब यम पाश फेंककर हमारे शरीर से प्राण निकालते हैं। वे हमें इस पाश से तब तक बांधे रखते हैं जब तक हम अपने ऋणों को चुका नहीं देते, जो वास्तव में हमारी पिछली क्रियाओं की प्रतिक्रियाएँ हैं। तो, एक स्तर पर, यम का पाश

हमारे भाग्य का प्रतीक है, जबकि काम के धनुष और बाण में वे संभावित क्रियाएँ जड़ी हैं, जिनसे हम अपने भाग्य की ओर प्रतिक्रिया दे सकते हैं। लेकिन जिस तरह क्रियाओं के माध्यम से अतीत की इच्छाएँ वर्तमान के भाग्य को स्थापित करती हैं, उसी तरह क्रियाओं के माध्यम से वर्तमान की इच्छाएँ भविष्य के भाग्य को भी स्थापित करती हैं। इस प्रकार, हम अपने अतीत के साथ-साथ अपने भविष्य को आकार देते हैं। हम किसी को दोष नहीं दे सकते; हम अकेले ही अपने जीवन के लिए उत्तरदायी हैं। हिंदू पुराणशास्त्र में यह कर्म की पूरी व्याख्या है।

जैसे-जैसे भारत में ईश्वरवाद लोकप्रिय होता गया, विशेषत: पिछले 1000 वर्षों में, यह विचार भी लोकप्रिय बन गया कि शिव और विष्णु से अनुरोध करने पर हम यम के पाश से बच जाएँगे। इसलिए श्रद्धालु शिव और विष्णु द्वारा बचाए जाने की कहानियाँ उभरीं, उदाहरणार्थ कैसे शिव भक्त मार्कंडेय मृत्यु के समय उनका नाम जप रहे थे और इसलिए शिव ने उन्हें यम से बचा लिया। या कैसे विष्णु ने अजामिल नामक बदमाश को यमराज से केवल इसलिए बचाया कि उसने मृत्यु के समय अपने विष्णु नामक पुत्र को पुकारा था। बौद्ध और जैन धर्म जैसी मठवासी परंपराओं ने भाग्य के बंधनों से निकलने के लिए मठवास संबंधी उपाय सुझाए। भक्ति परंपराओं ने भी कुछ विकल्प सुझाए। भक्ति के मार्ग से मुक्ति पाने को भक्ति योग कहा गया, जबकि ध्यान करने के माध्यम से मुक्ति पाने को ज्ञान योग। अपने भाग्य अनुसार भूमिका को परिणाम की अपेक्षा किए बिना, तटस्थ रूप से निभाना, कर्म योग था।

यम का पाश

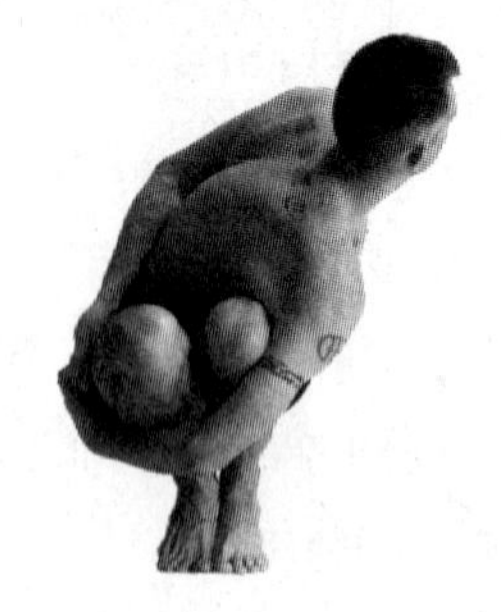

यह आसन करता हुआ व्यक्ति पाश की गाँठ जैसे दिखता है। इस आसन में हाथों को पूरी तरह से बाँधने के लिए रीढ़ की हड्डी का बहुत घुमावदार और कंधों का बहुत गतिशील होना आवश्यक है। इसे एक तरह से उदर का आलिंगन कहा जा सकता है। इसमें उदर के निचले भाग को अंदर खींचकर ऊपर उठाया जाता है। इसके साथ-साथ निचले उदर के अंगों को गूँधा जाता है जिससे पाचन में सहायता मिलती है और पेट और आंतड़ियों के स्वास्थ्य में सुधार आता है। इस आसन में शरीर को तीव्रता से मोड़ा जाता है। इसके अलावा शरीर को सीधा और संतुलित रखने के लिए बहुत अभ्यास करना पड़ता है, विशेषतः तब जब आपके लिए एड़ी को फर्श पर चिपकाना कठिन हो। किसी कंबल या योग चटाई को लपेटकर, एड़ी के नीचे रखने से शरीर को संतुलित किया जा सकता है और रीढ़ को अधिक तीव्रता से घुमाया जा सकता है। ऐसा करने से पैरों में कम लचीलापन वाले साधक भी सहजता से इसे कर सकते हैं|

ब्रह्मा

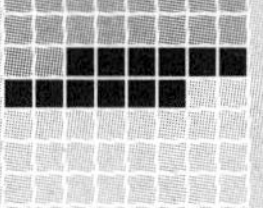

हिंदू धर्म में ब्रह्मा सृजनकर्ता देवता हैं। लेकिन उन्हें पूजा नहीं जाता है। कई लोग इस बात को समझ नहीं सकते हैं। आख़िरकार क्या यह स्वाभाविक नहीं कि विश्व के निर्माता को पूजा भी जाना चाहिए? वास्तव में, सृजनकर्ता की पूजा की धारणा यहूदी-ईसाई-इस्लामी (अब्राह्मी) पुराणशास्त्र से आती है। लेकिन ब्रह्मा प्रकृति का नहीं बल्कि संस्कृति का सृजन करते हैं।

सृजन की क्रिया ब्रह्मा की जागरूकता से प्रारंभ होती है। अपने बारे में जागरूक होने के साथ-साथ वे अपनी भूख, अपने आस-पास के विश्व, अज्ञात के अपने भय और साहचर्य के लिए अपनी उत्कंठा के बारे में जागरूक बन जाते हैं। इसलिए वे प्रकृति को वश में करते हैं, आग, पानी, पौधों और जानवरों को नियंत्रित करते हैं और बस्तियाँ, खेत और हाट स्थापित करते हैं। उनके मानस पुत्र अर्थात ऋषि इस क्रिया में उनकी मदद करते हैं। ये कोई साधारण ऋषि

ब्रह्मा

नहीं हैं, बल्कि ऐसे लोग हैं जिन्होंने विश्व का अवलोकन कर समझा है कि विश्व कैसे चलता है। वैदिक साहित्य में संकलित विशेष मंत्रों के माध्यम से ऋषियों ने ब्रह्मांड के ज्ञान का संचार किया।

परंपरागत रूप से, ब्रह्मा को एक पुजारी के रूप में कल्पित किया जाता है, जो विनिमय पर आधारित यज्ञ के अनुष्ठान से संस्कृति का निर्माण करते हैं। उन्हें चार सिरों के साथ कल्पित किया जाता है, उन चार दिशाओं का प्रतीक जो उन्होंने जीवन बनाते समय पहली बार देखीं। इन सिरों से उन्होंने चार वेदों को जन्म दिया: ऋग्वेद, जिसमें स्तोत्र हैं; सामवेद, जिसमें धुन है; यजुरवेद, जिसमें अनुष्ठान हैं; और अथर्ववेद, जिसमें दैनिक जीवन के लिए शिक्षा और मंत्र हैं। वे चार शास्त्रों के भी प्रतीक हैं: शासन से संबंधित धर्म-शास्त्र; अर्थव्यवस्था और राजनीति से संबंधित अर्थ-शास्त्र; आनंद और कला से संबंधित काम-शास्त्र; और हमें भूख और भय से और परिणामस्वरूप जन्म और मृत्यु के चक्र से मुक्त करने वाले ज्ञान से संबंधित मोक्ष-शास्त्र।

ब्रह्मा के सृजन को दो समूहों में वर्गीकृत किया जा सकता है: ब्रह्मा के मानस-पुत्र अर्थात ऋषि और ब्रह्मा के पोते-पोतियाँ अर्थात उनके मानस-पुत्रों के पुत्र और पुत्रियाँ, जिनके भौतिक शरीर होने के कारण वे मृत्यु का अनुभव करते हैं। ब्रह्मांड के बारे में ज्ञानी ऋषियों के विपरीत, ब्रह्मा के पोते और पोतियाँ जीवन के लिए संघर्ष करते हैं और जीवन का उद्देश्य खोजते हैं। इसलिए ब्रह्मा के पोते-पोतियों को अपनी संपूर्ण क्षमता को साकार करने में और भूख और भय से परे जाकर शांति प्राप्त करने में मदद करने के लिए ऋषियों ने योग को संहिताबद्ध किया।

देव और असुर भी ब्रह्मा के पोते-पोतियाँ हैं। देव पृथ्वी के ऊपर, आकाश में, स्वर्ग में रहते हैं और वे सभी मायनों में परिपूर्ण होते हैं, जबकि असुर पृथ्वी के नीचे रहते हैं और देवों की परिपूर्णता के ईर्ष्यालु हैं। समृद्ध होने के

बावजूद देव अशांत होते हैं क्योंकि असुर उनपर लगातार आक्रमण करते हैं। हिंदू पुराणशास्त्र में आपको लगातार ऐसे उदाहरण मिलेंगे जिनमें भाई, सौतेले भाई और चचेरे भाई विश्व के अपने उस हिस्से के लिए लड़ते हैं जो वे उचित समझते हैं। इससे स्पष्ट है कि हमारी संपत्ति हमारा मूल्य निर्धारित करती है और इसलिए हम लगातार अधिक संपत्ति और अधिक मूल्य के लिए लड़ते रहते हैं। लेकिन यह मूल्य काल्पनिक और अस्थायी है। इसी भ्रम को हम माया कहते हैं।

कभी-कभार, ज्ञान की देवी, सरस्वती को ब्रह्मा की पत्नी के रूप में वर्णित किया जाता है। लेकिन, विभिन्न कहानियों के अनुसार ब्रह्मा देवी का पीछा करते हैं और वे उनसे दूर भागती रहती हैं। प्रारंभिक साहित्य के अनुसार ब्रह्मा द्वारा देवी का पीछा करने से सभी नर और मादा जीवित प्राणियों का जन्म हुआ। चूँकि ब्रह्मा अपने लोभ में देवी का पीछा करते हैं वे प्रबुद्ध नहीं माने जाते हैं। वे प्रकृति की सच्चाई को समझ नहीं पाते हैं – प्रकृति उनकी माँ और बेटी दोनों हैं और इसलिए ब्रह्मा के पीछा करने को 'अगम्यागमन' ठहराकर उसकी निंदा की जाती है। शिव और विष्णु भगवान के प्रबुद्ध रूप हैं: शिव जो भूख और भय से परे जाते हैं और विष्णु जो दूसरों की भूख और भय को मिटाते हैं।

इस प्रकार ब्रह्मा, विष्णु और शिव भौतिक ब्रह्मांड के माध्यम से जीवित प्राणियों की मनोवैज्ञानिक प्रतिक्रिया को मूर्त रूप देते हैं। भगवान का हिंदू दृष्टिकोण नियमों के बजाय मन के विकास को अधिक महत्त्व देता है।

सरस्वती, ज्ञान और कला की देवी

वास्तव में सभी मनुष्यों को ब्रह्मा माना जा सकता है, क्योंकि सभी जीवित प्राणियों में से केवल उनमें अपनी पशु वृत्ति के परे

जाकर समाज के स्वभाव पर चिंतन करने की क्षमता है। यही कारण है कि केवल मनुष्यों में ऋषि बनकर, ब्रह्मांड की सच्चाई की खोज करने और भूख और भय से परे जाकर शिव और विष्णु की तरह बनने की क्षमता है। मानवता की दिव्य क्षमता को दर्शाने के लिए कला में, हिंदू देवताओं को मानवीय रूप दिया जाता है। लेकिन देवताओं के हमेशा कई सिर और भुजाएँ होते हैं, जिनके माध्यम से देवताओं की चेतना की उच्च स्थिति स्थापित की जाती है। उनका विस्तारित मन भूख और भय से मुक्त होता है और विश्व कैसे कार्य करता है यह समझता है।

ब्रह्मा का नाम ब्राह्मण और ब्राह्मिन के विचारों से निकटता से जुड़ा हुआ है। ब्राह्मण एक वैदिक अवधारणा है जो मन (जिसका संस्कृत शब्द मानस है) के विस्तार (जिसका संस्कृत शब्द ब्राह् है) से जुड़ी है। हमारे मन संकुचित हैं। योग की मदद से हमारे मन अनंत तक विस्तारित होते हैं और हम असीम, कालातीत विश्व का वास्तविक स्वभाव समझ सकते हैं। योग से हम हमारी भूख और भय से परे जाकर शांति और प्रेम से परिपूर्ण बन जाते हैं। हिंदू धर्मीय ब्राह्मण की इस स्थिति को भगवान से जोड़ते हैं। कहानियों में, यह स्थिति शिव और विष्णु का रूप लेती है। ब्रह्मा और उनके बच्चे ब्राह्मण की स्थिति तक इस यात्रा को मूर्त रूप देते हैं। ब्राह्मण को साकार करने के कई तरीक़ों में से योग एक तरीक़ा है। इन तकनीकों का वैदिक साहित्य में संचार किया गया है। ब्राह्मिन इस साहित्य के संरक्षक थे। हम कह सकते हैं कि ब्राह्मिन वैदिक साहित्य को प्रसारित करने के लिए उत्तरदायी थे, जो साहित्य हमारे भीतर के ब्रह्मा को ब्राह्मण को साकार करने में सक्षम बनाता है।

19

ओमकार-आसन

आदिम ध्वनि की मुद्रा

ओमकार का अर्थ है आदिम ध्वनि, ॐ, का आकार। हिंदू मंत्र बहुधा 'ॐ' के शब्दांश से शुरू होते हैं। वह ब्रह्मांड की आदिम ध्वनि है। इस ध्वनि से कंपनों की श्रृंखला निर्मित हुई और इन कंपनों ने अंततः जीवन का निर्माण किया। कुछ लोग मानते हैं कि यह ध्वनि गायों के रंभाने से प्रेरित है; प्राचीन ऋषि गाय को ब्रह्मांड का प्रतीक मानकर उसे पूजते थे। यह चेतना और फलस्वरूप समय – अतीत, वर्तमान और भविष्य; अंतरिक्ष और उसके तीन अक्षों; तत्त्व और उसके अस्तित्व की तीन अवस्थाओं – निष्क्रियता (तमस्), उत्तेजना (राजस्) और स्पष्टता (सत्त्व) – के जन्म का चिन्ह है।

ॐ की ध्वनि एक घर के प्रवेश द्वार जैसी है: घर में प्रवेश करने के लिए, आपको चौखट पार करनी पड़ती है। ॐ का शब्दांश एक मंत्र के 'प्रवेश द्वार' जैसे है। यह प्रथा बौद्ध धर्म में भी पाई जाती है। जापान और चीन के बौद्ध मंदिरों में, बहुधा संरक्षकों की एक जोड़ी उपस्थित होती है, एक जिसका मुँह खुला होता है और दूसरा जिसका मुँह बंद होता है, ॐ

ध्वनि के प्रारंभ और अंत के प्रतीक।

ॐ के पवित्र होने की धारणा उपनिषद की परंपराओं से आती है और इसलिए, लगभग 2500 वर्ष पहले जीवित बुद्ध से भी प्राचीन है। ॐ बीज मंत्र है, जिसे प्रणव भी कहा जाता है, वह बीज ध्वनि जिसमें से सभी ध्वनियाँ उभरती हैं।

कला में, साधारणतः ॐ को गणेश के साथ जोड़ा जाता है। जिस तरह

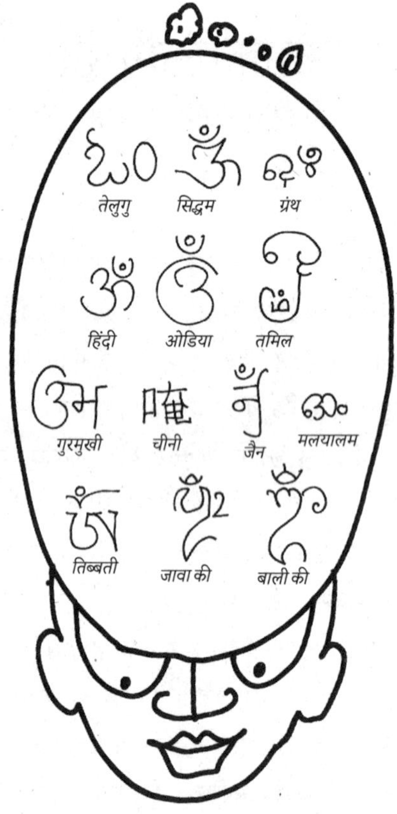

विविध भाषाओं में लिखित ॐ

सभी भजनों के प्रारंभ में ॐ का जाप किया जाता है, वैसे ही विघ्नों को दूर करने के लिए सभी क्रियाओं और अनुष्ठानों से पहले गणेश की पूजा की जाती है। इस प्रकार हम कह सकते हैं कि गणेश ॐ ध्वनि का मूर्त रूप हैं। हिंदू धर्म में किसी जादुई ध्वनि को देवता में बदलने की यह एक आम प्रथा है। उदाहरणार्थ, जैसे ॐ को एक देवता का रूप दिया जाता है, वैसे ही गायत्री मंत्र को एक देवी का रूप दिया जाता है।

जैन धर्मीय ॐ या आउम को पाँच प्रकार के शिक्षकों के लिए एक परिवर्णी शब्द मानते हैं: अरिहंत, अशरीर, आचार्य, उपज्झय और मुनि।

सिख धर्म में, 'एक ओमकार' एक ऐसा वाक्यांश है जो एकल निराकार परमात्मा को संदर्भित करता है।

ॐ सृष्टि के पवित्र कंपन की ध्वनि है, एक आदिम ध्वनि। कभी-कभार ॐ की वर्तनी आउम के रूप में लिखी जाती है। इसमें मौलिक शब्दांशों का समावेश है: आ-कार, ऊ-कार और म-कार का। 'कार' इस शब्द का अर्थ 'क्रिया' भी है और जब उसे किसी शब्दांश के साथ जोड़ा

जाता है, तो उसका अर्थ बहुधा 'उस ध्वनि का उच्चारण करना' बन जाता है। इस आसन का नाम कभी-कभार 'ॐ के जप' की मुद्रा या 'ॐ को श्रद्धांजलि' की मुद्रा के रूप में अनुवादित किया जाता है। शरीर को भुजाओं पर संतुलित करने की इस मुद्रा में शरीर का आकार ॐ के चिन्ह से मिलता-जुलता है। यह आसन सुरुचिपूर्ण भले ही दिखाई दें, वह निश्चित ही अधिक चुनौतीपूर्ण आसनों में से एक है। मैसूर की अष्टांग विन्यास योग परंपरा में, यह आसन मुद्राओं की छह श्रृंखलाओं में से चौथी श्रृंखला में सबसे अंत में सिखाया जाता है। परंपरागत रूप से, आपको आसनों की कोई श्रृंखला केवल तब सिखाई जाती है जब आपके आचार्य निर्धारित करते हैं कि आप पूर्ववर्ती श्रृंखला पर संपूर्ण रूप से प्रभुत्व पा चुके हैं।

20

हंस-आसन

हंस की मुद्रा

'हंस' शब्द बहुधा स्वॉन (swan) के लिए उपयोग किया जाता है। लेकिन कई विद्वानों का मानना है कि हिंदू पुराणशास्त्र में हंस शब्द कलहंस (goose) को संदर्भित करता है और स्वॉन के लिए हंस के बजाय 'राज-हंस' का उपयोग किया जाता है।

हंस योग में पाए जाने वाली श्वास की पद्धतियों के साथ निकटता से जुड़ा हुआ है। 'हं' की ध्वनि उच्चारने के लिए श्वास छोड़ना पड़ता है और 'स' की ध्वनि के लिए श्वास लेना पड़ता है। इस प्रकार हंस श्वास के अंदर लेने और छोड़ने का प्रतीक है। कहा जाता है कि राज-हंस/कलहंस का सृजन ब्रह्मा के श्वास से हुआ था।

हंस

लोकसाहित्य में हंस में दूध और पानी को अलग करने की क्षमता है और इसलिए वह बौद्धिक विवेक का प्रतीक है। इस प्रकार हंस को सत्य और असत्य

के बीच तथा तथ्य और कल्पना के बीच भेदभाव करने की मानवीय क्षमता का प्रतीक माना जाता है।

राज-हंस पर बैठीं सरस्वती

हिंदू पुराणशास्त्र में हंस तटस्थता का भी प्रतीक है, क्योंकि पानी में रहने के बावजूद, उसके पंख गीले नहीं होते। इस प्रकार हंस किसी ऐसे व्यक्ति का प्रतीक है जो विश्व से जुड़े बिना या विश्व को नियंत्रित करने की कोशिश किए बिना, बस उसके प्रवाह को स्वीकार करके अपना जीवन जी सकता है। संतों को बहुधा परम-हंस कहा जाता है, क्योंकि विश्व के साथ आसक्त हुए बिना वे अपना जीवन जी सकते हैं। हंस, ज्ञान की देवी, सरस्वती और सृष्टि के देवता, ब्रह्मा, का भी वाहन है। जैन धर्म में, सरस्वती को उनके हंस पर जीन-वाणी अर्थात जीन की बुद्धिमान वाणी के मूर्त रूप में पूजा जाता है। बौद्ध धर्म में, सरस्वती, ज्ञान के मूर्त रूप, प्रज्ञा-पारमिता, में बदल जाती हैं।

हंस के रूप में ब्रह्मा

पुराणशास्त्र में हंस की कई कहानियाँ पाईं जाती हैं। हिंदू पुराणों में अनंत तक पहुँचने वाले आग के स्तंभ की नोक को ढूँढने के लिए ब्रह्मा ने हंस का रूप लिया था। इस नोक का पता लगाए बिना उन्होंने विश्व से झूठ कहा। उनसे क्रोधित होकर शिव आग के स्तंभ से उभरें और ब्रह्मा को शाप दिया कि मंदिरों में उनकी पूजा कभी नहीं की जाएगी।

बौद्ध साहित्य की कहानी के अनुसार एक शिकारी ने बुद्ध के सामने हंस को मार गिराया।

बुद्ध ने शिकारी की ओर देखकर उससे पूछा, 'क्या आप इसे वापस जीवित कर सकते हो?'। शिकारी ने उत्तर दिया, 'नहीं, मैं वैसा नहीं कर सकता।' तब बुद्ध ने कहा, 'यदि आप जीवन प्रदान नहीं कर सकते, तो आपको जीवन लेने का क्या अधिकार है?'

जातक कथाओं की एक कहानी में एक हंस हर दिन एक परिवार को एक पंख देता था। जैसे ही पंख धरती को छू जाता, वह सोने में बदल जाता था और उससे परिवार अपनी आवश्यकताएँ पूरी करता था। समय के साथ, परिवार बहुत समृद्ध हो गया और लालची भी। एक दिन परिवार के सदस्यों ने अधिक धनवान बनने के उद्देश्य से, हंस को पकड़कर उसके सारे पंख तोड़ने का निर्णय लिया। फंसे हुए पक्षी के पंख तोड़ते समय उन्होंने देखा कि पंख सोने में नहीं बदल रहे थे, क्योंकि उन्हें बलपूर्वक लिया जा रहा था। संभवतः यह कहानी विश्व के अन्य भागों में फैली और अंततः 'सुनहरे अंडे देने वाले कलहंस' की कहानी के रूप में लोकप्रिय बन गई।

शरीर को हाथों पर संतुलित करने वाली यह सुरुचिपूर्ण मुद्रा दिखने में तो मयूर-आसन के समान है, लेकिन दोनों में कुछ सूक्ष्म अंतर हैं। इस मुद्रा में भुजाओं को 180 डिग्री घुमाया जाता है ताकि उँगलियाँ आगे की ओर हो सकें।

इसके अलावा हंस-आसन और कठिन इसलिए है कि पैरों का वज़न शरीर को नीचे और पीछे की ओर खींचता है और उँगलियों को ज़मीन में दबाने (साधारणतः हाथ की मुद्राओं में संतुलन पाने का तरीक़ा) से यह समस्या और भी बढ़ जाती है। पैरों को पद्म-आसन में मोड़ने से शरीर के गुरुत्वाकर्षण के केंद्र को आगे लाने में मदद मिलती है और इस मुद्रा में संतुलन बनाए रखना और आसान बन जाता है।

21

मरीचि-आसन (मरिच्यासन)

मरीचि की मुद्रा

जब ब्रह्मा विष्णु की नाभि से उगते हुए कमल से उभरे तब उन्होंने पहली बार विश्व का अनुभव किया। स्वयं को अकेला पाकर, वे अत्यंत भयभीत और भूखे थे। विश्व को समझने के लिए उन्होंने अपने विचारों से सात पुत्रों को ढाला। ये सात पुत्र ऋषि या द्रष्टा हैं। उन्होंने विश्व का अवलोकन कर उसे समझा। फिर उन्होंने अपने ज्ञान को भजन या मंत्र के रूप में प्रसारित किया। इन मंत्रों के संग्रह को वेद कहते हैं।

सप्त-ऋषि

ये सात ऋषि सप्तर्षि या ग्रेट बैर तारामंडल से जुड़े हैं। उनके विवाह के बाद वे प्रजापति बन गए – प्राणियों की विभिन्न जातियों के जनक। मरीचि ऐसे ही एक ऋषि थे। उनके

पुत्र कश्यप, पक्षियों, सरीसृपों, मछलियों, खुरों और पंजों वाले जानवरों, आकाश में रहने वाले देवताओं और पृथ्वी के नीचे रहने वाले असुरों सहित कई खगोलीय जीवों के पिता हैं। इसलिए ब्रह्मा को सभी जीवित प्राणियों के परदादा कहा जाता है, और चूँकि ब्रह्मा के पुत्रों के माध्यम से सभी विश्व ब्रह्मा से जुड़े हुए हैं, संपूर्ण विश्व को एक बड़ा परिवार माना जाता है। लेकिन यह एक दु:खी परिवार है जहाँ हर कोई सत्ता और संसाधनों के लिए लड़ता है।

भगवद् गीता में, कृष्ण मरीचि को सर्वश्रेष्ठ मरुत मानते हैं। मरुत, वायुदेव से संबंधित वायु के देवता हैं, और मरीचि मंद हवा हैं। यह मरीचि मरीचि ऋषि से अलग हैं।

मरीचि, भोर की बौद्ध देवी

बौद्ध पुराणशास्त्र में, विशेषत: चीन में, मरीचि एक संरक्षक देवी हैं, जो भोर, रोशनी और सूर्य से जुड़ी हैं और जिनका वाहन जंगली सूअर है।

जैन पौराणिक कथाओं में भी एक मरीचि हैं। वे पृथ्वी के शासक, भरत, के पुत्र हैं। भरत इस कल्प के पहले जीन, ऋषभ के पुत्र थे। मरीचि एक जैन साधु और एक महान विद्वान बने। वे अपने अगले जन्म में जीन भी बन जाते, लेकिन उन्होंने जैन सिद्धांत को पूरी तरह से नहीं समझा। इसलिए उन्हें कई बार पुनर्जन्म लेना पड़ा, कई लोकों में। उनके पुनर्जन्मों में वीर वासुदेव और चक्रवर्ती राजा भी बने। अंतत: उन्होंने चौबीसवें जीन, महावीर के रूप में पुनर्जन्म लिया।

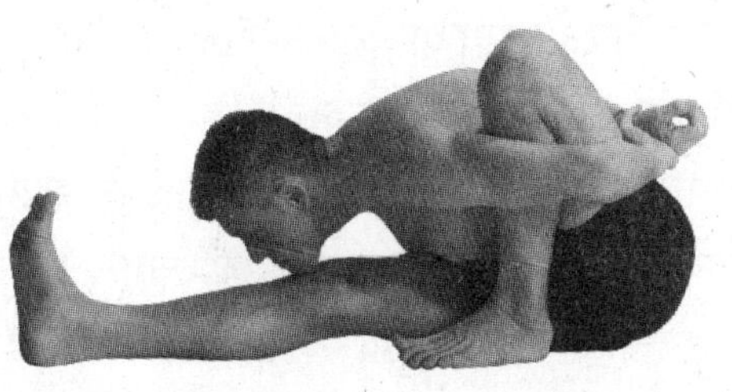

इस परिवर्तनशील बैठकर किए गए आसन के कई प्रकार हैं। इन प्रकारों में शरीर को आगे की ओर मोड़ा जाता है और घुमाया भी जाता है। जैसे आप ये प्रकार करते जाते हो, वैसे आपके कूल्हों और रीढ़ की हड्डी में लचीलापन भी बढ़ते जाता है। जिन प्रकारों में एक पैर को पद्म-आसन में मोड़ना पड़ता है, विशेषतः उन मुद्राओं में जिनमें बैठकर घुमाना पड़ता है, ध्यान दें कि घुटने के जोड़ की अखंडता बनी रहें। जिन साधकों को पद्म-आसन करते समय घुटनों में दर्द होता है वे मरीचि-आसन में मुड़े हुए पैर को पद्म-आसन की मुद्रा में रखने के बजाय उसे केवल नीचे की ओर दबाए रख सकते हैं। यह ध्यान में रखना आवश्यक है कि योग-आसन प्रदर्शन नहीं बल्कि एक अभ्यास है। मन की लालसा की वजह से हम शरीर से बलपूर्वक ऐसी मुद्राएँ करवाते हैं जिनके लिए शरीर तैयार नहीं है। मैं इसे 'देखो मैं क्या कर सकता हूँ' भावना कहता हूँ। इस मानसिकता के कारण हम न केवल शरीर को लगातार चोट पहुँचाते हैं, बल्कि वास्तव में हम इसके बिलकुल विपरीत उद्देश्यों के लिए योग करते हैं। किसी भी प्रणाली

के आसन करते समय यह ध्यान में रखना मददगार होगा कि हम इस तरह से अभ्यास करें कि हमारा शरीर अगले दिन आसन करने के लिए भी कुशल रहे। शरीर से उसकी क्षमता से अधिक काम करवाना व्यक्तिगत प्रगति के लिए उतना ही या उससे भी ज़्यादा हानिकारक होता है जितना कि शरीर से कम काम करवाना होता है।

22

वशिष्ठ-आसन

वशिष्ठ की मुद्रा

वशिष्ठ हिंदू पुराणशास्त्र में सात ऋषियों में से एक हैं, और उन्हें आकाश में सप्तर्षि या ग्रेट बैर तारामंडल के रूप में दर्शाया जाता है। ऐसा कहते हैं कि जब वैदिक देवता वरुण और मित्र ने सुंदर अप्सरा उर्वशी को देखा, तो वे अपनी इच्छाओं पर नियंत्रण खो बैठे। उनका वीर्य एक मटके में स्खलित हुआ जिसमें से वशिष्ठ और अगस्त्य ऋषि जन्में। ये कथाएँ इस विश्वास की ओर इंगित करती हैं कि ब्रह्मचर्य का पालन और विभिन्न यौगिक प्रथाएँ करने वाले ऋषियों का वीर्य अत्यंत शक्तिशाली होता है। वह रीढ़ की हड्डी से होते हुए ऊपर उठ सकता है और ऋषियों को जादुई शक्तियों के साथ-साथ विश्व के बारे में ज्ञान भी देता है। लेकिन, वीर्य का स्खलन होने पर वह एक शक्तिशाली व्यक्ति को जन्म देता है।

वशिष्ठ का जन्म

ऐसा कहा जाता है कि सात ऋषियों की सात

पत्नियाँ थीं जो अपने पतियों के प्रति निष्ठावान थीं। वे नियमित रूप से यज्ञ किया करतीं। उनसे मुग्ध होकर अग्नि के देवता ने उन्हें अपनी गरमी और प्रकाश से लुभाने का प्रयास किया। सात पत्नियों में से वशिष्ठ की पत्नी, अरुंधति को छोड़ बाकी पत्नियाँ अग्नि द्वारा लुभाईं गईं। इसलिए, अकेली अरुंधति सप्तर्षि तारामंडल में एल्कोर नामक तारा के रूप में सात ऋषियों के साथ दिखाई देती हैं। शेष छह पत्नियों को उनके पतियों ने बाहर निकाल दिया और वे कृत्तिकाएँ या प्लायडीज़ तारामंडल बन गईं। तब से अरुंधति पत्नी की निष्ठा और स्त्री की पवित्रता का प्रतीक रहीं हैं।

वशिष्ठ का वेदों में राजाओं के संरक्षक के रूप में कई बार उल्लेख किया गया है, और रामायण में वे राम के शिक्षक हैं। विश्वामित्र के साथ उनकी प्रतिद्वंद्विता प्रसिद्ध है। विश्वामित्र ने वशिष्ठ के कई पुत्रों का वध किया, लेकिन वशिष्ठ कभी क्रोधित नहीं हुए। वास्तव में, जब उनका अजन्मा पुत्र अपनी माँ के गर्भ से चिल्लाया कि वह अपने भाइयों की मृत्यु का बदला लेगा, तो वशिष्ठ ने अपने बेटे को क्रोध की निरर्थकता के बारे में चेतावनी दी। यह वशिष्ठ के धीरज, साहस और ज्ञान का संकेतक है।

अग्नि और सात पत्नियाँ

वशिष्ठ द्वारा बताईं कहानियाँ योग वशिष्ठ नामक पुस्तक में संकलित की गईं। वे बताती हैं कि कोई व्यक्ति गृहस्थ बनकर भी वैरागी की तरह कैसे सोच सकता है। इस ज्ञान से वशिष्ठ के छात्र, अयोध्या के राजकुमार, राम ने राजपद त्यागने के विचार छोड़ दिए और राजपद संभाला।

योग वशिष्ठ में चुडाला नामक योगिनी की कहानी बताई गई है, जिनके पति ने

इस बात को अस्वीकार किया कि एक महिला भी योग में निपुण हो सकती है। चुडाला के पति ने उन्हें अपने राज्य की रानी बनाया और योग सीखने वन में चले गए। चुडाला ने अपने पति के विचार बदलने का दृढ़ निश्चय किया। इसलिए उन्होंने अपने पति का वन तक पीछा किया, लेकिन अपनी सिद्ध शक्तियों के उपयोग से अपने महिला शरीर को कुंभ नामक पुरुष के शरीर में बदल दिया। उनके पति ने कुंभ को योग साधना में अपना साथी समझकर स्वीकार किया और दोनों ने एक साथ योग का अभ्यास किया। एक रात, कुंभ मदनिका नामक महिला में बदल गया और उसने राजा को सूचित किया कि एक ऋषि ने उसे हर रात महिला बनने का शाप दिया था। और चूँकि ऐसी मान्यता थी कि महिलाओं को अपनी इच्छाओं पर नियंत्रण नहीं होता था, इसलिए कुंभ-मदनिका ने राजा से अनुरोध किया कि वे उसकी कामुक इच्छाएँ पूरी करें। 'लेकिन मैं मेरी पत्नी चुडाला के प्रति निष्ठावान हूँ', राजा ने कहा। 'यदि आप योग प्रशिक्षण के उपयोग से मेरी इच्छाओं को पूरा करते समय अपनी इच्छाओं से अलग होते हो तब कोई समस्या नहीं होगी', कुंभ-मदनिका ने कहा। इस प्रकार राजा ने अपने मन को अपने शरीर से अलग कर कुंभ-मदनिका के साथ संभोग किया। कुछ रातों बाद, उन्होंने कुंभ को अपने मदनिका रूप में एक अन्य व्यक्ति के साथ संभोग करते हुए देखा। उन्होंने न क्रोध अनुभव किया और न ईर्ष्या। कुछ दिनों बाद, इंद्र राजा के सामने प्रकट हुए और उन्होंने राजा को स्वर्ग में रहने का प्रस्ताव दिया। लेकिन राजा ने कहा, 'स्वर्ग शरीर में नहीं बल्कि मन में है, बाहर नहीं बल्कि भीतर है।' तब इंद्र ने राजा को बताया कि उनका साथी, वह पुरुष जो रात में महिला बन जाता था, वास्तव में उनकी रानी चुडाला थी, जिन्होंने उनका जंगल तक पीछा किया था ताकि वे लिंग से परे देख सकें। अब पहले से ज्ञानपूर्ण राजा ने अपनी पत्नी को अपने शिक्षक के रूप में स्वीकार कर लिया और दोनों ने एक साथ राज्य पर शासन किया।

ऋषि वशिष्ठ को समर्पित इस आसन में शरीर का तानना सबसे महत्त्वपूर्ण है। अंगों को जितना लंबा ताना जाएगा, उतना ही शरीर को संतुलित करना और उस संतुलन को बनाए रखना आसान होगा। यह आसन करते समय शुरू में शरीर को केवल तिरछी प्लैंक स्थिति में संतुलित किया जाता है, पैरों को एक साथ रखते हुए। धीरे-धीरे, ऊपर के हाथ और पैर को तब तक ऊपर उठाया जा सकता है जब तक कि हाथ और पैर की अंगुली के बीच एक जोड़ न बन जाए। वशिष्ठ-आसन को पूर्ण रूप से करने के लिए आवश्यक कूल्हों का लचीलापन सुप्त पादंगुष्ठ-आसन (लेटकर की गई बड़ी अंगुली की मुद्रा) जैसी मुद्राओं और इसी मुद्रा के तिरछे प्रकार से बढ़ाया जा सकता है।

23

दुर्वासा-आसन

दुर्वासा की मुद्रा

हिंदू शास्त्रों में वर्णित सभी ऋषियों में से दुर्वासा अपने चिड़चिड़े स्वभाव के कारण उल्लेखनीय हैं। एक बार जब देवताओं के राजा, इंद्र, अप्सराओं के नृत्य का आनंद ले रहे थे, तब उन्होंने दुर्वासा की उपस्थिति में उनकी उपेक्षा की। क्रोधित दुर्वासा ने इंद्र को शाप दिया कि उनकी संपूर्ण संपत्ति क्षीरसागर में मिल जाएगी। अंततः जब देवताओं ने क्षीरसागर का मंथन किया तब इंद्र को अपनी संपत्ति फिर से मिल गई। जब अपने प्रेमी के विचारों से विचलित शकुंतला ने दुर्वासा पर ध्यान नहीं दिया, तब उन्होंने शकुंतला को शाप दिया कि उसका प्रेमी दुष्यंत उसे भूल जाएगा। और दुष्यंत ने वही किया, क्योंकि शकुंतला ने दुष्यंत द्वारा दी गई अंगूठी खो दी थी। बाद में, जब दुष्यंत को अंगूठी मिल गई, तो उसे शकुंतला याद आई। लेकिन तब तक शकुंतला उसे छोड़कर चली गई थीं।

हम बहुधा जानकारी और बुद्धिमत्ता को एक समझते हैं और यही हमारी भूल है। हम यह ग्रहण करते हैं कि सभी योगी और ऋषि बुद्ध या जीनों की

भाँति शांत होते हैं और उनके चेहरों पर एक सौम्य, स्थायी हँसी होती है। हिंदू पुराणशास्त्र में, ऋषि अत्यंत जानकार पुरुष हैं जिन्हें प्रकृति की गहरी समझ है। लेकिन यह आवश्यक नहीं कि सभी ऋषियों में सहानुभूति और करुणा के गुण भी हों। यह भी संभव है कि कभी-कभार उनका क्रोध केवल एक प्रदर्शन हो, जिसका औचित्य हमारी समझ के बाहर हो।

दुर्वासा ऐसे ही एक ऋषि हैं। वे एक महान विद्वान हैं और बहुत शक्तिशाली भी। योग के अभ्यास और विश्व की संपूर्ण समझ के माध्यम से उन्होंने ये शक्तियाँ प्राप्त की। ये शक्तियाँ उन्हें विश्व को बदलने में सक्षम बनाती हैं। ऐसे ऋषियों को सिद्धि कहा जाता है। यह ऋषि वरदान और शाप देकर विश्व को बदलते हैं। माना जाता है कि योगियों में कर्म को बदलने की शक्ति होती है। वरदान देकर वे किसी के जीवन में सौभाग्य ला सकते हैं, और शाप देकर वे उसी जीवन में दुर्भाग्य भी ला सकते हैं। यदि जीवन को कर्म द्वारा आकार दिया जाता है, तो इसे ऋषि के हस्तक्षेप से बदला भी जा सकता है।

रामायण में, दुर्वासा राम को देखने की मांग करते हैं। यह बताए जाने पर कि राम अपने निजी कक्ष में एकांत चाहते हैं, तो दुर्वासा अयोध्या नगरी को शाप देने की धमकी देते हैं। स्पष्टत: उनकी इच्छा पूरी की गई।

दुर्वासा शाप देते हुए

महाभारत में, राजकुमारी कुंती दुर्वासा की उत्तम सेवा करती है। इसलिए वे युवा राजकुमारी को एक वरदान देते हैं, कि वह किसी भी देवता को अपनी इच्छानुसार बुलाकर उस देवता से संतान प्राप्त कर सकती है। दुर्भाग्यवश, कुंती विवाह से पहले ही इस वरदान का उपयोग करती है और एक संतान को जन्म देती है, जिसे वह नदी पर छोड़ने

के लिए विवश हो जाती है। अपने विवाह के बाद, उसके पति उसे गर्भवती करने में अक्षम होते हैं। इसलिए वह उस वरदान का फिर से उपयोग कर पाँच पुत्रों को जन्म देती है। इस प्रकार, दुर्वासा का वरदान कुंती को महाभारत के नायक, पांडवों, को जन्म देने में सक्षम बनाता है।

'क्रोधपूर्ण ऋषि' कहे जाने वाले दुर्वासा उनके अत्यधिक चिड़चिड़ेपन के लिए प्रसिद्ध थे। इस आसन को प्रारंभ करते ही साधक के संतुलन, लचीलेपन, बल और अंत में उसके धैर्य को परखा जाता है और इस तरह वह दुर्वासा के चिड़चिड़ेपन को थोड़ी मात्रा में अनुभव कर सकता है। बैठी हुई मुद्रा से प्रारंभ करते हुए एक पैर को एकपद शीर्ष-आसन (पैर को सिर के पीछे ले जाने की मुद्रा) में लाया जाता है और दूसरे पैर की एड़ी को कूल्हों के निकट लाया जाता है। फिर, ध्यान को केंद्रित करते हुए खड़े पैर

को धीरे-धीरे सीधा किया जाता है, जबकि धड़ को फर्श के लगभग समानांतर रखा जाता है। संतुलन स्थिर और अटल बन जाने पर, हाथों को एक साथ छाती के मध्य भाग में लाया जाता है और फिर श्वास को अंदर लेते हुए धड़ को ऊपर उठाया जाता है। साधारणतः, दुर्वासा-आसन में शरीर को संतुलित करने का भाग प्रारंभ करने से पहले शरीर का लचीलापन बढ़ाना आवश्यक है। इस हेतु से इस मुद्रा के सुप्त (पीठ पर लेटे हुए) प्रकार, उदाहरणार्थ भैरव-आसन, किए जाते हैं।

24

रुचिका-आसन

रुचिका की मुद्रा

हिंदू पुराणशास्त्र के ऋषियों ने कई बार राजकुमारियों से विवाह किया। उदाहरणार्थ, आयुर्वेद से जुड़े ऋषि, च्यवन ने सुकन्या नामक राजकुमारी से विवाह किया। कहते हैं कि एक बार, च्यवन ध्यान करते समय इतने लंबे समय तक स्थिर खड़े रहें कि उनका शरीर दीमक की नीड से ढक गया। सुकन्या दीमक की नीड के पास से जा रही थी और उसके भीतर उसने दो चमकदार वस्तुएँ देखीं। उन्हें जुगनू समझकर उसने उन्हें कोंचा। वह जानकर भयाकुल हुई कि वास्तव में वे च्यवन की आँखें थीं। उन्हें अंधा करने के कारण, वह उनकी पत्नी बनने के

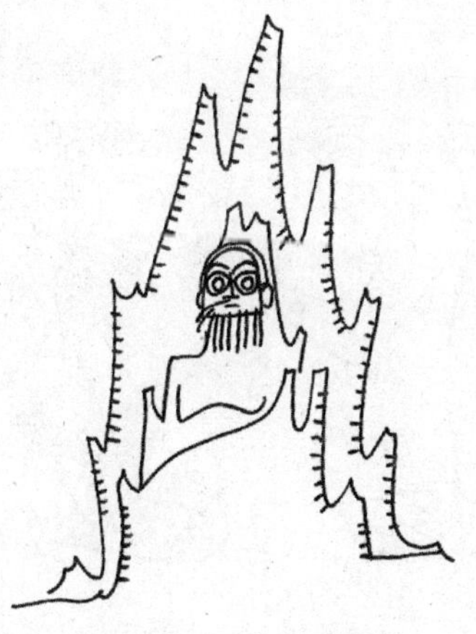

च्यवन, दीमक की नीड से ढके

लिए विवश हो गई, उनके बुढ़ापे में उनकी देखभाल कर पाने के लिए। वह अत्यंत कर्तव्यनिष्ठ पत्नी थी। उसकी भक्ति से प्रसन्न होकर, देवताओं ने च्यवन को युवा बना दिया और उन्हें आयुर्वेद का रहस्य बताया, जो लोगों को युवा रहने में सक्षम बनाता है।

च्यवन के प्रपौत्र, रुचिका नामक ऋषि ने भी सत्यवती नामक राजकुमारी से विवाह करना चाहा। लेकिन, सत्यवती के पिता, गधी अपनी बेटी का विवाह वन में रहने वाले संन्यासी से करने के लिए अनिच्छुक थे। गधी रुचिका को मना करने में अक्षम थे और इसलिए उन्होंने बदले में रुचिका से एक ऐसी जादुई औषधि मांगी, जो उन्हें एक पुत्र को जन्म देने में सक्षम बना देती जो आगे जाकर एक महान योद्धा बन जाता। रुचिका ने अनुष्ठान करके जादुई औषधि बनाई और उसे अपने ससुर को दे दी। लेकिन गधी और उनकी पत्नी को संदेह था कि कोई ऋषि ऐसी जादुई औषधि बना सकता है। इस बीच, रुचिका ने एक और जादुई औषधि बनाई, जिसे पीने वाला व्यक्ति एक और पुत्र को जन्म देने में सक्षम बनता, लेकिन जो सौम्य होता और बड़ा होकर योद्धा नहीं बल्कि एक महान संत बन जाता। उन्होंने अपनी पत्नी सत्यवती को दूसरी औषधि दी। लेकिन सत्यवती ने अपनी औषधि का मटका अपनी माँ को दिया और उनसे उनका मटका लिया, क्योंकि उसकी माँ का विश्वास था कि रुचिका अपनी सास के बजाय अपनी पत्नी को और शक्तिशाली जादुई औषधि देंगे। इसलिए, सत्यवती और उसकी माँ गर्भवती हो गईं, लेकिन चूँकि औषधियों की

रुचिका और सत्यवती

अदला बदली हुई थी, सत्यवती के पुत्र ने अंततः योद्धा बनना चाहा, इसके बावजूद कि उसने ऋषियों के परिवार में जन्म लिया था, जबकि सत्यवती की माँ के पुत्र ने अंततः संत बनना चाहा, इसके बावजूद कि उसने राजाओं के परिवार में जन्म लिया था।

इस प्रकार गधी कौशिक के पिता बने। कौशिक एक राजा थे जो अपना राज्य त्यागकर ऋषि विश्वामित्र बन गए। उधर सत्यवती जमदग्नि की माँ बन गई, जो स्वभाव से सौम्य था; जादुई औषधि का प्रभाव अगली पीढ़ी में दिखाई दिया। राजकुमारी रेणुका और जमदग्नि के पुत्र परशुराम को ऋषि के रूप में बड़ा किया गया। इसके बावजूद उन्होंने अपनी कुल्हाड़ी से पृथ्वी के अधर्मी राजाओं का वध किया।

इस कहानी से हमें ऋषियों से जुड़ी जादुई शक्तियों का पता लगता है। उनमें निःसंतान महिलाओं को संतान देने की क्षमता थी, और वे संतानों के व्यक्तित्व भी तय कर सकते थे।

यह आसन खड़े रहकर किया जाता है और इसमें शरीर को आगे की ओर झुकाया जाता है। चूँकि इसमें एक पैर पर खड़े होकर शरीर को संतुलित करना पड़ता है इसलिए 'पैर को सिर के पीछे ले जाने' की मुद्राओं

से यह आसन और भी चुनौतीपूर्ण है। इस आसन को साधारणतः बैठकर शुरू किया जाता है। मुड़े हुए पैर को सिर के पीछे ले जाया जाता है और फिर साधक खड़े होकर शरीर को आगे की ओर झुकाता है पर केवल आधा ही। संतुलन स्थिर हो जाने पर, साँस छोड़ते हुए धड़ को खड़े पैर के ऊपर संपूर्ण रूप से झुकाया जाता है। इस आसन में शरीर के गुरुत्वाकर्षण के केंद्र का स्थान 'खड़े होकर आगे की ओर झुकने' के अन्य आसनों से अलग है। यह बल इस आसन से मिलने वाला सूक्ष्म लाभ है। गुरुत्वाकर्षण के केंद्र का स्थान बदलने के कारण पैरों की संतुलन की मांसपेशियाँ और मज़बूत बन जाती हैं और अंततः शरीर के खड़े होने की स्थिति में साधक के खुद पर नियंत्रण और संतुलन, दोनों में सुधार आता है।

25

विश्वामित्र-आसन

विश्वामित्र की मुद्रा

ऋषि बनने के पहले विश्वामित्र कौशिक नामक राजा थे, जो जान गए थे कि ऋषियों की मनोगत और रहस्यमय शक्तियाँ उनके जैसे राजाओं के हथियारों, राज्य और सैन्य से कहीं अधिक शक्तिशाली थीं। इसलिए उन्होंने ऋषि बनने का निर्णय लिया और विभिन्न योगाभ्यास करने लगे। लेकिन, योग करने के लिए पूर्ण संवेदी नियंत्रण और चंचल मन पर विजय की आवश्यकता होती है। देवता नहीं चाहते थे कि कौशिक अपने प्रयास में सफल हो जाए और इसलिए उन्होंने मेनका नामक अप्सरा को उन्हें लुभाने के हेतु से उनके पास भेजा। मेनका बहुत आसानी से सफल हुई। कौशिक ने ऋषि बनने का दृढ़ निश्चय किया था और

विश्वामित्र और मेनका

इसलिए अपनी विफलता से वे निराश हुए। वे अपना योगाभ्यास करते रहे। इंद्र उन्हें विचलित करने के लिए अप्सराएँ भेजते रहें। लेकिन मेनका के साथ असफलता के बाद, कौशिक ने इतना नियंत्रण विकसित कर लिया था कि वे सभी अप्सराओं के प्रति उदासीन रह सकें। आखिरकार, वे इतने शक्तिशाली बन गए कि उन्हें विश्वामित्र कहा जाने लगा।

विश्वामित्र और वशिष्ठ की प्रतिद्वंद्विता प्रसिद्ध है। विश्वामित्र ने वशिष्ठ की संतानों का वध करने की कोशिश की, लेकिन वशिष्ठ न ही कभी उनपर क्रोधित हुए और न कभी प्रतिशोध लेना चाहा। इस प्रकार वशिष्ठ ने अपनी बुद्धिमत्ता प्रदर्शित की, जो एक सच्चे योगी की विशेषता होती है। विश्वामित्र समझ गए कि एक सच्चा योगी शक्तिशाली नहीं बल्कि बुद्धिमान होता है।

विश्वामित्र राजाओं को कठिन चुनौतियाँ देकर उनकी प्रामाणिकता को परखने के लिए जाने जाते हैं। राजा हरिश्चंद्र ने एक बार विश्वामित्र के यज्ञ में विघ्न डाला। प्रायश्चित करने के हेतु से उन्होंने विश्वामित्र को अपना राज्य प्रदान किया। विश्वामित्र ने राजा की क्षमा स्वीकार कर ली और हरिश्चंद्र को राज्य छोड़ने के लिए कहा। लेकिन जब राजा अपना राज्य छोड़कर जा रहे थे तब विश्वामित्र ने कहा, 'विश्व यह सोचेगा कि आपने मुझे प्रायश्चित के रूप में नहीं बल्कि दान या भिक्षा के रूप में राज्य दिया है। आपके अपराध का प्रायश्चित करने में आपकी मदद करने के लिए आपको मुझे शुल्क देना होगा। इस तरह मैं आपके ऋण में नहीं रहूँगा और

सेवा शुल्क माँगते हुए हरिश्चंद्र

आप मेरे ऋण में नहीं रहोगे।' किसी का पुण्य करने के लिए दी गई वस्तु या मुद्रा को दान कहते हैं, दीन व्यक्ति को दी गई वस्तु या मुद्रा को भिक्षा कहते हैं और सेवा शुल्क को दक्षिणा कहा जाता है। विश्वामित्र को अपना राज्य देने के बाद हरिश्चंद्र के पास अब कुछ भी नहीं था। इसलिए सेवा शुल्क भरने के लिए, उन्हें अपनी पत्नी, पुत्र और स्वयं को दास के रूप में बाज़ार में बेचना पड़ा। वे, जो पहले कभी राजा हुआ करते थे, अब एक श्मशान के रखवाले के नौकर के रूप में काम कर रहे थे। और उनकी पत्नी, जो पहले रानी हुआ करती थी, रसोई में नौकरानी बन गईं थीं। उनका बेटा, जो पहले राजकुमार हुआ करता था, अब अपनी माँ की मदद करता था। कुछ समय बाद, एक सांप के दंश से उसकी मृत्यु हो गई। जब उसके शव को श्मशान में लाया गया, तो हरिश्चंद्र ने अपनी पत्नी को पहचान लिया। लेकिन उन्होंने अपने मालिक की आज्ञा का पालन करते हुए अपनी पत्नी से श्मशान के लिए सेवा शुल्क भरने की मांग की; उन्होंने अपनी पत्नी के साथ भी कोई विशेष व्यवहार नहीं किया। उनकी पत्नी के पास शरीर पर पहने हुए कपड़ों के अलावा और कुछ भी नहीं था। उसने वो कपड़े प्रस्तुत किए और उसके पति ने उन्हें स्वीकार भी कर लिया। जब वह अपने कपड़े उतारने लगी, देवता स्वर्ग से नीचे आए और हरिश्चंद्र की सत्यनिष्ठा की प्रशंसा की। चूँकि उन्होंने विश्वामित्र की परीक्षा उत्तीर्ण की थी, उन्हें स्वर्ग का राजा, इंद्र, घोषित किया गया।

संस्कृत में, 'विश्व' का अर्थ तो आप जानते ही हैं, लेकिन बहुधा इसका भव्य अर्थ लिया जाता है। इसलिए इसे 'संपूर्ण विश्व' कहना और उचित होगा। 'मित्र' का अर्थ भी आप जानते हैं और इससे पहले का लंबा स्वर एक 'विशेष मित्र' की ओर संकेत करता है। इस प्रकार, इस ऋषि के नाम का और उचित अर्थ 'संपूर्ण विश्व के विशेष मित्र' है। यहाँ दिखाए गए इस आसन के प्रकार में हाथ और पैर को जोड़ा जाता है। इसके और एक प्रकार में ऊपर की भुजा सीधे ऊपर की ओर तानी जाती है और ताने हुए पैर को बिना किसी रोक के फैलाया जाता है।

26

गालव-आसन

गालव की मुद्रा

जब कौशिक ने अपना राज्य त्यागकर ऋषि बनने का निर्णय लिया, तब उन्होंने अपनी संतानों को अपनी रानी की देख-रेख में छोड़ दिया, इस आशा में कि वे कुछ महीनों में लौट आएँगे। लेकिन ऋषि बनना इतना आसान नहीं होता और महीने वर्षों में बदलने पर भी कौशिक नहीं लौटे। उनकी अनुपस्थिति में उनके राज्य में एक कड़ा अकाल पड़ा। उनकी प्रजा इतनी पीड़ित थी कि स्वयं कौशिक की पत्नी भी अपनी संतानों को भोजन नहीं दे पाई। इसलिए उसने अपनी एक संतान को बेचने का निर्णय लिया। अपने पुत्र गालव के गले में रस्सी बांधकर वह उसे बाज़ार ले जाने के लिए निकल पड़ी। लेकिन रास्ते में सत्यव्रत नामक राजकुमार ने उन्हें रोक लिया, और उसने कौशिक

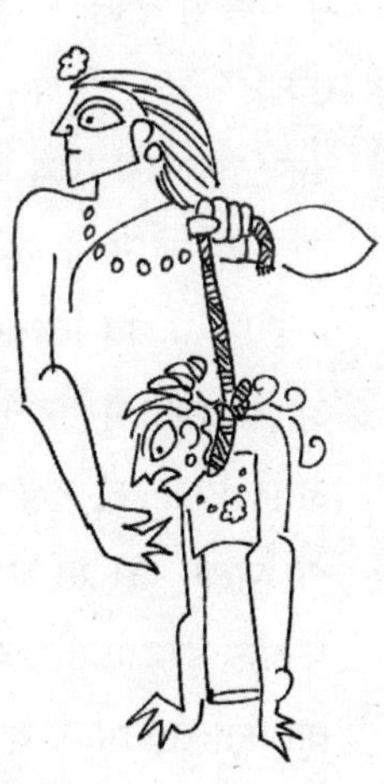

बिक्री के लिए प्रदर्शित गालव

त्रिशंकु

की अनुपस्थिति में उन्हें भोजन खिलाने का प्रस्ताव किया।

जब कौशिक महान योगी विश्वामित्र के रूप में लौटे, तो वे सत्यव्रत की उदारता के लिए इतने आभारी थे कि उन्होंने सत्यव्रत को एक वरदान दिया। सत्यव्रत ने कहा कि उन्हें शाप दिया गया था कि चूँकि उन्होंने अपने जीवन में बहुत दुर्गुण अर्जित किए थे वे इंद्र के स्वर्ग में प्रवेश नहीं कर पाएंगे। विश्वामित्र ने अपनी यौगिक शक्तियों से सत्यव्रत की मदद करने का वचन दिया। उन्होंने जादुई मंत्र कहकर राजकुमार को स्वर्ग में प्रवेश करने के लिए सक्षम बनाया। लेकिन, सत्यव्रत ने स्वर्ग में प्रवेश करने के लिए पर्याप्त सगुण अर्जित नहीं किए थे। इसलिए इंद्र उनके स्वर्ग में आने से बहुत परेशान थे और उन्होंने सत्यव्रत को वापस पृथ्वी की ओर ढकेल दिया। परिणामस्वरूप, सत्यव्रत दोनों विश्वों के बीच फंस गया। वह आज तक इस मध्य क्षेत्र में लटका हुआ है, और त्रिशंकु के रूप में जाना जाता है, जो न तो यहाँ है और न ही वहाँ है।

इधर, गालव विश्वामित्र के मुख्य छात्र और एक महान ऋषि बन गए। अपनी शिक्षा पूरी होने पर विश्वामित्र के अन्य छात्रों की तरह गालव ने भी अपने पिता को गुरु दक्षिणा देनी चाही। गालव केवल छात्र के क्रमाचार का पालन कर रहे थे। लेकिन विश्वामित्र को लगा कि उनका बेटा उनका मज़ाक उड़ा रहा है, क्योंकि उन्होंने गालव के प्रति पिता से अधिक शिक्षक का कर्तव्य निभाया था। विश्वामित्र ने कहा, 'मेरे लिए एक हज़ार श्वेत घोड़े ले आओ, जिनमें से प्रत्येक का एक काला कान होगा।' गालव ने राजा

ययाति के पास जाकर उनसे घोड़े मांगे। ययाति ने कहा, 'ये घोड़े दुर्लभ हैं, मेरे पास केवल दो सौ ऐसे घोड़े हैं। लेकिन मेरी बेटी माधवी चार ऐसे पुत्रों को जन्म देगी, जिनके भाग्य में राजा होना लिखा है, और निश्चित ही मेरे प्रत्येक पोते को एक नि:संतान राजा दो सौ घोड़ों के बराबर समझेगा।' इस प्रकार गालव ने माधवी की कोख तीन राजाओं को उधार दी और उनसे कुल मिलाकर छह सौ घोड़े प्राप्त किए जिनका एक कान काला था। अब गालव के पास कुल आठ सौ ऐसे घोड़े थे। किसी अन्य राजा के पास ऐसे घोड़े नहीं थे। इसलिए गालव ने माधवी का अंतिम पुत्र विश्वामित्र को प्रस्तुत किया और उस पुत्र को दो सौ घोड़ों के बराबर समझा। उन्होंने विश्वामित्र से कहा, 'यह पुत्र उस राज्य का राजा बन सकता है जिसे आपने ऋषि बनने के लिए त्याग दिया था।' विश्वामित्र ने आठ सौ घोड़ों और माधवी को स्वीकार कर लिया। वे शिक्षक और पिता के रूप में प्रसन्न थे कि गालव ने असंभव को संभव कर दिखाया था। माधवी चार अलग-अलग पुरुषों द्वारा चार राजाओं की माँ बनी थी। वह अपने पिता, ययाति के पास लौटी। ययाति ने उसका विवाह करवाना चाहा। लेकिन, माधवी ने वन में एक तपस्विन बनना चुना। संभवत: वह एक ऐसे विश्व से घृणा करने लगी थी जो एक महिला के हृदय या मन के बजाय उसके गर्भ को अधिक मूल्यवान मानाता था।

विश्वामित्र की इन कहानियों से पता चलता है कि इस काल में वैदिक समाज को बहुत बड़े संकट से गुजरना पड़ा – गाता-पिता अपनी संतानों को भोजन और पुण्य के लिए बेच रहे थे, ऋषि और राजा समाज पर हावी होने के लिए एक-दूसरे से प्रतिस्पर्धा कर रहे थे और राजाओं के पुत्र ऋषि बन जाते और ऋषियों के पुत्र योद्धा बन जाते थे। इतिहासकारों का मानना है कि इस काल में उपनिषद लिखे गए और लगभग इसी समय गंगा के मैदानों से बौद्ध और जैन मठवासी परंपराएँ उभरीं और भारत के पूर्वी, दक्षिणी और पश्चिमी भागों में फैलीं।

यह आसन ऋषि गालव को समर्पित है। संस्कृत में, 'गल' का अर्थ है 'रस्सी' या 'धागा', और यह उस रस्सी को संदर्भित करता है जिसे पकड़कर उनकी माँ उन्हें बेचने के लिए नगर ले आई। इस आसन में कई प्रकार हैं। यहाँ दिखाया गया एकपद प्रकार एक पैर पर किया जाता है। इस आसन के 'संपूर्ण' प्रकार में दोनों पैरों को कमल की मुद्रा में मोड़ा जाता है और फिर उन्हें दोनों हाथों में से एक के पीछे ले जाया जाता है, जिनपर शरीर संतुलित है। आसन अभ्यास के कुछ पश्चिमी रूपांतरों में, गालव-आसन को कभी-कभार 'फ़्लाइंग पिजन' मुद्रा कहा जाता है, संभवतः इसलिए कि इसमें और एकपद राज कपोत-आसन (वन लेग रॉयल पिजन पोज़) में पैरों का अभिविन्यास एक समान है। लेकिन उसे यह नाम देना ग़लत है। जब किसी आसन का नाम बदल दिया जाता है, या तो सरलता के लिए या अपेक्षित शोध करने की अनिच्छा के कारण, तो इस परंपरा की समृद्धि और गहराई घट जाती है, और अंततः दुखद रूप से उसका पौराणिक महत्त्व भी खो जाता है।

27

अष्टवक्र-आसन

अष्टावक्र की मुद्रा

प्राचीन हिंदू दर्शनशास्त्र मौखिक रूप से प्रसारित वेद नामक धर्मग्रंथों में पाया जाता है। इन मंत्रों को धुन देकर यज्ञ के अनुष्ठान में गाया जाता था। लेकिन, समय के साथ, लोग इस अनुष्ठान के उद्देश्य को भूल गए। क्या इसका उद्देश्य देवताओं का आह्वान करना था और उनसे संतान और प्रजनन क्षमता जैसे वरदान और उपहार प्राप्त करना था, या क्या इन गीतों और संस्कारों में जीवन के स्वरूप के बारे में दिव्य ज्ञान अंतर्निहित था?

वेदों के सच्चे स्वरूप और उससे भी महत्त्वपूर्ण बात, विश्व के सच्चे स्वरूप पर चर्चा करने और उसके निष्कर्ष पर पहुंचने हेतु से मिथिला के राजा जनक ने विशाल सम्मेलन में विश्वभर के ऋषियों को आमंत्रित किया। विश्व के सारे कोणों से ऋषि मिथिला आए। जनक की राजसभा में एकत्रित ऋषियों ने उपनिषद रचें, जिनमें विश्व को समझने के हिंदू दृष्टिकोण को समझाने का प्रयत्न किया गया है। ऋषियों के इस जमाव ने अंततः प्रसिद्ध कुंभ-मेले को प्रेरित किया, जहाँ बुद्धिमान लोग ज्ञान के प्रतीक, अमृत के

कलशों का आदान-प्रदान करते हैं।

जनक की सभा में कहोद नामक ऋषि ने भी भाग लिया। सम्मेलन में जाने से पहले, कहोद अपनी पत्नी, सुजाता के साथ विश्व और वेदों के स्वरूप पर चर्चा कर रहे थे। सुजाता गर्भवती थी। उसके गर्भ में बढ़ते भ्रूण ने अपने पिता के तर्कों में ग़लतियाँ बताईं। उसने ऐसा आठ बार किया। पहले सात बार, कहोद ने उसकी उपेक्षा की। लेकिन आठवीं बार, वे बहुत क्रोधित हुए और उन्होंने अजन्मे भ्रूण को शाप दिया कि चूँकि उसने उन्हें आठ बार रोका था, इसलिए वह शरीर में आठ मोड़ों के साथ जन्म लेगा। और यही हुआ। उसे अष्टावक्र नाम दिया गया और वह बड़ा बुद्धिमान युवा बना। जब उसने अपने पिता के बारे में पूछताछ की तब उसे बताया गया कि वे विश्व के सच्चे स्वरूप पर चर्चा करने के लिए राजा जनक की राजसभा में गए हैं। लेकिन कहोद शास्त्रार्थ में हार गए थे। वे अपनी सारी प्रतिष्ठा खो चुके थे और उनकी मृत्यु तय हो चुकी थी। अपने पिता के सम्मान को फिर से लौटाने के लिए, अष्टावक्र जनक की राजसभा में गया और उसने उस व्यक्ति को शास्त्रार्थ में चुनौती दी जिसने कहोद को हराया था। इसके बाद हुए शास्त्रार्थ में, अष्टावक्र ने बड़ी सहजता से वेदों और पुराणों के अपने अति सूक्ष्म ज्ञान का प्रदर्शन किया। राजा जनक के साथ सभी ऋषियों ने उसे प्रणाम किया। उसे दिए वरदान से उसने सुनिश्चहित किया कि उसके पिता का सम्मान फिर से लौटाया जाए और उन्हें घर लौटने की अनुमति दी जाए। इस प्रकार, कहोद को, जिन्होंने अपने बेटे द्वारा सुधारे जाने पर उससे सीखने के बजाय उसे दंड दिया था, अपनी भूल और अहंकार का एहसास हुआ। अष्टावक्र ने अपने पिता को समझाया कि आयु में बड़ा होना इस बात का संकेत नहीं कि आप बुद्धिमान भी होंगे।

अष्टावक्र का उल्लेख रामायण और महाभारत के साथ-साथ पुराणों में भी मिलता है। रामायण में, वे वन में रहने वाले ऋषियों में से एक हैं। यह ध्यान

में रखें कि प्राचीन भारत में, कई बुद्धिमान व्यक्ति नगर में रहकर राजाओं की सेवा करने के बजाय गाँव या वन के किनारे पर रहकर विश्व को और अच्छे से समझना पसंद करते थे। हम उन्हें प्राचीन काल के दर्शनशास्त्री कह सकते हैं, जो पौधों और प्राणियों का स्वरूप समझने में रुचि रखते थे। उन्होंने आयुर्वेद, तंत्र, योग, भाषा-विज्ञान और प्रतीकों के विज्ञान जैसे ज्ञान की कई प्रणालियों पर चिंतन किया और उन्हें संगठित किया। अष्टावक्र स्पष्टतया उनमें से एक थे। वे आत्मा की समझ के लिए सबसे प्रसिद्ध हैं, जो हमारे शरीर के भीतर और हमारे आस-पास स्थित होती है। जबकि ब्रह्मा द्वारा दिया गया मानव शरीर भूख और मृत्यु के भय से पीड़ित होता है, आत्मा इन दोनों का अनुभव नहीं करती। इसलिए, आत्मा शांति का स्रोत बन जाती है।

सुजाता की कोख में अष्टावक्र

बौद्ध और हिंदू धर्मों में शांति की इस धारणा को लेकर अलग विचार हैं। यही इन धर्मों में मूल अंतर है। हिंदू योगियों का मानना है कि मानवता का सबसे गहरा सार आत्मा है, जो असीम और शांत है, जबकि बौद्ध योगियों का मानना है कि यह सार शून्यता है और वह शांति प्रदान करती है। वे शरीर में निवास करने वाली आत्मा में विश्वास नहीं रखते। जैन धर्म सभी जीवों में स्थित जीव-आत्मा की धारणा को स्वीकार करता है, लेकिन वह ब्रह्मांडीय परम-आत्मा की धारणा को अस्वीकार करता है।

अष्ट, 'आठ' के लिए संस्कृत शब्द है, और 'वक्र' का शाब्दिक अर्थ है 'जो सीधा नहीं है' या 'जो टेढ़ा है'। इस प्रकार, इस आसन का नाम ऋषि के अंगों की आठ विकृतियों की ओर सीधा संकेत करता है। हालाँकि यह आसन जटिल दिखता है, वास्तव में भुजाओं पर संतुलन करने के आसानों में से यह बड़ा सरल आसन है। यह इसलिए कि यह लगभग पूरी तरह से हड्डी से मिले आधार पर निर्भर है। ऊपर के पैर को ऊपरी भुजा की हड्डी से आधार मिलता है, नीचे के पैर को ऊपर के पैर में फँसाकर उसे आधार दिया जाता है और संपूर्ण शरीर के वज़न को ऊर्ध्वाधर रखी गई निचली भुजा की हड्डियों का आधार दिया जाता है।

28

कौंडिन्य-आसन

कौंडिन्य की मुद्रा

भारत में कौंडिन्य ऋषि हुआ करते थे। उन्होंने समुद्र के पार, उस काल में सुवर्णभूमि के नाम से जाने जाने वाले क्षेत्र तक यात्रा की। वहाँ उनकी भेंट एक नागा राजकुमारी से हुई जो वहाँ के लोगों की शासक थी। दोनों ने विवाह किया। उनके वंशज कंबोज राज्य के ख्मेर राजा बने। यह राज्य बाद में कंबोडिया के नाम से जाना जाने लगा।

समुद्र के पार, भारत से, अपने साथ विचार लेकर आने वाले ऋषियों की कहानियाँ दक्षिण पूर्व एशिया में व्यापक हैं। ये ऋषि संभवत: समुद्री व्यापारियों के साथ आए होंगे, जो व्यापार के लिए मानसूनी हवाओं का लाभ उठाकर अपनी यात्रा करते थे। भारत वस्त्रों के साथ-साथ अपनी कहानियों के लिए भी प्रसिद्ध था। चमड़े की कठपुतलियों का आविष्कार इन समुद्री यात्राओं के समय ही किया गया। रात के समय आग की रोशनी के साथ जहाज़ की पालों पर इन कठपुतलियों से छाया निर्माण की जाती थी और रामायण, महाभारत और जातकों की कथाओं के साथ नाविकों

का मनोरंजन किया जाता था। इस प्रकार भारत और दक्षिण पूर्व एशिया के तटवर्ती क्षेत्रों में विष्णु के महान अवतारों, विशेषतः राम, की कहानियाँ और बुद्ध के पिछले जन्मों की कहानियाँ चमड़े की कठपुतलियों के उपयोग से बताई जाती हैं। इन व्यापार मार्गों पर भारतीय भाषाएँ और लिपियाँ भी फैलीं। वास्तव में, 300 ईसवी से लेकर 1300 ईसवी तक वियतनाम जैसे दूर के क्षेत्रों में संस्कृत राज भाषा थी। और इस्लाम के आगमन तक, दक्षिण पूर्व एशिया के अधिकांश लोग बुद्ध, शिव, विष्णु और राम के साथ स्थानीय देवताओं को पूजते थे।

हिंदू पुराणशास्त्र में, कौंडिन्य की बहुत महत्त्वपूर्ण भूमिका नहीं है। वे केवल अगस्त्य के साथ दक्षिण भारत जाने वाले ऋषियों में से एक हैं, जिन्होंने फिर दक्षिण पूर्व एशिया जाकर वैदिक संस्कृति का प्रसार किया। लेकिन बौद्ध पुराणशास्त्र में कौंडिन्य बहुत बड़ी भूमिका निभाते हैं।

जब सिद्धार्थ गौतम का शाक्य वंश में जन्म हुआ, तो कई ऋषियों ने भविष्यवाणी की कि वे या तो ऋषि बनकर, विश्व को त्यागकर बुद्धिमान बनेंगे या एक महान राजा बनकर विश्व पर राज्य करेंगे। कौंडिन्य एकमात्र ऋषि थे जिन्होंने निश्चित रूप से कहा कि सिद्धार्थ राजा नहीं बल्कि संन्यासी बनेंगे। उन्होंने सिद्धार्थ का अनुयायी बनने की प्रतिज्ञा ली। कई वर्षों बाद, जब सिद्धार्थ गौतम अपना राज्य त्यागकर, वन जाकर संन्यासी बने, तब कौंडिन्य ऋषि अपने छात्रों के साथ उनके अनुयायी बने। बौद्ध साहित्य के अनुसार बुद्ध जैसे कौंडिन्य ने भी पूर्व जन्म लिए थे, और इन जन्मों में

कौंडिन्य

दोनों एक-दूसरे से मिले भी थे। एक कहानी में, होनेवाले बुद्ध एक बाघ थे और कौंडिन्य एक बाघिन। उस बाघ ने अपना जीवन उस बाघिन को देने का प्रस्ताव दिया, जिससे वो भूखी बाघिन अपने ही बच्चों को न खा जाए।

जैन पुराणशास्त्र में, विश्व को त्यागने से पहले, जैन धर्म के चौबीसवें तीर्थंकर, वर्धमान महावीर, यशोधरा से विवाहित थे। यशोधरा के कुल के सदस्य अपने आप को कौंडिन्य ऋषि के वंशज मानते थे। शाक्य वंश के राजकुमार, सिद्धार्थ गौतम ने भी यशोधरा नामक एक राजकुमारी से विवाह किया था और अंततः निर्वाण पाकर वे बुद्ध बन गए थे। भारतीय मूल के कई पुराणशास्त्रों में विभिन्न लोगों के एक जैसे नाम होने से यह स्पष्ट है कि इन कहानियों की जड़ें एक हैं: या तो वे एक ही वन के विभिन्न पेड़ हैं, या एक ही पेड़ की विभिन्न शाखाएँ हैं।

यह आसन शरीर को भुजाओं पर संतुलित करने वाले आसनों में माध्यमिक कठिनाई का आसन है। हालाँकि इस आसन में संतुलन प्राप्त करना सरल है, लेकिन शरीर को इस मुद्रा में ले आना पेचीदा हो सकता है। इस मुद्रा के बहुधा तीन प्रकार होते हैं जिनमें से दो एकपद (एक

पैर का प्रकार) और एक द्विपद (दो पैर का प्रकार) प्रकार शामिल हैं। यहाँ चित्रित प्रकार आसन का दूसरा एक-पैर वाला रूप है। जब आप यह आसन शरीर को भुजाओं पर संतुलित करने और हेडस्टैंड करने से शुरू करते हो तो उसके लिए उदर का अत्यधिक शक्तिशाली होना और शरीर में समन्वयता होना आवश्यक होता है। लेकिन जब आप साइड प्लैंक की स्थिति से इस आसन को शुरू करते हो तो बहुधा शक्तिशाली होने के बजाय और कुशल होना आवश्यक होता है। जैसा कि अधिकांश हाथ पर संतुलन की मुद्राओं में होता है, इस मुद्रा में भी नियंत्रण पाने के लिए उंगलियों को फर्श में ज़ोर से दबाना और ठुड्डी और छाती को ऊपर की ओर उठाए रखना आवश्यक है।

29

कश्यप-आसन

कश्यप की मुद्रा

ब्रह्मा के मन से मरीचि उत्पन्न हुए, जिनके पुत्र कश्यप ने कई महिलाओं से विवाह किया और उनके माध्यम से सभी जीवित प्राणियों के पूर्वज बने। अदिति से विवाह कर उन्होंने आकाश के निवासी, देवों को जन्म दिया। दिति और दानू से विवाह कर उन्होंने पृथ्वी के नीचे रहने वाले असुरों को जन्म दिया। विनता ने पक्षियों, कद्रू ने नागों, सुरभि ने खुरों वाले सभी जानवरों, सुरसा ने पंजे वाले सभी जानवरों, और तिमि ने सभी समुद्री जीवों को जन्म दिया। इस प्रकार, सभी जीवित प्राणी, पक्षी, मछलियाँ, सरीसृप, चरने वाले जानवर, शिकार करने वाले जानवर,

कश्यप, सभी जीवों के जनक

वे प्राणी जो पृथ्वी के ऊपर रहते हैं और वे प्राणी जो पृथ्वी के नीचे रहते हैं सभी उनके पिता, कश्यप, के माध्यम से जुड़े हुए हैं। हम सभी, अंततः, ब्रह्मा के वंशज हैं। इसलिए हिंदू पुराणशास्त्र में वसुधैव कुटुंबकं की धारणा पाई जाती है, जिसके अनुसार संपूर्ण विश्व एक परिवार कहलाता है।

लेकिन इस परिवार की वास्तविकता यह है कि इसके बच्चे अपने अस्तित्व के लिए जरूरी संसाधनों के लिए एक-दूसरे से लड़ते रहते हैं। पक्षी और सांप एक दूसरे के शत्रु हैं; सांप पक्षियों के अंडे खाते हैं और पक्षी सांप खाते हैं। देवों के पास विश्व की संपूर्ण संपत्ति है, और असुर उस संपत्ति को चाहते हैं। देवता अपने आप को अपनी संपत्ति के हकदार समझते हैं और उसे बाँटने से इंकार करते हैं, जिस कारण असुरों की अपने सौतेले भाइयों के प्रति ईर्ष्या और भी बढ़ती है। इससे दोनों एक दूसरे से लड़ते हैं। रोचक बात यह है कि देवों और असुरों के बीच का संघर्ष दिन और रात और गर्मी और सर्दी निर्माण करता है तथा चंद्र की कलाएँ भी निर्माण करता है।

अतीत के कश्यप बुद्ध — *वर्तमान के गौतम बुद्ध* — *भविष्य के मैत्रेय बुद्ध*

कश्यप को एक कछुए के रूप में संभवत: इसलिए कल्पित किया जाता है कि लगातार झगड़ा करने वाले जीवों के पिता होने के कारण उन्हें कछुए का धैर्य और स्वयं को नियंत्रित करने की शक्ति की आवश्यकता होती है।

जबकि कई बौद्ध धर्मियों का मानना है कि केवल एक ऐतिहासिक बुद्ध हुए हैं, कई बौद्ध परंपराएँ मानती हैं कि विश्व में कई बुद्ध हुए हैं और आगे भी होंगे। जबकि सिद्धार्थ गौतम वर्तमान समय के बुद्ध हैं, मैत्रेय भविष्य के बुद्ध होंगे, और कश्यप अतीत के बुद्ध थे। सभी ने निर्वाण प्राप्त कर विश्व को दुःख से छुटकारा पाना सिखाया। यह विचार कि ज्ञान शाश्वत है और समय-समय पर उसे फिर से खोजकर प्रसारित किया जाता है, बौद्ध, जैन और हिंदू धर्मियों में पाया जाता है। इसलिए, अनंत काल, असीमता और पुनर्जन्म पर आधारित ये तीन धर्म, स्वयं को सनातन धर्म कहते हैं।

इस आसन में खड़ी स्थिति में, शरीर को उसी समय भुजा पर संतुलित भी करना पड़ता है। इसलिए यह आसन शरीर के लचीलेपन और संतुलन के लिए एक अनूठा चुनौतीपूर्ण आसन है। आसन के प्रारंभ में साइड प्लैंक की स्थिति से, ऊपरी पैर को पद्म-आसन में मोड़ा जाता है। फिर ऊपरी भुजा को पीठ के पीछे से ले जाकर बड़े

पैर के अंगूठे को पकड़ा जाता है। जैसे-जैसे आप इस मुद्रा में अधिक स्थिर होते जाते हों, आप अपनी ताक को आकाश की ओर उठा सकते हों। इससे छाती को खुलने में मदद मिलती है और आपके संतुलन को भी और कड़ी चुनौती मिलती है। साइड प्लैंक की स्थिति में शरीर को संतुलित करने वाले ऐसे आसनों में उदर की मांसलता को तीव्रता से तानना पड़ता है और साथ ही धड़ के मध्य भाग को सममितीय रूप से उठाना पड़ता है। यह उत्थान करने के लिए शरीर के तिरछे हिस्से को सूक्ष्मता से तानना पड़ता है, जो नीचे स्थित पैर और हाथ को एक साथ खींचकर किया जाता है।

30

वज्र-आसन

वज्र की मुद्रा

प्राचीन काल में वृत्र नामक एक अपराजेय असुर रहा करता था। इसलिए, उसे पराजित करने के लिए देवताओं ने ब्रह्मा से मदद मांगी। ब्रह्मा ने कहा कि केवल किसी संपूर्ण रूप से तटस्थ व्यक्ति द्वारा बनाया गया हथियार वृत्र का वध कर सकता है। देवता सोच में पड़ गए। ब्रह्मा ने उन्हें सभी ऋषियों से मिलकर स्वेच्छा से अपने शरीर को त्यागने के लिए तैयार किसी ऋषि को ढूँढने का सुझाव दिया। इस ऋषि की हड्डियाँ कई वर्षों से किए ध्यान और तपस्या से मज़बूत होती और उनसे बनाया हथियार सबसे घातक होता।

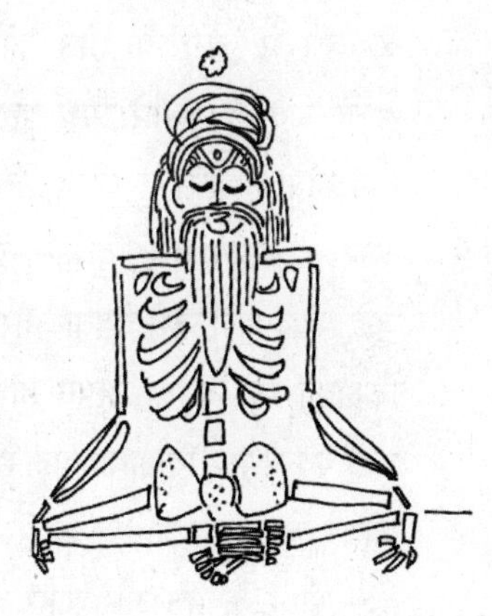

दधीचि

विश्वभर घूमकर अंत में देवता दधीचि

इंद्र

नामक ऋषि से मिलें। दधीचि ने स्वेच्छा से अपने शरीर को देवताओं के राजा इंद्र को अर्पित कर दिया। उन्होंने देवताओं को उनके शरीर को नमक से लेपने के लिए कहा। ऐसा करने पर किसी गाय ने आकर उनके शरीर का नमक चाटा, जिससे शरीर का मांस हड्डियों से अलग हो गया। फिर देवताओं ने शरीर के अवशेषों से हड्डियों और विशेषतः मेरुदंड को बाहर निकाला और उन्हें वज्र नामक हथियार में ढाला। यह वज्र इंद्र का हथियार है, जिससे उन्होंने वृत्र का वध किया। कहा जाता है कि यह वह बिजली भी है जो मानसूनी बादलों से टकराकर वर्षा लाती है।

तांत्रिक बौद्ध धर्म को वज्रयान बौद्ध धर्म अर्थात बिजली के मार्ग का बौद्ध धर्म कहा जाता है। यह तिब्बत और भूटान के हिमालयी क्षेत्रों में प्रचलित है। इस बौद्ध धर्म में अनुष्ठान महत्त्वपूर्ण भूमिका निभाते हैं। यहाँ अपने बुद्धत्व के बारे में जागरूक होने को एक 'दुर्घटना' माना जाता है। हमारे साथ यह 'दुर्घटना' ठीक वैसे होती है जैसे पृथ्वी पर बिजली गिरती है। और अनुष्ठान हमें 'दुर्घटना-ग्रस्त' बनाते हैं। बुद्ध, वज्रपाणि जैसे देवता और पद्मसंभव जैसे शिक्षकों को बहुधा अपने हाथों में वज्र और घंटी पकड़े हुए दिखाया जाता है। वज्र और घंटी जीवन के पुरुष और स्त्री सिद्धांतों के प्रतीक हैं – भीतर के मन और बाहर के शरीर, करुणा और बुद्धिमत्ता के प्रतीक हैं।

वज्र तारा

आठवीं सदी से, महायान और तांत्रिक बौद्ध धर्मों ने बुद्धिमत्ता की देवी तारा के लिए जगह बनाई है। तारा बुद्ध की करुणा को पूर्ण करती हैं। वज्र-तारा सहित उनके कई रूप हैं। वज्र-तारा को वज्र और घंटी के साथ-साथ छुरी और खोपड़ी पकड़े हुए कल्पित किया जाता है। कभी-कभार उन्हें वज्र-योगिनी और वज्र-वराही कहा जाता है, जो मानव चेतना की उग्र अभिव्यक्तियाँ हैं।

वज्र इस कल्प के पंद्रहवें जीन, धर्म-नाथ का प्रतीक भी है।

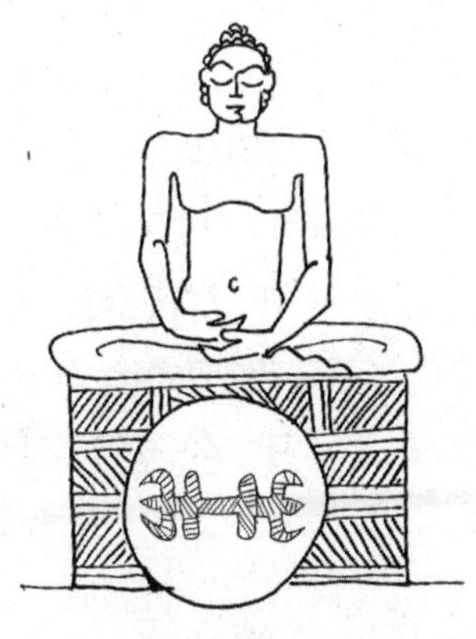

जीन धर्म-नाथ

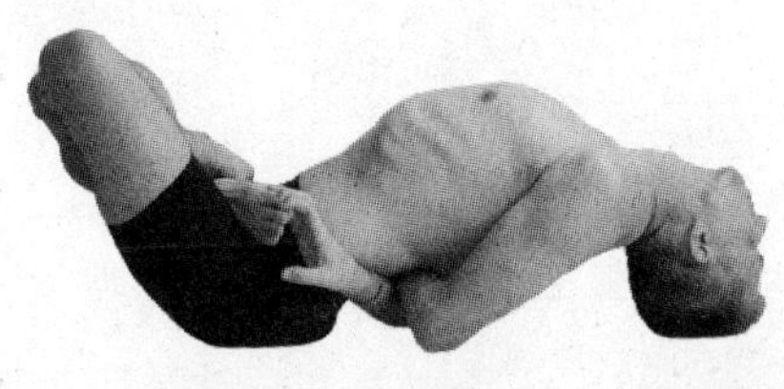

वज्र 'बिजली' के लिए संस्कृत शब्द है। इस आसन का नाम वज्र-आसन संभवतः इसलिए पड़ा कि इस मुद्रा में शरीर को बग़ल से देखने पर वह दांतेदार आकार का दिखता है। वज्र-आसन दूसरे आसनों की तुलना में एक जटिल आसन है। इसमें पैरों को तीव्रता से पद्म-आसन में मोड़ा जाता है और फिर पीठ के पीछे से विरोधी पैरों की उंगलियों को पकड़ा जाता है। उंगलियों को पकड़ने

के बाद, पीठ को धीरे से पीछे की ओर झुकाया जाता है ताकि हाथ और सिर फर्श को छू सकें। कुछ आसन परंपराओं में, इस आसन के लिए बहुधा एक और व्यक्ति की सहायता ली जाती है, जो साधक के पैरों के ऊपर अपने पैर रखता है। इस अतिरिक्त वज़न से शरीर को एक मज़बूत आधार मिलता है जिससे पीठ को पीछे मोड़ना आसान हो जाता है।

शिव

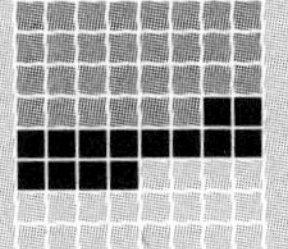

शिव को विनाशक कहा जाता है। लेकिन, 'विनाशक' शब्द का नकारात्मक लक्ष्यार्थ है और इसलिए कई लोग कहते हैं कि शिव केवल 'दुष्ट' शक्तियों के विनाशक हैं। लेकिन इसका तात्पर्य यह बन जाता है कि ब्रह्मा 'दुष्ट' शक्तियों के सृजनकर्ता और विष्णु 'दुष्ट' शक्तियों के संरक्षक हैं। इसलिए यह पूछना आवश्यक है कि शिव किसका विनाश करते हैं जो उन्हें पूजनीय बनाता है, और ब्रह्मा किसका सृजन करते हैं जो उन्हें पूजनीय नहीं बनाता है।

भारतीय पुराणशास्त्रों में दुष्टता की धारणा नहीं पाई जाती। यह धारणा एक जन्म पर आधारित पुराणशास्त्रों में पाई जाती है जो कर्म में विश्वास नहीं करते। कर्म का अर्थ है कि हर घटना का, चाहे वो अच्छी हो या बुरी, एक कारण और परिणाम होता है। अन्न के लिए भूख और मृत्यु का भय जीवन के कारण भी हैं और उसके परिणाम भी हैं; और मिलकर वे कर्म के चक्र को घुमाते हैं। भूख और भय से बचने के लिए मनुष्य नियमों और ज़िम्मेदारियों से शासित संस्कृतियाँ स्थापित करते हैं। जीवन के अर्थ के लिए भूख से और अमान्य होने के भय से मनुष्य धन और शक्ति को इकट्ठा

करता है, समाज में असमानता निर्माण करता है और पदानुक्रम स्थापित करता है, जिसके परिणामस्वरूप संघर्ष होता है।

इंद्र

ये सभी गुण ब्रह्मा की कृतियों, उनकी संतानों, में दिखाई देते हैं। उनके 'सबसे सफल' पोते, देवों के राजा, इंद्र, स्वर्ग में रहते हैं। उनके पास इच्छापूर्ति पेड़, गाय और मणि से लेकर अमरत्व प्रदान करने वाला अमृत भी है। लेकिन समृद्ध होने के बावजूद इंद्र शांत नहीं हैं। वे ब्रह्मा के दूसरे पोतों और अपने सौतेले भाइयों, असुरों, से लगातार लड़ते रहते हैं। यह इसलिए कि असुरों को लगता है कि देवों ने उन्हें धोखा देकर धन का उनका हिस्सा उनसे अन्यायपूर्ण ढंग से छीन लिया है। इस प्रकार, चूँकि ब्रह्मा भूख और भय को बढ़ावा देते हैं, वे संस्कृति के साथ-साथ संघर्ष के निर्माता भी कहलाते हैं। और इसलिए वे पूजनीय नहीं हैं।

शिव इच्छा के देवता कामदेव को नष्ट कर देते हैं, और मृत्यु के देवता यम को पराजित करते हैं। इसलिए उन्हें कामांतक और यमांतक कहा जाता है। संपत्ति और प्रसन्नता के प्रति उनकी उदासीनता के कारण वे संस्कृति को भी नष्ट कर देते हैं। भूख और भय के परे जाकर वे संघर्ष का अंत कर शांति लाते हैं। इसलिए शिव की पूजा की जाती है। वे भारत की महान तपस्वी परंपराओं को मूर्त रूप देते हैं। शिव राख से आलेपित, घुंघराले बालों वाले

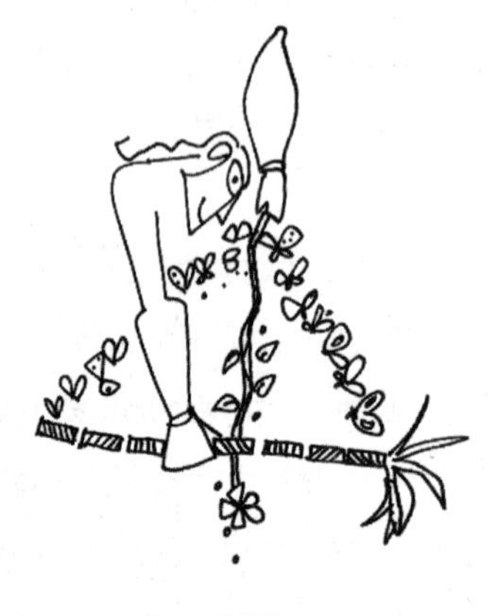
काम

आदिम तपस्वी हैं, जो अपने गले में एक सांप के साथ विश्वभर में घूमते हैं। कभी-कभार वे चमड़े में लिपटे होते हैं। उनके हाथ में पकड़े त्रिशूल और डमरू सभी मनुष्यों को याद दिलाते हैं कि हम विश्व में कैसे फंसे हुए हैं, और हमारा मन कैसे बंदर की तरह अस्थिर होता है। शिव मादक पदार्थों का धूम्रपान करते हैं जिससे मन सांसारिक वास्तविकता से दूर जाता है और विश्व को अधिक स्पष्ट रूप से, अधिक धीरे से अनुभव कर पाता है।

यम

शिव हमें बौद्ध और जैन भिक्षुओं और शिक्षकों की याद दिलाते हैं जो इच्छा त्यागकर पुनर्जन्म के चक्र से मुक्त हो जाते हैं। वास्तव में पहले जैन तीर्थंकर, ऋषभ, का प्रतीक बैल है, ठीक शिव की तरह। ऋषभ ने कैलाश पर्वत पर सर्वज्ञता प्राप्त की, जिसे हिंदू शिव का निवासस्थान मानते हैं। लेकिन दोनों में एक अंतर है। शिव न केवल तपस्वी हैं, वे एक गृहस्थ भी हैं। देवी शिव से कहती हैं कि उनके ज्ञान को दूसरों के साथ बाँटे बिना उसका कोई उपयोग नहीं है। और इसलिए, वे शिव को उनसे विवाह कर, कैलाश पर्वत से काशी आकर, पिता बनकर विश्व से जुड़ने के लिए विवश करती हैं। शिव की 'कामुकता', जो कई लोगों को बचकाने ढंग से उत्तेजित करती है, उस मन का रूपक है जो शुरू में अंतर्मुखी होता है और जिसे फिर शरीर और विश्व के साथ जुड़ने के लिए विवश किया जाता है। शिव की पूजा इसलिए की जाती है कि वे बर्फ़ीले पहाड़ों पर अपने उजाड़ निवास

शक्ति

को त्यागकर नदी के मैदानों में लोगों के साथ एक गृहस्थ के रूप में रहते हैं और अपनी बुद्धि सभी को उपलब्ध करते हैं।

देवी के कहने पर मौन शिव, प्रवचनों, नृत्य और संगीत के माध्यम से ब्रह्मांड के रहस्य प्रकट करते हैं। शिव इतने बुद्धिमान हैं कि उन्हें भोले नाथ भी कहा जाता है, क्योंकि वे मनुष्यों के नियम और शक्ति और संपत्ति से उनकी आसक्ति को समझ नहीं सकते। शिव और उनकी पत्नी शक्ति के बीच का तनाव बुद्धि और व्यावहारिकता के बीच के तनाव जैसे है या आत्मा और मांस के बीच के तनाव जैसे है। इनमें से आत्मा भूखी और भयभीत कभी नहीं होती और मांस को खिलाना, उसका संरक्षण करना और उसे पोषण देना पड़ता है। हिंदू धर्म की वेदांत परंपरा शिव के मर्दाने, तपस्वी पहलू को अधिक महत्त्व देती है; जबकि तंत्र परंपरा में, देवी से प्रेरित, शिव के गृहस्थ, भौतिक और स्त्रैण पहलू को और महत्त्व दिया जाता है ।

बौद्ध धर्म का थेरवाद पंथ (बुज़ुर्गों का मार्ग) से लेकर महायान पंथ (श्रेष्ठ मार्ग) तक का परिवर्तन तपस्वी शिव के गृहस्थ शिव में परिवर्तन की याद दिलाता है। यह इसलिए कि महायान बौद्ध धर्म स्त्री को देवी तारा के रूप में स्वीकार करता है, और करुणा जैसे 'स्त्रैण' गुणों को महत्त्व देता है, जो बोधिसत्त्व में सन्निहित हैं। महायान बौद्ध धर्म मध्य एशिया और चीन में लोकप्रिय हुआ, जहाँ राजा को बोधिसत्त्व के रूप में देखा गया जो अपनी प्रजा की देखभाल करता है। थेरवाद बौद्ध धर्म बर्मा, श्रीलंका और थाईलैंड में लोकप्रिय बना रहा, जहाँ राजा को बुद्ध के सिद्धांत का रक्षक माना जाता था।

31

पर्वत-आसन

पर्वत की मुद्रा

बर्फ़ीला कैलाश पर्वत शिव का निवासस्थान है। यह पर्वत शांति उत्पन्न करता है। पर्वतों की पुत्री, पार्वती, शिव को अपना पति बनाती हैं। अपने शरीर में 'ऊष्णता' को पकड़े रखने के कारण शिव के आस-पास सब कुछ बर्फ़ीला बन जाता है। पार्वती के कारण शिव यह 'ऊष्णता' ज्ञान, कला, और यहां तक कि गंगा जैसी नदियों के रूप में छोड़ते हैं।

आध्यात्मिक और भौतिक पहलुओं की पूर्ति करने वाले पुरुष और स्त्री रूपकों के मिलन की यह धारणा तिब्बती तांत्रिक बौद्ध धर्म की यब-यम (पिता-माता) छवियों में भी पई जाती है। देवी तारा बोधिसत्त्व की गोद में बैठकर उनसे संभोग करती हैं। संभोग करते समय देवी बोधिसत्त्व के ऊपर होती हैं। इससे वो इच्छा को जागृत करती हैं।। इस प्रकार तपस्वी को

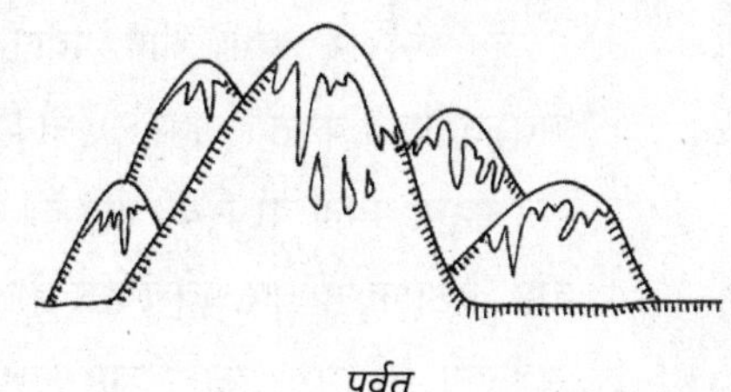

पर्वत

कैलाश पर्वत पर बैठे शिव और शक्ति

गृहस्थों के विश्व को स्वीकार करना पड़ता है। संभोग भौतिक वास्तविकता के साथ जुड़ाव का एक रूपक बन जाता है। पर्वत की तरह, बैठे हुए योगी को भी एक खड़े त्रिकोण से दिखाया जाता है; योगिनी को, झरने की तरह, नीचे की दिशा में स्थित त्रिकोण से दिखाया जाता है।

कैलाश पर्वत पथरीला है और बर्फ़ से ढका है; इसलिए वहाँ कुछ भी नहीं उगता और परिणामस्वरूप भोजन भी नहीं मिलता। फिर भी शिव अपने पूरे परिवार और अपने गणों के साथ वहाँ रहते हैं। शिव के सभी अनुयायी इच्छाओं से परे जा चुके हैं और इसलिए उन्हें भूख नहीं लगती।

भारतीय पुराणशास्त्रों में कई महत्त्वपूर्ण पर्वत हैं, जिनमें सबसे महत्त्वपूर्ण मेरु पर्वत है। कभी-कभार मंदर पर्वत कहे जाने वाले इस पर्वत को विश्व का केंद्र माना जाता है। बौद्ध पुराणशास्त्र में, तैंतीस देवता मेरु पर्वत पर बैठते हैं, जबकि असुर इस पर्वत के तल पर रहते हैं। महाद्वीप इस पर्वत से कमल के फूल की पंखुड़ियों जैसे फैले हुए हैं।

जैन धर्म में, सभी जीन पर्वतों के ऊपर सर्वज्ञता प्राप्त करते हैं, इसलिए जैन मंदिर और मठ बहुधा पर्वतों पर स्थित होते हैं। उन सब में चार दिशाओं में चार प्रवेश द्वार होते हैं। इनसे सर्वज्ञानी बुद्धिमत्ता का विचार उत्पन्न किया

कैलाश पर्वत पर बैठे जीन ऋषभ-नाथ

जाता है। भारत में, संरक्षक देवी-देवताओं के मंदिर भी पर्वतों पर स्थित होते हैं।

यह धारणा कि आकाश को छूने वाले पर्वतों पर देवता रहते हैं यूनानी पुराणशास्त्र में भी पाई जाती है। बाइबल में भी, गॉड के उपदेश सिनाई पर्वत पर ही मूसा मसीह को दिए गए थे, जिनसे वे मनुष्यों तक पहुँचे।

हिंदू पुराण कहते हैं कि प्राचीन काल में पर्वतों के पंख होते थे और वे बादलों जैसे आकाश में उड़ सकते थे। लेकिन फिर, स्वयं को पक्षी समझकर वे पेड़ों पर बैठने लगे। इससे पेड़ों की शाखाएँ नीचे बैठे ऋषियों पर गिर जातीं। क्रोधित ऋषियों ने पर्वतों के पंख काट दिए। तब से वे धरती पर फंस गए हैं। अब, बादल उन्हें मिलने आते हैं और उन दिनों का शोक मनाते हैं जब वे एक साथ उड़ सकते थे।

पर्वत 'पहाड़' के लिए संस्कृत शब्द है। हालाँकि योग के अधिकांश साधक यहाँ दिखाई गई मुद्रा को माउंटेन पोज़ नहीं मानेंगे, इसे ताड़-आसन की एक अग्रिम मुद्रा माना जा सकता है, ताड़-आसन माउंटेन पोज़ का एक प्रकार

होते हुए। यहाँ दिखाए गए आसन का प्रकार अष्टांग विन्यास परंपरा से है। यह प्रकार अनोखा इसलिए है कि जहाँ खड़े स्थिति में संतुलन करने के आसनों में बहुधा पैरों के सामने और पीछे के भागों में वज़न को बाँटा जाता है; इस आसन में पैरों के भीतरी और बाहरी किनारों में वज़न को बाँटा जाता है। इस आसन को बहुधा मुड़े हुए पैरों पर खड़ी स्थिति से शुरू किया जाता है। फिर एड़ियों को एक साथ लाया जाता है, और पैरों की उंगलियों को बाहर की ओर मोड़ा जाता है। इसके बाद पैरों को धीरे-धीरे सीधा किया जाता है और कूल्हों को एक पूर्ण बाहरी घुमाव दिया जाता है। जैसे की हमने पहले बताया है, अभ्यास और धैर्य योगी के सबसे अच्छे मित्र हैं। इसलिए, इस आसन के संतुलन का पेचीदा भाग शुरू करने से पहले बैठकर कूल्हों को खोलने के आसन करने से कूल्हों का लचीलापन बढ़ेगा। इसके अतिरिक्त, वज़न के फैलाव के इस नए प्रकार का अभ्यास करते समय दीवार के सामने खड़े होकर आसन करने से आपको सहायता मिल सकती है। इस आसन का एक और प्रकार अय्यंगार परंपरा से है। यहाँ दिखाए गए इस प्रकार में पैरों को पालथी मारकर बैठा जाता है और उंगलियों को अंतर्गथित कर हाथों को सिर के ऊपर ताना जाता है।

32

सिद्ध-आसन

सिद्ध व्यक्तियों की मुद्रा

जैन पुराणशास्त्र में, पुनर्जन्म के चक्र के बाहर का सबसे श्रेष्ठ स्वर्ग सिद्ध-लोक है। इस लोक में जीन निवास करते हैं। संपूर्ण भौतिक वास्तविकता से मुक्त ये सिद्ध जन आध्यात्मिक वास्तविकता में लीन हैं, और वे सर्वज्ञ और सर्वशक्तिमान हैं।

जैन धर्म का मानना है कि जैन योग का लक्ष्य आत्मा (जीव) को भौतिक जाल से मुक्त करना और आध्यात्मिक वास्तविकता के बारे में जागरूक होना है। बौद्ध धर्म शाश्वत आत्मा के अस्तित्व को नकारता है; बौद्ध योग का लक्ष्य मौलिक शून्यता के बारे में जागरूक होना है। हिंदू धर्म भगवान की धारणा में दृढ़ विश्वास करता है, एक ब्रह्मांडीय आत्मा, जिसके साथ मिलन हिंदू योग का लक्ष्य है। फिर भी, तीनों धर्मों में सिद्ध की धारणा की बात की जाती है।

जैन विश्व

सिद्ध की धारणा का संबंध रहस्यमय शक्तियों से कम और मनोगत शक्तियों से अधिक है। मनोगत शक्तियों से आध्यात्मिक वास्तविकता के माध्यम से भौतिक वास्तविकता को नियंत्रित किया जाता है। रहस्यमय शक्तियों से भौतिक वास्तविकता से मुक्त होकर आध्यात्मिक वास्तविकता से मेल साधा जाता है। मनोगत शक्तियों का जादू से अधिक संबंध है, और रहस्यमय शक्तियों का ज्ञान से।

सिद्ध शक्तियों से, योगी अपने शरीर को छोड़कर, मृत शरीरों में प्रवेश कर उन्हें जीवंत कर सकता है और जीवन का अलग अनुभव लेकर मूल शरीर में लौट सकता है। वह अपना माप और आकार बदल सकता है, पानी पर चल सकता है और हवा में उड़ सकता है। इसके अतिरिक्त वह वर्षा शुरू करने और नि:संतान महिलाओं को गर्भवती बनाने जैसे विभिन्न कमाल भी कर सकता है। सिद्ध लोगों को ऐंद्रजालिक माना जाता था। उन्हें चिकित्सा और ज्योतिषशास्त्र का ज्ञान था और वे घर के लाभ के लिए सौभाग्य और सकारात्मक ऊर्जा का उपयोग करने में सक्षम भी थे। इसलिए संपूर्ण भारत में उन्हें बहुत महत्त्व दिया जाता था।

सिद्ध व्यक्ति अपनी मृत्यु का समय स्वयं चुन सकता है, और स्वेच्छा से अपना शरीर छोड़ सकता है। कई योग परंपराओं में इस क्रिया को 'समाधि' कहा जाता है, इस मान्यता के कारण कि इससे ब्रह्मांडीय आत्मा के साथ मिलन होता है। स्वेच्छा से त्यागे शरीर को शुभ माना जाता है, और इसलिए जलाकर भुलाए जाने के बजाय उसे दफ़नाया और पूजा जाता है। दाह संस्कार एक आम हिंदू और जैन प्रथा है। यह उन लोगों के लिए की जाती है

कैलाश पर्वत पर ध्यान करते हुए शिव

जिनकी मृत्यु अनैच्छिक होती है; जो पुनर्जन्म के चक्र में फंसे होते हैं। सिद्ध व्यक्ति इस चक्र से मुक्त है। वह न तो अपने शरीर से सीमित है और न ही प्रकृति से। उसके दफ़नाने के स्थान को भी समाधि कहा जाता है। अपनी सांसारिक परिस्थिति को बदलने के इच्छुक लोग इन समाधियों के दर्शन करते हैं।

सिद्ध हनुमान

सिद्ध का तंत्र और वीर्य शक्ति के साथ गहरा संबंध है। मनोगत विश्वास यह है कि पुरुषों में वीर्य को रोकने और यहाँ तक कि उसकी दिशा को उलटने की शक्ति है, जिससे वीर्य मेरुदंड के नीचे से ऊपर तक जाता है। इससे मस्तिष्क में छिपी शक्तियाँ उस व्यक्ति की हो जाती हैं। शिव आदिम सिद्ध हैं और इसलिए उन्हें तीसरी आँख है। हनुमान भी सिद्ध हैं, जिनके पसीने की केवल एक बूंद से मछली गर्भवती हो सकती है। मत्स्येंद्र-नाथ और गोरख-नाथ दोनों सिद्ध हैं। इसलिए मुग्ध केले के वन के शाप का उनपर कोई प्रभाव नहीं होता, वह शाप जो अन्य पुरुषों को महिलाओं में बदल देता है।

आदि शंकराचार्य (एक ऐतिहासिक व्यक्ति, जो पौराणिक शंकर, शिव के गृहस्थ रूप से भिन्न हैं), भारत के सबसे महान वैदिक दर्शनशास्त्रियों में से एक, लगभग बारह सदियों पहले जीवित थे। उन्होंने शास्त्रार्थ में गृहस्थ मंडन मिश्र को पराजित किया था। फिर मंडन मिश्र की पत्नी उभय भारती ने शंकर से पूछा कि क्या वे संभोग और

सिद्ध

प्रसन्नता के विषयों से परिचित थे। शंकर ने कहा कि संन्यासी होने के नाते उन्हें ऐसे विषयों का ज्ञान और अनुभव नहीं था। 'फिर आप संपूर्ण ब्रह्मांड का ज्ञान होने का दावा कैसे कर सकते हैं?' उभय भारती ने तर्क दिया। उनका तर्क बिल्कुल उचित था। शंकर सोच में पड़ गए कि ब्रह्मचर्य और संयम के अपने व्रत को तोड़े बिना वे उस ज्ञान को कैसे प्राप्त कर सकते थे। अंत में, योग की मदद से उन्होंने अपने मन को अपने शरीर से अलग किया और अमरू नामक एक राजा के शरीर में प्रवेश किया, जिनकी तभी मृत्यु हुई थी। अमरू के पुनर्जीवित शरीर के माध्यम से उन्होंने संभोग के साथ अन्य सभी प्रकार की प्रसन्नताओं का अनुभव लिया। फिर पर्याप्त ज्ञान और अनुभव प्राप्त करने के बाद, शंकर प्रबुद्ध होकर अपने अक्षत शरीर में लौट आए।

शंकर से लगभग बारह सदियों पहले, बुद्ध ने अपने छात्रों को इन जादुई क्षमताओं का लाभ न उठाने और उन्हें गुप्त रखने की चेतावनी दी थी। केवल ज्ञान की खोज में, आत्मरक्षा के लिए या आपातकाल के समय इन नियमों को तोड़ा जा सकता था। इसलिए जब बुद्ध के कई छात्रों को पता चला कि उनका निधन हो गया है, तो वे अपनी सिद्ध शक्तियों का उपयोग करके

बुद्ध की मृत्यु

उनके अंतिम संस्कार समारोह में भाग लेने के लिए लंबी दूरी से शीघ्र पहुंचे। लेकिन, बुद्ध की अस्थियाँ नदी में नहीं डाली गईं क्योंकि उनका पुनर्जन्म कभी नहीं होता; इसके बजाय उन्हें स्तूपों में अवशेष के रूप में रखा गया, उन्हें पूजने के हेतु से।

हालाँकि आधुनिक समाज में रहस्यमय योगी को महत्त्व देने की प्रवृत्ति है, परंपरागत समाज और लोककथाओं में जादुई शक्तियों वाले मनोगत योगी को बहुत महत्त्वपूर्ण माना जाता था। आज भी, कई लोग इस बात पर हठ करते हैं कि उनके गुरु के पास जादुई शक्तियाँ हैं। वास्तव में, कई लोगों के लिए आध्यात्मिकता मनोविज्ञान से कम और असाधारण तथा जादुई पहलुओं से अधिक संबंधित है।

सिद्धि 'प्रबोधन' के लिए संस्कृत शब्द है। संभवतः इस आसन को सिद्ध-आसन इसलिए कहा जाता है कि ध्यान के अभ्यास के लिए इसी मुद्रा का उपयोग किया जाता है। पैरों की पालथी की स्थिति वाला यह आसन शरीर को सबसे चौड़ा आधार प्रदान करता है और इसलिए

सिद्ध-आसन सबसे स्थिर आसनों में से एक है। यही कारण है कि प्राणायाम सहित धारणा (दृष्टिकोण) के अन्य रूपों में शरीर की मुद्रा को बनाए रखने के लिए यह आसन आदर्श है। और यहाँ, मुझे लगता है, एक महत्त्वपूर्ण अंतर का उल्लेख करना आवश्यक है। पश्चिम में, 'योग का अभ्यास' योग प्रणाली के शारीरिक पहलुओं पर लगभग पूर्णतः केंद्रित होता है। पतंजलि द्वारा निर्धारित अष्टांग योग प्रणाली ध्यान करने के लिए एक व्यवस्थित मार्ग है। आसन के अभ्यास, जिसका शाब्दिक अर्थ है 'बैठना', का एकमात्र उद्देश्य शरीर को लंबे समय तक बैठकर ध्यान करने के लिए तैयार करना था। समाधि के मार्ग पर यह केवल एक पड़ाव था। समाधि संस्कृत के दो शब्दों के संयोजन से बना है – सम अर्थात 'समता' और धी जिसका उपयोग 'श्रेष्ठ मन' के संदर्भ में किया जाता है। 'श्रेष्ठ मन की यह समता' योग का सच्चा अंतिम लक्ष्य है, और इसे प्राप्त करने को सिद्ध हो जाना कहा जाता है, अर्थात 'प्रबुद्ध या सशक्त' बन जाना। इस संदर्भ से हम सिद्धि शब्द को और गहराई से समझ सकते हैं, जिससे इस आसन को नाम दिया गया है।

33

भैरव-आसन

भय के विनाशक की मुद्रा

शिव कैलाश पर्वत पर अपनी आँखें बंद करके शांत बैठे हुए थे। तब, देवी, जिनका ब्रह्मा पीछा कर रहे थे, चिल्लाईं और शिव जाग गए। देवी को देखते ही, सृजनकर्ता ब्रह्मा इतने मोहित हो गए कि वे उन्हें घूरते रहें और अंत में उनके चार और सिर उगे। वासना का यह प्रदर्शन देख शिव ने घृणा अनुभव की। उन्होंने भैरव का रूप धारण किया, और ब्रह्मा को पकड़कर अपने नुकीले नाखूनों से उनका पाँचवा सिर काट दिया।

ब्रह्मा का पाँचवा सिर काटकर, भैरव उन्हें होश में लाए और उन्हें अपने कार्यों पर चिंतन करने के लिए विवश किया। फिर ब्रह्मा अपने मन से मानस पुत्रों अर्थात ऋषियों का निर्माण करने लगे। इन मानस पुत्रों ने विश्व का सच्चा स्वरूप समझा न कि वो स्वरूप जो ब्रह्मा चाहते थे कि विश्व ले। वे समझ गए कि भूख और भय से पीड़ित ब्रह्मा विश्व को नियंत्रित करने और उसपर अधिकार जमाने का प्रयास कर रहे थे। स्थिति को सुलझाने के लिए उन्हें उसी समय निर्मित किया जा रहा था। तब ऋषियों ने भूख और भय को

दूर करने का योग का उपाय ढूँढ निकाला। उन्होंने अपनी शिक्षा शिव को समर्पित की, जिनके भैरव रूप ने ब्रह्मा में भय को दूर करने की प्रक्रिया शुरू की थी।

हेरुक, योगिनी के साथ

भारतीय पुराणशास्त्रों में, किसी व्यक्ति के कई सिर होना उसके बढ़ते ज्ञान और संवेदनशीलता का संकेत है। इसलिए बौद्ध धर्म के कई बोधिसत्त्वों के कई सिर होते हैं। लेकिन इसके साथ-साथ वह मन के गाँठदार बनने और अहम् के उदय का भी संकेत है, जैसा कि ब्रह्मा के पाँचवें सिर की कहानी से हम समझते हैं। एक सिर वाले देवता से पाँच सिरों वाले देवता में उनका परिवर्तन इंगित करता है कि ब्रह्मा में अपने सृजन का उपभोग करने और उसपर अधिकार जमाने की इच्छा बढ़ रही थी। इस प्रकार, यह बंधन का संकेत है। प्रकृति पर अधिकार जमाने के लिए मनुष्यों ने 'मेरा' और 'तुम्हारा' जैसे शब्दों का आविष्कार किया। भैरव इस तरह के व्यवहार की ठठ्ठा करते हैं, उसे मानव अहंकार की निर्मिति समझते हुए, जो संपत्ति में जीवन का अर्थ खोजता है। इसलिए शिव ब्रह्मा का पाँचवाँ सिर काट देते हैं, उस अहंकार का प्रतीक जो बहुधा ज्ञान प्राप्त करने के बाद बढ़ता है।

भैरव

कहते हैं कि ब्रह्मा का सिर काटने से शिव अशुद्ध और अशुभ बन गए। ब्रह्मा का कटा हुआ सिर उनके अपने मांस में जलकर समा गया था जिस कारण वे उसे लिए विश्वभर घूमते रहें। इसलिए उन्हें कापालिक या खोपड़ी धारण किए ऋषि भी कहा जाता है। काशी में अंत में ब्रह्मा

की खोपड़ी गिर जाती है। इसलिए, साधु शिव, काशी के संरक्षक बन जाते हैं, और उन्हें काशी का कोतवाल कहा जाता है। यह नगर देवी का निवासस्थान भी है, जहाँ वे अन्नपूर्णा के रूप में लोगों का पोषण करती हैं। इस प्रकार भैरव देवी के संरक्षक हैं – जो उनपर हमला करते हैं जो देवी को वश में करने और उनपर अधिकार जमाने की कोशिश करते हैं।

संरक्षक के रूप में भैरव की छवियाँ हिंदू मंदिरों के साथ-साथ जैन मंदिरों में भी पाई जाती हैं।

भैरव एक उग्र बौद्ध देवता भी हैं। वे धम्म-पाल हैं, तांत्रिक बौद्ध धर्म के संरक्षक। हेरुक, महाकाल और यमांतक के नामों से भी जाने जाने वाले भैरव स्पष्ट रूप से धर्मों में एकीकरण करने वाले देवता हैं। वे शुरू में पूर्वी भारत के कुछ हिस्सों में पाए जाते थे, ओडिशा से लेकर बंगाल तक, और फिर नेपाल, भूटान, सिक्किम और तिब्बत के हिमालयी राज्यों में पाए जाने लगे। उन्हें बहुधा तारा (हिंदू धर्म की शक्ति) के साथ संभोग करते हुए दिखाया जाता है। जबकि बौद्ध तारा भैरव की तुलना में आकार में हमेशा छोटी होती हैं, हिंदू शक्ति को बहुधा भैरव से बड़ा दिखाया जाता है और भैरव उनके सेवक दिखाए जाते हैं।

संस्कृत और हिंदी में, भय शब्द का अर्थ एक ही है। भैरव का अर्थ है 'भय को दूर करने वाला' और यह शिव के 1000 नामों में से एक है (जो मृत्यु के भय को दूर करते हैं)। झुककर किया गया यह आसन शिव के शांत

स्वरूप का प्रतीक है जबकि इस आसन का अधिक तीव्र, भुजा पर संतुलित प्रकार, काल भैरव-आसन, शिव के विनाशकारी स्वरूप का प्रतीक है। कूल्हों के बाहरी भाग को गहरा खिंचाव देने वाले इस आसन को पूर्ण रूप से करने के लिए बहुत अभ्यास की आवश्यकता होती है। बैठी हुई स्थिति में कूल्हों को लचीला करने वाले आसन, जैसे कि बद्ध कोण-आसन (बाउंड एंगल पोज़) और अग्नि स्तंभ-आसन (फ़ायर लॉग पोज़) भैरव-आसन करने में मदद कर सकते हैं।

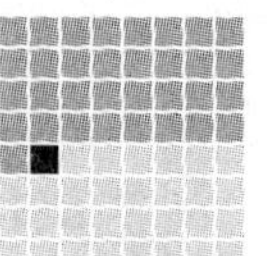

34

श्वान-आसन

कुत्ते की मुद्रा

यदि देवी बिल्ली के साथ जुड़ी हैं, तो शिव और विशेषत: उनका भयानक भैरव रूप कुत्ते के साथ जुड़ा है। हम कह सकते हैं कि जबकि देवी एक स्वतंत्र स्वभाव का मूर्त रूप हैं, शिव वैसे नहीं हैं। लेकिन, यह कहना पूर्ण रूप से बराबर नहीं है, क्योंकि शिव जंगली बैल यानी सांड से भी जुड़े हैं, जिसे पालतू नहीं बनाया जा सकता और जिसे खेत में अकेला छोड़ना पड़ता है; सांड केवल गाय को गर्भवती करने के लिए उपयोगी है, लेकिन हल या गाड़ी खींचने के लिए बेकार है। तो, कुत्ता किसका प्रतीक है और यह शिव के साथ इतनी निकटता से क्यों जुड़ा है?

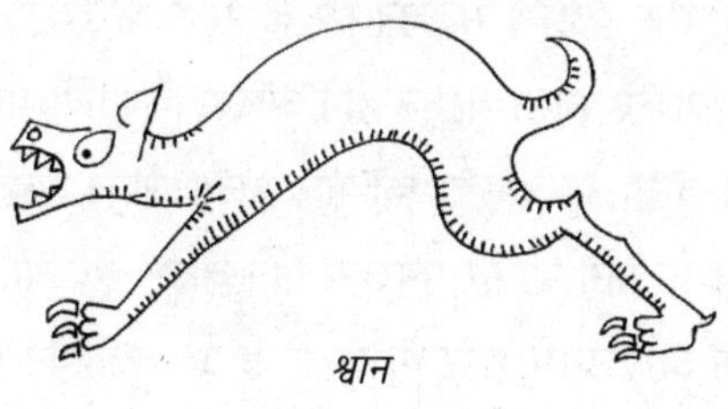

श्वान

इसका कारण यह है कि हिंदू धर्म में कुत्ते को अशुभ माना जाता है, जो श्मशान और कचरे से जुड़ा होता है और इसलिए उसे घर के बाहर रखा जाता है। कुत्ता भय का भी मूर्त रूप है, क्योंकि भयभीत कुत्ता भौंकता है और जब वह दूसरों से स्वीकृति चाहता है तब वह अपनी पूंछ हिलाता है। इस प्रकार, वह शिव द्वारा नष्ट की गई असुरक्षा के लिए रूपक है। इस कारण शिव, अपने भैरव रूप में, कुत्ते के साथ जुड़े हैं। और कुत्ते की तरह भैरव भी देवी के संरक्षक हैं।

हडकई-माता

गुजरात का वाघरी देव पूजक समुदाय अपनी देवियों की छवियों को कपड़े पर चित्रित करता है। वे कुत्ते पर सवार हडकई-माता की पूजा करते हैं, जो उन्हें जलातंक से बचाती हैं।

नाथ योगियों के पुराणशास्त्र में, उग्र भैरव कोमल दत्तात्रेय में बदल जाते हैं, जो चार कुत्तों से जुड़े होते हैं। कोमल पिल्लों की तरह इन कुत्तों को चार वेद माना जाता है। कुत्ते दत्तात्रेय के आगे-आगे चलते हैं, और समय-समय पर पीछे मुड़ते हैं यह देखने के लिए कि उनके स्वामी उनका पीछा कर रहे हैं। इस प्रकार शिव उस बुद्धि का मूर्त रूप हैं जो हमारे मन के भयभीत कुत्तों को शांत करती है।

जातकों की एक कहानी में, बनारस के राजा के रथ के चमड़े के साज को कुत्तों ने चबाकर फाड़ा था। उन्होंने आदेश दिया कि महल के कुत्तों को छोड़ शहर के अन्य सभी कुत्तों को मार डाला जाए। श्मशान से एक कुत्ते ने, जो वास्तव में आगे जाकर पुनर्जन्म लेने वाला बुद्ध था, राजा के दरबार में प्रवेश किया और उनसे शहर के कुत्तों के अपराधी होने का प्रामण माँगा।

राजा के पास कोई प्रमाण नहीं था, लेकिन होने वाले बुद्ध ने महल के कुत्तों से उल्टी करवाई और उनके पेट से चमड़े के टुकड़े निकले। इस प्रकार कुत्ते ने राजा को न्याय के मामलों में प्रमाण का मूल्य सिखाया।

योग में दो मुद्राएँ जिन्हें संभवतः सबसे उचित नाम दिया गया है वो हैं ऊपर की ओर और नीचे की ओर मुड़े कुत्ते की मुद्राएँ (अप्वर्ड और डाउनवर्ड फ़ेसिंग डॉग पोज़)। 'कुत्ते' के लिए संस्कृत शब्द श्वान है। इन मुद्राओं को ये नाम इसलिए दिए गए हैं कि यह आसन करता व्यक्ति स्पष्ट रूप से किसी कुत्ते की तरह दिखता है जब वह अपने

सामने और पीछे के पैरों को फैला रहा है। इस आसन के नाम के साथ उपयोग किया गया विवर्णक यह इंगित करता है कि आसन का कौन सा रूपांतर किया जा रहा है: विशेष रूप से, उर्ध्व मुख, जिसका अर्थ है 'ऊपर की ओर', और अधो मुख, जिसका अर्थ है 'नीचे की ओर'। यहाँ चित्रित आसन ऊपर की ओर का रूप है जिसे बहुधा सूर्य नमस्कार के शुरुआती क्रम में शरीर को और लचीला बनाने के लिए या कभी-कभार पीठ को मोड़ने की अन्य मुद्राओं के लिए अग्रगामी आसन के रूप में किया जाता है।

35

वीरभद्र-आसन

न्यायसंगत योद्धा की मुद्रा

पहाड़ों की राजकुमारी, देवी पार्वती ने शिव को पालतू बनाया और उन्हें वैरागी से गृहस्थ में बदला। लेकिन इससे पहले शिव सती से विवाहित थे। अपने पिता दक्ष की इच्छा का विरोध कर सती ने शिव को अपना पति चुना था। दक्ष अनुष्ठान करने वाले नैतिकतावादी पुजारी थे। उनके विपरीत शिव न कोई अनुष्ठान करते थे और न ही उनका कोई व्यवसाय था या कोई संपत्ति थी। इतना ही नहीं, वे भूतों, पिशाचों और कुत्तों की संगति में घुमक्कड़ की तरह विश्वभर में भटकते थे और इसलिए अशुभ माने जाते थे। इसलिए दक्ष ने शिव को सती के लिए योग्य वर नहीं समझा।

दक्ष का सिर पकड़े वीरभद्र

शिव से विवाह करने के सती के निर्णय से दक्ष बहुत क्रोधित हुए। उन्होंने तुरंत एक यज्ञ का आयोजन किया और शिव को छोड़ अन्य सभी देवताओं को प्रसाद लेने के लिए आमंत्रित किया। इससे सती इतनी क्रोधित हुईं कि वे सभा मंडप में यज्ञ की ज्वाला में बलि चढ़ गईं। लेकिन दक्ष अपनी बेटी की मृत्यु से अप्रभावित थे और उनका यज्ञ अनुष्ठान चलता रहा, जैसे कि कुछ हुआ ही न हो।

जब शिव को सती की मृत्यु के बारे में पता चला, तो अपने प्रकोप में वे वीरभद्र नामक न्यायसंगत योद्धा में बदल गए। भूतों और पिशाचों की अपनी सेना के साथ वीरभद्र ने दक्ष के अनुष्ठान कक्ष में प्रवेश किया, बर्तनों को तोड़ा, सारे सुसज्जित परदों को जला दिया और पूरे अनुष्ठान को नष्ट कर दिया। अंत में उन्होंने दक्ष का सिर काट दिया। इसलिए वीरभद्र को हमेशा एक हाथ में तलवार और दूसरे हाथ में दक्ष का कटा हुआ सिर लिए दिखाया जाता है।

देवताओं ने शिव से दया की भीख मांगी। शिव, जो क्षण में क्रोधित होने लेकिन उतने ही जल्दी शांत भी होने के लिए जाने जाते हैं, शांत हो गए। उन्होंने दक्ष को बकरी का सिर देकर पुनर्जीवित किया – ताकि वे यह समझें कि क्षेत्रीय व्यवहार और दूसरों पर अधिकार जमाने जैसे व्यवहार केवल जानवरों को शोभा देते हैं। मनुष्य को अपनी वस्तुओं या अपने लोगों पर अधिकार नहीं जमाना चाहिए; उन्हें वस्तुओं और लोगों को जाने देना चाहिए, या उदार बनकर उन्हें दूसरों को देना चाहिए। दक्ष उदार नहीं थे। उनका अपनी बेटी के प्रति गहरा लगाव था और उन्होंने उसे स्वायत्तता नहीं दी। इसलिए वे मानवता के नेता होने के योग्य नहीं थे।

दक्ष और शिव के बीच संघर्ष कठोर नियमों व वर्गीकरण पर आधारित रूढ़िवादी वैदिक परंपराओं और सभी नियमों व वर्गीकरण को अस्वीकार करने वाली कट्टरपंथी तांत्रिक परंपराओं के बीच एक संघर्ष है। वैदिक

परंपरा में देवी बेटी हैं, तांत्रिक परंपरा में देवी माँ हैं। वेदांत में, देवी को माया (भ्रम) और विद्या (हमारे भ्रम को दूर करने में मदद करने वाला ज्ञान) दोनों के रूप में देखा जाता है। तंत्र में देवी शक्ति हैं। दक्ष माया में फँसे हैं जबकि शिव विद्या और शक्ति से जुड़े हैं।

भारतभर में, कई ग्राम देवता तलवार लहराते हुए और कुत्ते के संग चित्रित किए जाते हैं। इन्हें बहुधा शिव का संरक्षक रूप, वीरभद्र माना जाता है। वीरभद्र भैरव जैसे लगते हैं लेकिन उनसे कम जंगली हैं। कला में, भैरव को कभी-कभार बालक जैसा स्वरूप दिया जाता है, लेकिन वीरभद्र के साथ ऐसा नहीं होता – उन्हें हमेशा मूंछें दिखाईं जाती हैं। भैरव को कभी-कभार नग्न दिखाए जाने के कारण उन्हें अभद्र माना जाता है, अधिक शिष्टता से ढके वीरभद्र के विपरीत। इसी तरह, जब काली अपनी नग्नता को ढककर संस्कृति के लिए अधिक सुलभ हो जाती हैं तो उन्हें भद्रकाली कहा जाता है।

वीरभद्र की कहानी को इस आसन के तीन विभिन्न रूपों द्वारा दर्शाया गया है, जिनमें से प्रत्येक रूप उनकी किंवदंती के एक विशिष्ट पहलू को दर्शाता है। आसन का पहला रूप शिव के भयानक वीरभद्र बन जाने पर उनके

क्रोध की अभिव्यक्ति का प्रतीक है। आसन का दूसरा रूप वीरभद्र के अपनी प्रिय सती को खोने पर दक्ष का सिर काटने का प्रतीक है। अंतिम रूप वीरभद्र द्वारा दक्ष का कटा हुआ सिर बलिदान के रूप में यज्ञ वेदी के ऊपर पकड़ने का प्रतीक है। लेकिन इसका दूसरा अर्थ बकरी के सिर को दक्ष के मृत शरीर पर रखकर उन्हें पुनर्जीवित करना भी लगाया जा सकता है। संस्कृत में वीर का अर्थ 'नायक' है और भद्र का अर्थ 'न्यायसंगत' या 'सभ्य' है।

36

नटराज-आसन

नर्तक की मुद्रा

शिव स्थिरता और चलन दोनों से जुड़े हैं। स्थिर संन्यासी के रूप में, वे कैलाश पर्वत पर बैठते हैं, गतिहीन, आँखें बंद करके, संसार से बिलकुल निर्लिप्त। लेकिन जब उनकी पत्नी पार्वती उन्हें गंगा नदी के मैदानों में लाती हैं, तो उनसे प्रेरित होकर, वे नृत्य करने वाले गृहस्थ, नटराज बन जाते हैं। शिव का विश्व देश, काल, रूप और नाम से परे है, जबकि शक्ति का विश्व इन सीमाओं के भीतर है। स्थिरता से चलन तक की यात्रा, पर्वत के शिखर से मैदानों तक की यात्रा शिव के विश्व से शक्ति के विश्व तक की यात्रा है।

नटराज

एक बार, कुछ तपस्वी अनुष्ठान कर रहे थे, उनके वास्तविक महत्त्व या

उद्‌देश्य को जाने बिना। उन्होंने इन अनुष्ठानों का उपयोग शक्तिशाली बनने और विश्व को नियंत्रित करने के लिए किया। तब शिव एक नग्न तपस्वी के रूप में उनके पास गए। शिव की सुंदरता से मोहित होकर तपस्वियों की पत्नियाँ उनके पीछे दौड़ पड़ीं। सारे तपस्वी क्रोधित हुए और शिव पर अपनी पत्नियों को लुभाने का आरोप लगाया। अग्निकुंड और अनुष्ठानों से, उन्होंने मनोगत मंत्रों का जाप किया ताकि शिव को हराने के लिए एक बाघ, एक नाग और एक पिशाच बन सके।

शिव ने बड़ी शांति से बाघ की जीवित ही खाल उतारी और स्वयं को उसमें लपेट लिया। विषैले नाग को उठाकर उन्होंने उसे अपने गले के चारों ओर लपेट लिया। फिर वे राक्षस को धरती पर पटककर उसकी पीठ पर तांडव करने लगे। उनके तांडव में उनके हाथ, पैर और उंगलियाँ इस प्रकार हिल रहीं थीं कि नृत्य देखने वाले लोग जान गए कि शिव केवल अपनी प्रसन्नता के लिए नृत्य नहीं कर रहे थे, बल्कि इशारों से कुछ सूचित भी कर रहे थे। अपने तांडव से शिव ने वेदों का ज्ञान प्रकट किया।

शिव का नृत्य

वेद भूख और भय को स्वीकार करने की शक्ति से नहीं, बल्कि ज्ञान और बुद्धि से जुड़े हैं, जो हमारे भूख और भय को दूर करने में मदद करते हैं। इसलिए, हिंदू धर्म में नटराज की मुद्रा बहुत पवित्र है। इस मुद्रा का ध्यानपूर्वक अध्ययन करने से वेदों का लिखित रूप समझे बिना हम वेदों को समझ सकते हैं।

हमें समझना होगा कि भारत में लंबे समय तक साक्षरता को कोई महत्त्व नहीं दिया गया। मौखिक और दृष्टि पर आधारित परंपराएँ लिखित परंपराओं से अधिक महत्त्वपूर्ण थीं। नटराज की छवि भारतीय बुद्धिमत्ता के किए गए प्रदर्शन का एक प्रतीकात्मक दृश्य चित्रण है, जहाँ शिव के हिलते हुए हाथ और पैर लगातार बदल रहे विश्व का प्रतीक हैं। शिव अपना हाथ उठाए उसे अभय मुद्रा में रखते हैं, जिसमें हथेली बाहर की ओर होती है। वे हमें उनके हिलते पैर से भयभीत न हुए बिना धरती पर रखे उनके स्थिर पैर पर ध्यान केंद्रित करने के लिए कहते हैं, जो पैर आत्मा का प्रतीक है। आत्मा का न कोई सृजन होता है और न ही वह नष्ट होती है। वह अमर है; इसलिए वह न तो भूखी है और न ही वह मृत्यु से डरती है। योग दर्शनशास्त्र में यही हमारा वास्तविक सार है।

बौद्ध परंपराओं में, क्षणभंगुर विश्व से परे शून्यता होती है और शून्यता के अनुभव को बुद्धि माना जाता है। हिंदू धर्म में, इसके विपरीत को सच माना जाता है: हमेशा बदलते सांसारिक विश्व से परे अनंत का अनुभव होता है जिसे वैरागी शिव और गृहस्थ विष्णु में मूर्त रूप मिलता है।

तांडव करते शिव के चारों ओर आग का धधकता चक्र पुनर्जन्म (संसार) का प्रतीक है। जिस राक्षस की पीठ पर शिव नृत्य करते हैं वह अज्ञान और कल्पित स्मृतियों (अपस्मार) का राक्षस है। इस प्रकार शिव को स्मारांतक भी कहा जाता है, वे जो अज्ञानता और कल्पित स्मृतियों को नष्ट कर मन की गाँठें तब तक खोलते जाते हैं जब तक कि मन अपने प्राचीन, मौलिक रूप का अनुभव नहीं कर लेता। इसी तांडव ने पतंजलि को योग-सूत्र (मन पर एक ग्रंथ) और भरत को नाट्यशास्त्र (नृत्य पर एक ग्रंथ) लिखने के लिए प्रेरित किया।

परंपरागत भारतीय नृत्य में, 'तांडव' नृत्य के मर्दाना रूप को भी संदर्भित करता है, जिसे 'लास्य' से पूर्ण किया जाता है, नृत्य का स्त्रैण, मोहक रूप, जो शिव से अधिक सांसारिक विष्णु द्वारा बहुधा किया जाता है। नाट 'नृत्य' के लिए कई संस्कृत शब्दों में से एक है, राजा का अर्थ है 'शाही' या 'राजा'। यह आसन संपूर्ण योग पुराणशास्त्र में सबसे शक्तिशाली और सुंदर विचारों में से एक विचार को दर्शाता है – कि जब किसी विचार को लिखा जाता है, तो उसका अस्तित्व स्थान या देश में होता है; जब उसे उच्चारा जाता है, तो उसका अस्तित्व समय या काल में होता है, लेकिन जब उसे नृत्य के माध्यम से व्यक्त किया जाता है, तो उसका अस्तित्व देश और काल दोनों में होता है। यही कारण है कि यह तांडव महा-देव अर्थात 'सबसे महान देव' का प्रतीक है। इस विचार में विशिष्टता का गुण भी है कि जैसे कोई दो नृत्य बिल्कुल समान नहीं होते हैं वैसे कोई दो आसन अभ्यास कभी भी समान नहीं हो सकते हैं।

37

शव-आसन

शव की मुद्रा

शाक्त अर्थात देवी से जुड़े पुराणशास्त्र में, शिव वास्तव में शव हैं – एक मृत शरीर – जब तक कि देवी काली उनपर नृत्य नहीं करती। देवी के बिना, उनका मात्र शव जितना मूल्य है। यह लोकप्रिय कहानी तत्त्व और मन, या आत्मा के बिना तत्त्व के बीच के द्विभाजन को मूर्त रूप देती है। मन, आत्मा, जीव और चित्त जैसे शब्दों का संदर्भानुसार परस्पर उपयोग किया जाता है।

केवल तब जब आत्मा शरीर में प्रवेश करती है वह जीवित हो जाता है और भूख, भय और जीने की इच्छा का अनुभव करता है। आत्मा, अपने आप में देहमुक्त है और उसका कोई रूप नहीं होता। इसलिए कभी-कभार उसे भूत कहा जाता है। शिव को भूतों के स्वामी अर्थात भूतेश्वर माना जाता है: बिना तत्त्व की आत्मा। देवी को बिना आत्मा का तत्त्व माना जाता है। दोनों के मिलने से ही जीवन का निर्माण होता है। इस प्रकार, देवी के हस्तक्षेप करने पर ही शव शिव में परिवर्तित हो जाता है।

हिंदू पुराणशास्त्र में सबसे महत्त्वपूर्ण चर्चाओं में से एक इस बात पर है कि

क्या आत्मा श्रेष्ठ है या तत्त्व। क्या तत्त्व पहले आया या आत्मा पहले आई? कौन किसे निर्माण करता है इस बात पर दोनों में लगातार संघर्ष होते रहता है। एक और बहुत महत्त्वपूर्ण बात यह है कि आत्मा, या देहमुक्त जीवन शक्ति को एक पौरुष रूप दिया जाता है, जबकि शरीर – नर या मादा – देवी और वस्तुओं की स्त्रैण प्रवृत्ति से जुड़ा होता है। हिंदू पुराण शास्त्र में, स्त्रैण रूपक भौतिक वास्तविकता का प्रतीक है: वह सब कुछ जो देश और काल से बंधा हुआ है, वह सब कुछ जिसकी सीमा है और जिसका रूप है और इसलिए जिसका नाम है। पौरुष रूपक देहमुक्त जीवन शक्ति, चेतना या कल्पना के प्रतीक हैं। ये रूपक देश और काल की सीमाओं को पार कर जाते हैं। हम अतीत और भविष्य की कल्पना कर सकते हैं, उनमें भौतिक रूप से उपस्थित रहे बिना। हम अपने विश्व से बाहर निकले बिना दूसरे विश्वों की कल्पना कर सकते हैं।

शिव पर बैठीं काली

ब्रह्मा, विष्णु और शिव देहमुक्त आत्मा के विभिन्न चरणों के प्रतीक हैं। ब्रह्मा भूखी आत्मा के प्रतीक हैं, जो अर्थ की खोज में है; शिव, बुद्धिमान

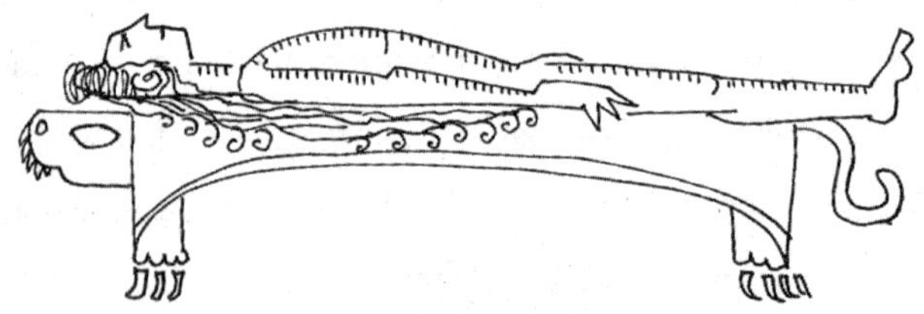

शव के रूप में शिव

आत्मा के प्रतीक हैं, जो अर्थ की खोज नहीं करती है, लेकिन बाकी के विश्व से भी जुड़ती नहीं है; और विष्णु, अर्थपूर्ण बुद्धिमान आत्मा के प्रतीक हैं, जो विश्व के साथ जुड़ते हैं। लेकिन जब तक की विश्व नहीं होता और तीनों देवताओं के पास विश्व के साथ संवाद करने के लिए एक शरीर नहीं होता, वे कार्य नहीं कर सकते। शरीर और संसार दोनों को देवी के रूप में कल्पित किया जाता है। स्वयं को अनुभव करने के लिए देवों को देवी की आवश्यकता होती है; स्वयं को सजीव करने के लिए देवी को देवों की आवश्यकता होती है।

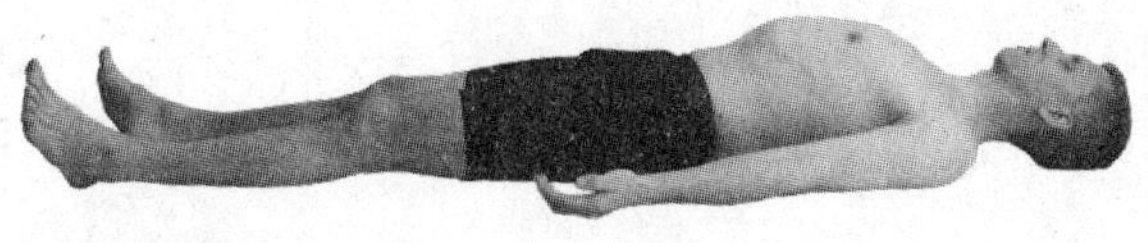

कई लोग इस मुद्रा को 'सबसे कठिन मुद्रा' मानते हैं, लेकिन मैं उनसे सहमत नहीं हूँ। शव-आसन को साधारणतः विश्राम की मुद्रा के रूप में सिखाया जाता है। लेकिन योग के कुछ संप्रदाय इसे अलग प्रकार से सिखाते हैं। संस्कृत में, शव का अर्थ है 'मृत शरीर' और योग परंपरा के कुछ संप्रदायों में, शव-आसन करते समय शरीर को अत्यंत कठोरता से जकड़ा जाता है (जैसे कि जब शव में मृत्युज काठिन्य आ जाता है)। इस आसन के कुछ वर्णनों में साधक को लकड़े के दो टुकड़ों पर रखा दिखाया जाता है। एक टुकड़ा सिर के पिछले हिस्से को सहारा देता है और दूसरा टखनों को सहारा देता है।

बाकी का शरीर फर्श पर लटका हुआ होता है, जैसे दो टुकड़ों पर एक फलक रखा गया हो। चुनौतीपूर्ण और कठोर आसन करने के बाद मैं इस मुद्रा का आरामदायक वर्णन सिखाना पसंद करता हूँ। लेकिन, इस आसन के दोनों वर्णन सिखाने के लिए वैध तर्क हैं। मेरी राय में, शव-आसन का सबसे सफल प्रकार वह है जो साधक को मुद्रा में करने की तुलना में शांत और अधिक केंद्रित छोड़ जाता है।

38

स्कंद-आसन

स्कंद की मुद्रा

जब तारकासुर विश्व को धमका रहा था, शिव कैलाश पर्वत पर अपनी आँखें बंद करके और ध्यान को अंदर की ओर केंद्रित करके शांत बैठे थे। सारी ऊर्जा उनके शरीर में समा जाने से उनके चारों ओर का विश्व बर्फ़ीला बन गया था। तारक ने वरदान मांगा था कि केवल छह दिन की आयु का शिशु ही उसे मार सकता है, एक असंभव शर्त जिसने उसकी अपराजेयता सुनिश्चित की थी। लेकिन, देवता जानते थे कि चूँकि शिव ने हज़ारों वर्षों से योग का अभ्यास किया था वे एक ऐसे शक्तिशाली बालक को जन्म देने में सक्षम थे जो अपने जीवन के छठे दिन, तारक से युद्ध कर उसे पराजित

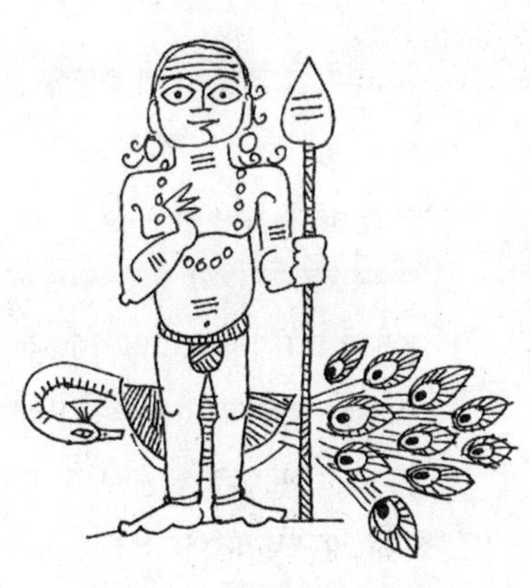

कार्तिकेय

कर सकता था। इसलिए, उन्होंने देवी शक्ति से शिव से विवाह करने की विनती की ताकि वे दोनों एक ऐसे बालक को जन्म दे सकें।

देवी ने शिव को उनसे विवाह करने के लिए मनाया और दोनों ने संभोग किया। लेकिन शिव को वीर्यपात करने में कोई रुचि नहीं थी। अंत में, देवताओं को शिव और शक्ति के दिव्य संभोग में विघ्न डालना पड़ा। इससे शिव ने अपनी एकाग्रता खो दी और वीर्यपात कर गए। दुर्भाग्य से, वीर्य देवी के गर्भ के अंदर नहीं, बल्कि बाहर गिरा, और अग्नि देवता को उसे एकत्र करना पड़ा।

शिव का वीर्य इतना गर्म था कि अग्नि देवता भी उसकी गर्मी सहन नहीं कर सकें। इसलिए उन्होंने उसे वायु देवता को दे दिया। लेकिन वायु देवता भी उसे ठंडा नहीं कर सकें। इसलिए, उन्होंने उसे एक नदी में फेंक दिया। वीर्य की गर्माहट से नदी उबलने लगी और उसके किनारे स्थित सरकंडों में आग लग गई। जब आग बुझ गई, तो उसमें छह कमल के फूलों के आकार के छह बच्चे दिखाई दिए। प्लायडीज़ नक्षत्र की छह-सितारा देवियों अर्थात कृत्तिकाओं ने इन बच्चों को पोषण दिया। कार्तिकेय यह नाम इन कृत्तिकाओं से ही आता है।

बाद में, देवी शक्ति, ने इन छह बच्चों को एक ही बच्चे में मिला दिया। इस बालक को स्कंद सहित कई नाम दिए गए। स्कंद को एक महान देवता के रूप में कल्पित किया जाता है, जो अपने हाथों में एक भाला रखते हैं और मोर पर सवार होकर युद्ध करने जाते हैं। स्कंद ने तारक के विरुद्ध युद्ध में देवताओं की सेना का नेतृत्व किया और उसे पराजित किया।

कार्तिकेय देवताओं के योद्धा और राजसी सेनाओं के धर्मपिता हैं। लेकिन चूँकि उन्हें बहुधा एक बच्चे या लड़के के रूप में कल्पित किया जाता है, उनका नाम कुमार भी है। शिव के विश्व से जुड़ने वाले रूप का वे मूर्त रूप हैं, क्योंकि तपस्वी शिव विश्व के साथ जुड़ते नहीं हैं। इस प्रकार शिव

के बदले शिव के पुत्र संसार की रक्षा करते हैं। उत्तर भारतीय परंपराओं में स्कंद मोर पर सवार एक ब्रह्मचारी योद्धा हैं। दक्षिण भारतीय परंपराओं में उन्हें बहुधा मुरुगन कहा जाता है, और उन्हें एक पहाड़ की चोटी पर खड़ा दिखाया जाता है, अपनी दो पत्नियों के साथ – इंद्र की आकाशीय बेटी, सेना और पृथ्वी की जनजातीय सुंदरी, वल्ली। पूर्व भारत में, स्कंद को कला के खेल-प्रेमी संरक्षक के रूप में चित्रित किया जाता है, जिन्हें जीवन में परिष्कृत वस्तुएँ अच्छी लगती हैं, प्राचीन काल के कुलीन वर्ग के लोगों जैसी। इस मामले में वे अपने अधिक अध्ययनशील, सुस्त, तोंदुए हाथी के सिर वाले भाई से बिलकुल अलग हैं। इस प्रकार यह स्पष्ट है कि भारत के भीतर भी हिंदू पुराणशास्त्र के कई रूप हैं।

ज्योतिषशास्त्र में मंगल ग्रह से जुड़े स्कंद की तुलना बहुधा युद्ध के यूनानी देवता, एरीज़ से की जाती है। कुछ लोग मानते हैं कि अलेगज़ैंडर द ग्रेट का भारतीय नाम, सिकंदर, स्कंद के नाम से आता है।

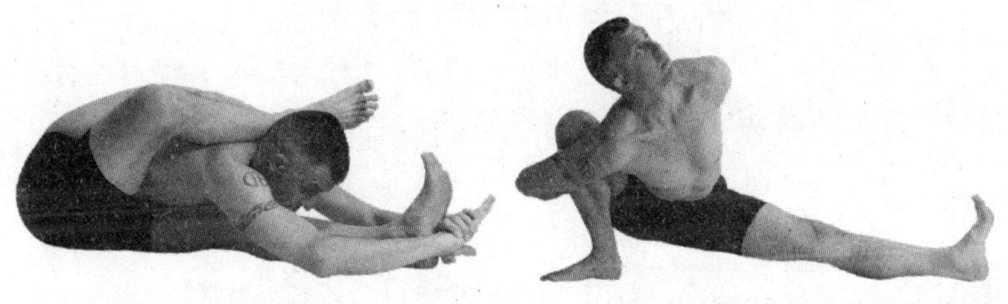

देवताओं के योद्धा और हाथी के सिर वाले देवता, गणेश के भाई, कार्तिकेय का दूसरा नाम स्कंद है। दोनों शिव के पुत्र हैं। जैसे कोई साधक इस आसन की पूर्ण अभिव्यक्ति की ओर बढ़ता है, वैसे वह कार्तिकेय की तरह, जीत,

सफलता और बाधाओं पर विजय पाने के लिए संघर्ष का अनुभव करता है। साधारण मान्यता यह है कि इस आसन के प्रारंभ में पहले एकपद शीर्ष-आसन (सिर के पीछे एक पैर) किया जाता है। इस मुद्रा को करने के लिए बैठकर, एक पैर को सिर के पीछे रखकर सीधे पैर को पूर्ण रूप से आगे की ओर ताना जाता है। कलाइयों का बंधन (मुड़े हुए पैर की ओर का हाथ बहुधा दूसरे हाथ को पकड़ता है) आसन की अंतिम चाल होते हुए भी आसन यहाँ समाप्त नहीं होता। हर बार जब श्वास को अंदर लिया जाता है तब रीढ़ की हड्डी को ऊपर उठाकर आगे की ओर बढ़ाया और ताना जा सकता है, और हर बार जब श्वास को छोड़ा जाता है तब शरीर को मुद्रा में थोड़ा और मोड़ा जा सकता है। जिस देवता का नाम इस मुद्रा को दिया गया है उनकी प्रकृति को देखते हुए, कभी-कभार इस मुद्रा को 'युद्ध के देवता' कहा जाता है।

39

षणमुखी मुद्रा-आसन

छह मुखों के मुहर का आसन

षणमुख (छह सिरों वाला) शक्तिशाली कार्तिकेय का दूसरा नाम है। कार्तिकेय के विपरीत, शिव के दूसरे पुत्र, हाथी के सिर वाले गणेश, समृद्धि, प्राचुर्य और शिक्षा से जुड़े हैं। जहाँ षणमुख भय को मिटा देते हैं, वहाँ गणेश भूख को दूर करते हैं। शिव के दोनों पुत्र मिलकर हमें उन सभी भावनाओं और अनुभवों से मुक्त करते हैं जिनमें हम फंस जाते हैं।

जबकि लगभग 1500 वर्ष पुराने पुराणों के अनुसार कार्तिकेय शिव और शक्ति के पुत्र हैं, 2000 वर्ष से अधिक पुराने महाभारत के अनुसार कार्तिकेय अग्नि देवता के पुत्र हैं, जिन्होंने सप्त ऋषियों की सात पत्नियों को चाहा था। लेकिन, केवल छह पत्नियाँ अग्नि द्वारा लुभाईं गईं। केवल अग्नि की गर्मी और प्रकाश के संपर्क में आने से वे गर्भवती बन गईं। इन छह पत्नियों को उनके पतियों ने ग्रेट बैर या सप्तर्षि नक्षत्र से बाहर निकाल दिया और वे प्लायडीज़ या कृत्तिका नक्षत्र बन गईं। इन दूषित पत्नियों ने अपने अजन्मे बच्चों को नदी के किनारे सरकंडों के वन में त्याग दिया। अग्नि की

पत्नी, स्वाहा, ने इन भ्रूणों को एकत्र किया और छह सिर वाले एकल बच्चे में मिलाया। यह बालक स्वयं को कार्तिकेय कहलाने लगा। वह देवताओं का योद्धा बन गया और उसने घोषणा की कि जो कोई भी कृत्तिकाओं का अपमान करेगा, उसे गर्भपात का दंड दिया जाएगा।

छह भुजाओं के कार्तिकेय

महाभारत से भी पुरानी तमिल परंपराओं में, कार्तिकेय मुरुगन के नाम से जाने जाते हैं। मुरुगन अपने भाले के साथ पहाड़ पर खड़े होते हैं और अपनी माँ, रक्त की प्यासी कोटरावई के साथ युद्ध करने के लिए मैदानों में जाते हैं। कोटरावई को बाद में भारत के अन्य भागों में चामुंडा के नाम से, और अंततः सिंह पर सवार, किल्लों की रक्षक, युद्ध-की देवी दुर्गा के रूप में जाना जाने लगा। युद्ध को देवी के बलिदान के रूप में देखा जाने लगा जिससे राजाओं को वैधता मिलती। तमिल परंपरा में मुरुगन और वैदिक देवता अग्नि, या पौराणिक भगवान शिव के बीच कोई संबंध नहीं है। इस तरह इन कहानियों से पता चलता है कि कैसे विभिन्न जगहों और इतिहास के विचारों के उत्तर में हिंदू पौराणिक कथाएँ भी देश और काल के साथ बदलीं।

छह सिरों के कार्तिकेय

कार्तिकेय के छह सिर महल रूपी शरीर के द्वारों या रीढ़ की

हड्डी पर स्थित हमारे आंतरिक अंगों और हमारी भावनाओं को नियंत्रित करने वाले चक्रों या योग के माध्यम से नियंत्रण में लाने वाली इंद्रियों के लिए रूपक भी हैं।

षणमुखी दो संस्कृत शब्दों का संयोजन है, जिनका अर्थ है 'छह' और 'मुख'। 'मुद्रा' का अर्थ आसन के अलावा 'मुहर' भी होता है और इसका तात्पर्य बहुधा प्राण (श्वास से प्राप्त जीवित ऊर्जा) को रोककर रखने से है। इस आसन में, हाथों को चेहरे पर इस तरह लाया जाता है कि 'छह द्वारों' पर रोक लग जाए, जिनमें दो आँखों, दो कानों, नाक और मुँह का समावेश है। इन मार्गों को 'बंद' करके, मन वास्तव में संवेदी अनुभूति से कट जाता है और फिर इस बात को समझने के लिए स्वतंत्र बन जाता है कि वह स्वयं कैसे चलता है। हालाँकि यह आसन बहुधा कमल

की स्थिति में बैठकर किया जाता है, हाथ का यह आसन किसी भी बैठी या लेटी हुई स्थिति में किया जा सकता है। यह स्पष्ट है कि नाक और मुँह को ढकने से श्वास लेने में कठिनाई होती है, और इसलिए श्वास चक्र के सचेत नियंत्रण में एकाग्रता का एक अतिरिक्त पहलू उपलब्ध हो जाता है।

40

मयूर-आसन

मोर की मुद्रा

हिंदू पुराणशास्त्र में, देवता विभिन्न प्राणियों पर सवार दिखाए जाते हैं। इसलिए देवताओं को इन प्राणियों के साथ जोड़ा जाता है। शिव के पुत्र कार्तिकेय मोर पर सवार होते हैं। रोचक बात यह है कि कैलाश पर्वत पर स्थित मोर का प्राकृतिक भोजन सांप है। शिव के गले में एक जीवित सांप लिपटा हुआ है। सांप चूहे खाते हैं। शिव के दूसरे पुत्र, गणेश का वाहन एक चूहा है। फिर भी, कैलाश पर्वत पर कोई किसी को नहीं खाता है, क्योंकि वहाँ भूख नहीं होती है। इस प्रकार, इन प्राणियों के माध्यम से हम जान जाते हैं कि शिव का निवास एक ऐसी जगह है जहाँ हम भूख, भय और इच्छाओं के पार चले जाते हैं। गणेश को कभी-कभार मोर पर सवार और अपने पेट के चारों ओर एक सांप लपेटे हुए दिखाया जाता है। उनका दूसरा वाहन चूहा है। फिर से, खाद्य श्रृंखला को दर्शाया गया है। लेकिन चूँकि ये प्राणी भूखे नहीं हैं इसलिए उनमें भय भी नहीं है। इस प्रकार, शिव का स्वर्ग बाइबिल की अवधारणा को दोहराता है: शेर भेड़ के बच्चे के साथ रहेगा!

हिंदू पुराणशास्त्र में तीन स्वर्ग हैं: इंद्र, शिव और विष्णु के स्वर्ग। इंद्र का स्वर्ग इच्छा-पूर्ति वृक्षों (कल्प-वृक्ष), इच्छा-पूर्ति गायों (काम-धेनु) और इच्छा-पूर्ति मणियों (चिंता-मणि) से परिपूर्ण है, और उसमें हमारी भूख को संतुष्ट किया जाता है। शिव के स्वर्ग में हम भूख के पार चले जाते हैं। विष्णु के स्वर्ग में, हम दूसरों की भूख को मिटाते हैं। इसलिए विष्णु लोगों की मदद करते हैं। चूँकि इंद्र किसी की भूख मिटाने का प्रयत्न नहीं करते, भूखे असुर उनपर आक्रमण करते रहते हैं। इसलिए इंद्र के स्वर्ग में समृद्धि है लेकिन शांति नहीं है। जो 'उनका' है उसकी रक्षा करने के लिए वे लगातार घिरे हुए होकर युद्ध लड़ते रहते हैं। कैलाश पर्वत पर शांति है, लेकिन समृद्धि नहीं है। लेकिन वहाँ समृद्धि की कोई आवश्यकता भी नहीं है, क्योंकि वहाँ कोई भूख नहीं होती है। विष्णु के स्वर्ग में, शांति और समृद्धि दोनों है, क्योंकि उनकी सभी इच्छाएँ पूरी हो चुकी हैं, और अब वे दूसरों की इच्छाओं को पूरा करने में लगे हैं।

विष्णु अपने मुकुट में एक मोर का पंख हमें याद दिलाने के लिए लगाते हैं कि वे मोर की तरह मोरनियों, अपनी प्रिय गोपियों या ग्वालिनों के बीच कैसे नृत्य करते हैं। भारतभर की कई लोक प्रथाओं में बुरी नज़र को दूर करने के लिए आँख के आकार के निशान के मोर पंखों का उपयोग किया जाता है। युद्ध के बीच मोर की पूंछ की छाया में विश्राम करने के कारण देवताओं के राजा इंद्र ने ये आँखें मोर को उपहार में दी थीं।

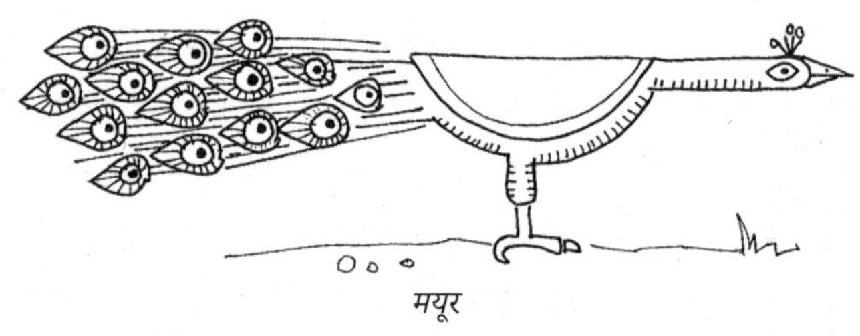

मयूर

जैन साधु अहिंसा के सिद्धांत का पालन करते हैं। इसलिए जब वे कही भी बैठते हैं, तब उस स्थान को मोर-पंख से बनी झाड़ू से साफ़ करते हैं। ऐसा करने से वहाँ की चींटियाँ और कीड़ें कुचले जाने से बच जाते हैं।

महायान बौद्ध परंपरा में, ज्ञान की देवी और बुद्ध की माता और संरक्षक, महामयूरी, को मोर से जोड़ा जाता है, संभवतः इसलिए कि उस काल में बहुधा मोर पंखों से लिखा जाता था। इससे प्रेरित होकर ज्ञान की हिंदू देवी, सरस्वती की छवियाँ भीं मोर के साथ दिखाई जाने लगीं, हालाँकि वे बहुधा हंस से जुड़ी होती हैं।

संतुलन का अर्थ है किसी वस्तु को 'समतल रूप से फैलाना'। आसन के अभ्यास में संतुलन बहुधा शरीर के वज़न के समतल फैलाव को संदर्भित करता है, और मोर की मुद्रा उस सिद्धांत का संभवतः सबसे सुंदर प्रदर्शन है। इस आसन से एक आम भ्रम दूर हो जाता है और वो यह है कि 'कोर' की मांसपेशियाँ कौनसी हैं। आज, अधिकांश लोग तो यही मानते हैं कि 'कोर' शब्द पेट या एब्डोमेन

की मांसपेशियों (विशेषतः, रेक्टस एब्डोमिनस – 'सिक्स-पैक' की मांसपेशियों) को संदर्भित करता है। लेकिन यह पूर्ण रूप से सही नहीं है। वास्तव में कोर का भाग आपके हाथ और पैरों के अलावा शरीर का संपूर्ण भाग है। इसलिए कोर की मांसलता में न केवल आपके पेट के भाग का समावेश होता है, बल्कि आपकी छाती और पीठ का अधिकांश भाग भी है। इस भ्रम के कारण यह आसन कर रहें साधकों को जब अपने 'कोर' को संकुचित करने के लिए कहा जाता है, तब वे शरीर को बहुधा ऐसे संकुचित करते हैं, जैसे वे 'सिट-अप' करते समय उसे संकुचित करते हों। वास्तव में, सभी संबंधित मांसपेशियों को संकुचित करना आवश्यक होता है ताकि शरीर जितना संभव हो सके उतना कठोर बन जाए। इस कठोरता के कारण शरीर समतल बन जाता है और फिर उसे भुजाओं की सहायक हड्डियों पर 'रखा' जा सकता है। इस अवधारणा को स्पष्ट करने के लिए मैं बहुधा शादी का केक पकाने का सादृश्य देता हूँ। शादी के केक में बहुधा क्रमशः छोटे केक एक के ऊपर एक ढेर में रखे जाते हैं। लेकिन यदि बीच का कोई भी केक पूरी तरह से पका नहीं हो, तो उसके ऊपर के सारे केक ढेर हो जाएँगे। संतुलन के ऐसे आसनों में सफलता प्राप्त करने का रहस्य पूरी तरह से 'केक पकाना' है।

41

गज-आसन

हाथी की मुद्रा

पुराणों के अनुसार, शिव, अमर होने के कारण कोई संतान नहीं चाहते थे, लेकिन उनकी पत्नी पार्वती संतान चाहती थीं। जब शिव ने उन्हें संतान देने से इंकार कर दिया, तब उन्होंने अपने शरीर पर सुगंधित पदार्थ का लेप लगाया, अपने लेप लगाए शरीर को रगड़ा, उस पदार्थ से अपने लिए एक गुड़िया बनाई और उसे जीवित कर दिया। इस बालक ने शिव को अपनी ही गुफ़ा में प्रवेश करने से रोक दिया। क्रोधित होकर, शिव ने उसका सिर काट दिया, यह नहीं जानते हुए कि वो पार्वती का पुत्र है। अपने पुत्र की मृत्यु से पार्वती शोकाकुल थीं। पार्वती के पुत्र को पुनर्जीवित करने के लिए,

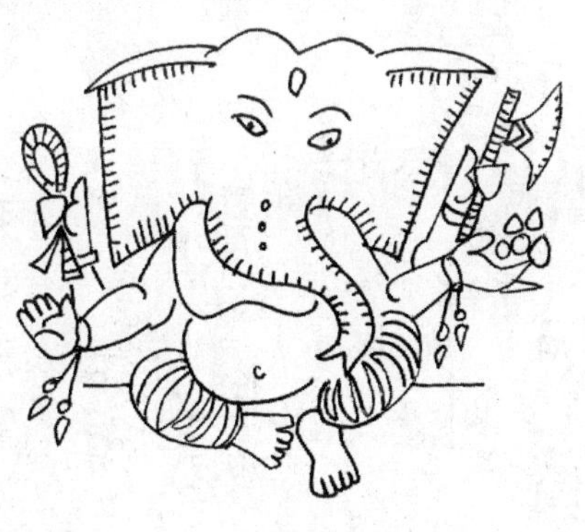

गणेश

शिव ने अपने अनुयायियों से कहा कि उत्तर दिशा में उन्हें मिले पहले जीवित प्राणी का सिर उनके पास लाएँ। इस प्रकार ये अनुयायी एक हाथी का सिर काटकर उसे शिव के पास ले गए। शिव ने बालक के शरीर पर हाथी का सिर रखा, उसे जीवित किया, और उसका नाम गजानन रखा, अर्थात वो जिसका हाथी का सिर है। शिव और शक्ति का यह पुत्र गणपति के नाम से भी जाना गया अर्थात शिव के जंगली अनुयायियों या गणों का नेता। गणेश, मिलन के लिए रूपक हैं – स्थिर, अमर, आध्यात्मिक वास्तविकता, जो संतानों और सांसारिक विश्व में कोई रुचि नहीं रखती है और निरंतर बदलने वाली भौतिक वास्तविकता, जो गृहस्थी में व्यस्त रहती है और भविष्य की पीढ़ी को बच्चों के रूप में पोषित करना चाहती है। इस प्रकार, गणेश, शिव और शक्ति के योग, और मन और तत्त्व तथा आत्मा और तत्त्व के बीच असामंजस्य के अंत का प्रतीक हैं।

हाथी हिंदू धर्म में एक बहुत ही महत्त्वपूर्ण और शुभ प्राणी है। कहते हैं कि समुद्र मंथन करने पर क्षीरसागर से तीन जोड़ी दांत और सात सूँड़ों वाला सफ़ेद चमड़ी का हाथी निकला था। वह देवों के राजा, इंद्र का वाहन बन गया, जो आकाश के स्वामी हैं और वर्षा के काले, मानसूनी बादलों से वर्षा निर्माण करते हैं। हाथी राजसी सत्ता से जुड़ा होता है। जंगल में उसका कोई प्राकृतिक शत्रु नहीं है और इसलिए उसे बहुत सम्मान दिया जाता है। हाथी पर सवार इंद्र की सबसे पुरानी छवि मुंबई के पास भाजा की बौद्ध गुफाओं में पाई जाती है।

गज

हिंसक हाथी को वश में करने का वृत्तांत हिंदू और बौद्ध कहानियों में

फंसे हुए गज-राज

कई बार दोहराया जाता है। कृष्ण मथुरा में पागल हाथी कुवल्यपिड को शांत करते हैं और बुद्ध उन्हें मारने के लिए भेजे गए उन्मत्त हाथी को शांत करते हैं।

कामुक रूप से उत्तेजित नर हाथी वासना का प्रतीक है, और उसके कनपटी से निकलने वाले तरल पदार्थ को संस्कृत में 'मद' कहा जाता है। शराब के लिए मदिरा यह शब्द 'मद' ही से आता है।

भाग्य की देवी, लक्ष्मी, एक दलदल के बीच कमल के फूल पर विराजमान, हाथियों से घिरी हुईं होती हैं, जो उनपर पानी छिड़कते हैं। पानी का छिड़कना वर्षा का प्रतीक है, और हाथी वर्षा के बादलों के प्रतीक हैं। पानी भरपूर फसल या उस भाग्य को सुनिश्चित करता है जिसे लक्ष्मी मूर्त रूप देती हैं। हाथी का पानी के प्रति प्रेम और हरी वनस्पतियों से उसका जुड़ाव उसे उपजाऊपन, समृद्धि और शक्ति का प्रतीक बनाता है। बौद्ध, जैन और हिंदू धर्मीय तीनों लक्ष्मी को पूजते हैं।

कला में, गज-राज को बहुधा कमल के तालाब में जीवन के सुखों का आनंद लेते हुए दिखाया जाता है, जब तक कि उनके पैर को मगरमच्छ पकड़ नहीं लेती। फिर गज-राज एक कमल का फूल उठाकर उसे विष्णु को अर्पित करते हैं। विष्णु बादलों से निकलकर अपने सुदर्शन चक्र से मगरमच्छ का वध करके गज-राज को उसकी प्राणघातक पकड़ से मुक्त करते हैं। गज-राज की यह मुक्ति, अर्थात गजेंद्र मोक्ष, भक्ति के माध्यम से भौतिक संसार से मुक्ति के लिए रूपक है।

बौद्ध पौराणिक कथाओं में, विशेषत: जातक कथाओं में, बुद्ध का जन्म एक हाथी के रूप में हुआ था। इस हाथी ने स्वयं को बड़ी हानि पहुँचने

पर भी स्वेच्छा से एक लालची शिकारी को अपने दाँत दिए थे, क्योंकि वह अपने दाँतों की तुलना में तटस्थता की बुद्धि को अधिक महत्त्वपूर्ण समझता था। एक अन्य कहानी में, बुद्ध ने एक राजकुमार के रूप में जन्म लिया था। इस राजकुमार ने वर्षा के बादल आकर्षित करने वाला अपना सफ़ेद राजसी हाथी एक पड़ोसी सूखा-पीड़ित राज्य को दे दिया था। अपने इस उदार कार्य के लिए, राजकुमार की प्रजा ने ही उसे राज्य से बाहर निकाल दिया। इस दंड को उसने अनुग्रह के साथ स्वीकार किया, क्योंकि वह संपत्ति को पकड़े रखने की तुलना में उदारता की बुद्धि को और महत्त्वपूर्ण समझता था।

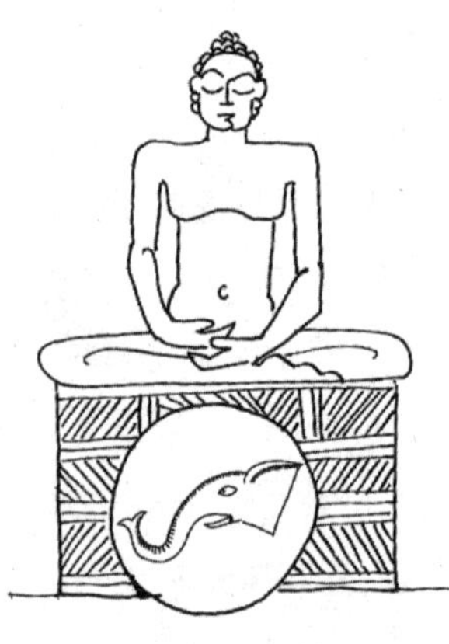

जीन अजित-नाथ

जैन पुराणशास्त्र में, हाथी इस कल्प के चौबीस जीनों में से दूसरे जीन, अजित-नाथ का प्रतीक है।

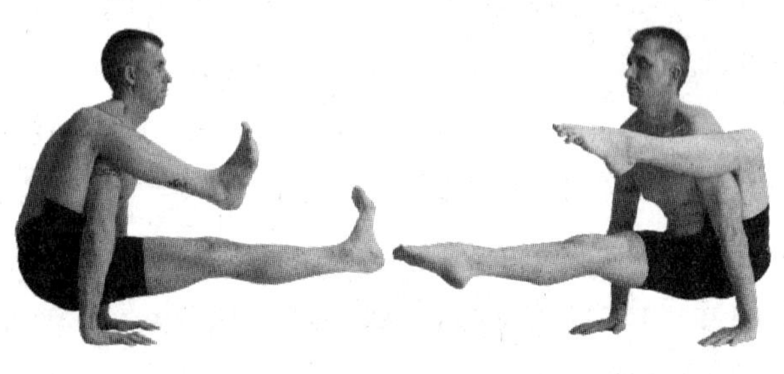

गज 'हाथी' के लिए संस्कृत शब्द है। इस आसन का नाम उचित इसलिए है कि इसमें व्यक्ति हाथी की सूंड जैसे दिखता है। बहुधा अष्टावक्र-आसन या कौंडिन्य-आसन जैसे आसनों के लिए अग्रगामी आसन के रूप में किया जाने वाला यह आसन भुजाओं और पेट की मांसपेशियों को सुदृढ़ करने में मदद करता है। इस आसन को भुज पीड-आसन (कंधों पर ज़ोर डालने की मुद्रा) या टिट्टिभ-आसन (उड़ते कीड़े की मुद्रा) जैसे आसनों का आधा प्रकार भी समझा जा सकता है क्योंकि उन दोनों आसनों में शरीर को हाथ पर संतुलित किया जाता है और पैर गज-आसन जैसे कंधों के पीछे होते हैं। इस आसन के एक अन्य प्रकार में खड़े होकर, शरीर को आगे की ओर झुकाकर, भुजाओं को आगे की ओर ताना जाता है, हाथी की लंबी सूंड के रूप में। जैसा कि पहले बताया गया है, कुछ आसनों के कई प्रकार होते हैं। यह दावा करना कि एक प्रकार दूसरे प्रकार से निश्चित रूप से अधिक 'सही' या अधिक 'परंपरागत' है, तुच्छ है, विशेषतः यह जानते हुए कि आज किए जाने वाले अधिकांश आसन केवल

लगभग 100 वर्ष पुराने हैं। कुछ साधक इस बात को विवादास्पद समझते हैं, और इसी तरह इससे योग की विभिन्न विचारधाराओं के बीच एक प्रकार की प्रतिद्वंद्विता शुरू हुई है। इस तर्क की मूर्खता को समझने के लिए मैं बहुधा एक साधारण सादृश्य देता हूँ, और वो है दो लोगों से एक ही गंतव्य स्थान तक पहुँचने की दिशा पूछना। जहाँ कोई व्यक्ति गंतव्य स्थान तक सीधा मार्ग बता सकता है जिससे हम सबसे कम समय में वहाँ तक पहुँच सकते हैं, दूसरा व्यक्ति अधिक दर्शनीय और अधिक सुंदर मार्ग बता सकता है। क्या हम कह सकते हैं कि एक व्यक्ति दूसरे से अधिक सही है? चूँकि दोनों मार्ग हमें अंततः एक ही गंतव्य स्थान तक ले जाते हैं, किसी भी मार्ग का सापेक्ष 'औचित्य' पूरी तरह से व्यक्तिनिष्ठ है।

42

मत्स्येंद्र-आसन

मत्स्येंद्र-नाथ की मुद्रा

नाथ योगी, या नाथ जोगी, योगियों का एक विशेष संप्रदाय है जो लगभग 1000 वर्ष पहले पूरे भारत में लोकप्रिय हुआ था। वैदिक काल के ऋषियों के विपरीत, नाथ जोगी ब्रह्मचारी तपस्वी थे। केवल कुछ वस्तुएँ लेकर वे सभी जगह घूमते थे, जैसे एक कंबल, एक चिमटा, एक बर्तन और कान की उपास्थि को फाड़कर पहनी जाने वाली एक विशेष बाली। यही कारण है कि उन्हें कान-फटा जोगी कहा जाता था। वे लगातार 'अलख निरंजन' का जाप करते हैं, जिसका अर्थ है वो व्यक्ति जिसके कोई गुण (लक्षण) और दोष (अंजन) नहीं हैं। यह शिव के लिए एक नाम है। इन योगियों ने ही शारीरिक योग (हठ योग) को लोकप्रिय बनाया, जिसके साथ आधुनिक योग जुड़ा हुआ है। रहस्यमय तरीक़े से परमात्मा से जुड़कर (समाधि लेकर) मनोगत शक्तियों (सिद्धि) को प्राप्त करने के लिए उन्होंने शरीर का यंत्र के रूप में उपयोग किया।

परंपरागत रूप से, नौ नाथों ने भारत, नेपाल और दक्षिण पूर्व एशिया में

घूमकर अपनी बुद्धि का प्रसार किया। सभी नाथ दत्तात्रेय को अपना आदि गुरु मानते थे। दत्तात्रेय को पृथ्वी पर शिव का एक रूप माना जाता है। उन्हें चार वेदों के प्रतीक चार कुत्तों और पृथ्वी-माता के उदार पहलू का प्रतीक एक गाय के साथ चित्रित किया जाता है। उन्हें त्रिमूर्ति, अर्थात ब्रह्मा, विष्णु और शिव का मूर्त रूप भी माना जाता है।

आदि गुरु दत्तात्रेय

दत्तात्रेय को पहला शिक्षक, शिक्षकों का शिक्षक माना जाता है, क्योंकि उनका कोई औपचारिक शिक्षक नहीं था। इसके बजाय, जीवन की उनकी समझ प्रकृति और संस्कृति के अवलोकन से आई: तत्त्व, पौधा, पहाड़, नदी, प्राणी, पक्षी, कीड़ा, पुरुष, महिला, योद्धा, पुजारी, शिल्पकार, रसोइया और गणिकाओं के अवलोकन से।

मत्स्येंद्र-नाथ सबसे अधिक पूजनीय नाथ गुरु हैं। मत्स्येंद्र-नाथ एक मछली (मत्स्य) थे जिसने जब शिव देवी को योग का रहस्य समझा रहे थे तो उनकी बात सुन ली थी। शिव की बातों ने मछली को इतना बुद्धिमान, शक्तिशाली, जागरूक और प्रबुद्ध बना दिया, कि वह एक मनुष्य में बदल गया। यह मनुष्य रहस्यवाद के अपने ज्ञान और अपनी मनोगत शक्तियों के लिए प्रसिद्ध एक महान शिक्षक बन गया।

मछली शिव और शक्ति के वार्तालाप को सुनती हुई

एक बार एक नि:संतान स्त्री ने मत्स्येंद्र-नाथ से संतान की कामना की। उन्होंने उसे

मुट्ठीभर राख दी और उसे उसका सेवन करने के लिए कहा। लेकिन उस स्त्री को विश्वास नहीं था कि एक मुट्ठी राख से उसे बच्चा मिलेगा। इसलिए उसने इस राख को अपने खेत में एक गड्ढे में फेंक दिया जो गोबर से भरा रहता था और जिसे गोबर की राख बनाने के लिए बहुधा जलाया जाता था। नौ वर्षों बाद, मत्स्येंद्र-नाथ फिर से वह गाँव गए और उस स्त्री को वरदान में दिए गए बच्चे से मिलने की माँग की। नि:संतान स्त्री ने स्वीकार किया कि उसने राख को गोबर और गोबर की राख के लिए बने गड्ढे में फेंक दिया था। मत्स्येंद्र-नाथ ने गड्ढे में जाकर गोबर और गोबर की राख को खोदा, और नीचे उन्हें नौ वर्ष की उम्र का लड़का मिला। मत्स्येंद्र-नाथ ने महिला से कहा कि चूँकि उसने इस बच्चे को त्याग दिया था वह अब उनका बच्चा था। बच्चे का नाम गोरख रखा गया – वह जो गोबर की राख से संरक्षित था और जो गायों का रक्षक था।

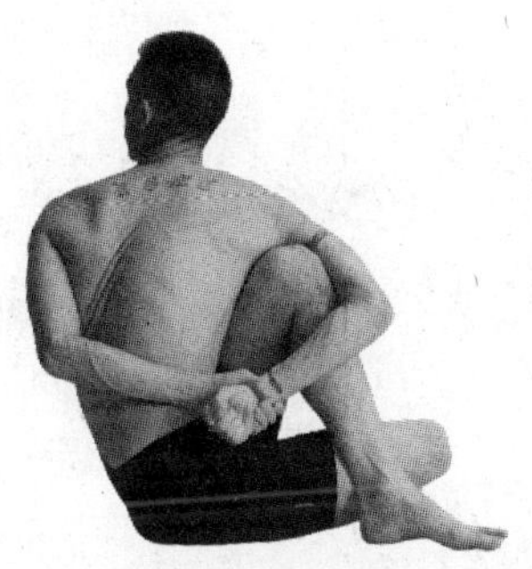

मत्स्येंद्र को हठ योग प्रणाली का संस्थापक माना जाता है और योग के पहले शिक्षकों में से एक के रूप में पूजा जाता है। इस आसन के कई प्रकार हैं, जिन्हें मूल रूप से दो वर्गों में बाँटा जाता है: पहले वर्ग में अर्ध या 'आधा' प्रकार के

आसन हैं, जिनमें से एक प्रकार यहाँ चित्रित किया गया है; दूसरे वर्ग में परिपूर्ण या 'पूर्ण' प्रकार हैं, जिनमें एक पैर को पद्म-आसन में मोड़ना पड़ता है और रीढ़ की हड्डी को और गहराई से घुमाना पड़ता है। मत्स्येंद्र-आसन में शरीर की स्थिति मरीचि-आसन के घूमने वाले प्रकारों के लगभग समान है, जिस कारण उसे बहुधा अनदेखा कर दिया जाता है। लेकिन इस आसन में निचले पैर को शरीर के मध्य भाग की ओर अनूठे रूप से ताना जाता है। बदले में कूल्हों की मांसपेशियों को सख्ती से ताना जाता है जो अन्य आसनों में करना आसान नहीं होता।

43

गोरक्ष-आसन

गोरख-नाथ की मुद्रा

संस्कृत शब्द गोरक्ष, अर्थात गायों के रक्षक, को बोलचाल की भाषा में गोरख उच्चारा जाता है। गोरक्ष गायों की देखभाल करने वाले गोपाल से थोड़े अलग हैं। यहाँ गायें ज्ञानेंद्रियों के लिए रूपक हैं जो उत्तेजनाओं के चरागाहों पर लगातार चरती हैं। गोरक्ष-नाथ (या गोरख-नाथ) वे योगी हैं जो इंद्रियों को संवेदी उत्तेजनाओं से बहकाए जाने से रक्षा करते हैं। गोरक्ष-नाथ अपने गुरु को इंद्रियों के जाल से बचाने और इस प्रकार उनसे भी महान बनने के लिए प्रसिद्ध हैं।

एक बार, प्रमिला नामक राजकुमारी ने गंधर्वों के राजा को अपने राज्य के ऊपर आकाश में उड़ते हुए देखा। नीचे से राजा के गुप्तांग दिखने पर वह हंस पड़ी। गंधर्वों के राजा को इतना अपमानित लगा कि उन्होंने प्रमिला को शाप दिया कि उसे केले के वन (कदली-वन) में रहना पड़ेगा और कोई भी पुरुष उस वन में प्रवेश नहीं कर पाएगा। यदि किसी पुरुष ने वन में जाने की कोशिश की, तो वह महिला में बदल जाएगा। इस प्रकार, प्रमिला महिलाओं

के जग में फंस गई और सोचती रही कि क्या वह कभी किसी संतान को जन्म दे पाएगी भी या नहीं।

केवल मनोगत, यौगिक शक्तियों वाला सिद्ध योगी, अपने पुरुषत्व को खोए बिना ऐसे जंगल में प्रवेश कर सकता था। मत्स्येंद्र-नाथ ऐसे ही एक योगी थे। प्रमिला ने उन्हें केले के वन में आमंत्रित किया, अपनी कामुकता और छल से फंसाया और उनसे विवाह कर लिया; दोनों ने एक संतान को जन्म दिया। मत्स्येंद्र-नाथ प्रमिला के साथ इतने ख़ुश थे कि वे वन के बाहर अपना जीवन भूल गए। तब गोरक्ष-नाथ, अपने गुरु को महिलाओं के इस सम्मोहक राज्य से बाहर निकालने के उद्देश्य से उस वन में गए। गोरक्ष-नाथ जानते थे कि यदि वे पुरुष रूप में वन में प्रवेश करेंगे, तो महिलाएँ उन्हें लुभाने की कोशिश करेंगी। इसलिए उन्होंने स्त्री का वेश धारण किया और नर्तक तथा संगीतकार होने का ढोंग किया। वे गीत गाते, नृत्य करते और ढोल बजाते रहे, और अंत में वे रानी के आंतरिक कक्ष तक पहुँच पाए, जहाँ उन्हें अपने गुरु दिखे। गीतों के गुप्त शब्दों के माध्यम से उन्होंने अपने शिक्षक को वहाँ की सच्चाई बताई और अपने छात्र के साथ वहाँ से भाग निकालने का अनुरोध किया।

जब प्रमिला यह जान गई, तो अपने क्रोध में उसने मत्स्येंद्र-नाथ को

केले का बाग़, योगिनियों का निवासस्थान

अपनी पत्नी और अपने छात्र के बीच चुनने के लिए कहा। तब, अपनी शक्तियों का प्रदर्शन करने के लिए, गोरक्ष-नाथ मत्स्येंद्र-नाथ के पुत्र को लगातार मारते और पुनर्जीवित करते गए। फिर उन्होंने उसका सिर काट डाला और उसे फिर से पुनर्जीवित कर दिया। इस प्रदर्शन से उन्होंने अपने गुरु को दिखाया कि जब तक वे महिलाओं के राज्य में रहेंगे, उन्हें मृत्यु और पीड़ा का अनुभव करना होगा; लेकिन उससे बाहर निकलने पर वे अपनी इच्छा से किसी को जीवित और मृत कर सकेंगे। इस प्रकार वे मृत्यु पर विजय प्राप्त कर पाएँगे और सभी दुःखों से मुक्त हो पाएँगे।

गोरक्ष-नाथ

योग विद्या में, मत्स्येंद्र-नाथ योग के भयंकर, मनोगत, तांत्रिक रूप के प्रतीक हैं, जबकि गोरक्ष-नाथ योग के सौम्य, रहस्यमय वेदांतिक रूप से जुड़े हैं। यह अधिकांश विद्या मौखिक है और कहानी में कई भिन्नताएँ हैं। इस तरह की कहानियाँ स्पष्ट रूप से एक रूपक हैं, जिसमें महिलाओं का वन शरीर और लोभ में फंसे गृहस्थ के सांसारिक जीवन दोनों का प्रतीक है। आत्मत्याग और भयंकर यौगिक प्रथाओं को महत्त्व दिया गया जो सांसारिक शक्ति और प्रसन्नता के बजाय रहस्यमय और मनोगत बातों को बढ़ावा देती थीं।

उड़ती हुई योगिनी

गोरक्ष-नाथ (या गोरख-नाथ) को समर्पित मंदिर पूरे भारत में पाए जाते हैं, पंजाब और गंगा के मैदानी इलाकों से लेकर बंगाल, महाराष्ट्र, आंध्र प्रदेश

और तमिलनाडु तक। नेपाल का गोरखा समुदाय गोरख-नाथ को अपना आध्यात्मिक पूर्वज मानते हैं।

एक बार, गोरक्ष-नाथ को एक सूखे कुएं में एक ऐसा व्यक्ति मिला जिसके हाथ और पैर काट दिए गए थे। वह व्यक्ति पूरन नामक राजकुमार था, जिसपर उसके पिता की कनिष्ठ पत्नी ने दुर्व्यवहार का ग़लत आरोप लगाया था। अपनी पत्नी से कोई प्रमाण माँगे बिना, राजा ने आदेश दिया था कि राजकुमार के चार अंग काटकर उसे कुएं में फेंक दिया जाए ताकि उसकी धीमी, दर्दनाक मृत्यु हो सके। लेकिन पूरन ने शिव के नाम का जप किया और वो चमत्कारपूर्ण ढंग से बच गया। गोरक्षनाथ ने पाया कि पूरन के मन में अपने पिता या अपनी सौतेली माँ के प्रति कोई क्रोध या घृणा नहीं थी। गोरक्ष-नाथ समझ गए कि राजकुमार एक योगी था। उन्होंने उसके अंगों को फिर से लौटा दिया, उसे चौरंगी-नाथ नाम दिया, अर्थात चार भुजाओं वाला साधु, और उसे अपने छात्र-पुत्र के रूप में स्वीकार किया।

नाथ योगियों की दूसरी कहानी के अनुसार गोपीचंद की माँ ने अपने बेटे से अपनी पत्नियों और अपने सिंहासन को त्यागकर, जलंधर-नाथ का तपस्वी अनुयायी बनने की भीख माँगी, यदि वह अमर होना चाहता था। गोपीचंद के मामा, भर्तृहरि समझ गए कि उनकी प्रिय रानी अपने पति को यौन रूप से अपर्याप्त पाती थीं और इसलिए उनका महावत के साथ विवाहेतर संबंध था। इससे शोकाकुल होकर, भर्तृहरि नाथ परंपरा के भिक्षु बन गए। चंद्रमा के वर्धन के चरण में मांस की सुंदरता और चंद्रमा के क्षय के चरण में मांस के क्षय पर उन्होंने कविता लिखी।

चौरंगी-नाथ

मध्ययुगीन काल में लोकप्रिय इन

अत्यधिक स्त्री-द्वेषी कहानियों में योगियों को ब्रह्मचारी जीवन की खोज में और योगिनियों को उनपर अशुद्ध प्रभाव डालती हुईं चित्रित किया जाता है। ये महिलाएँ योगियों के साथ संभोग करके शक्तिशाली बनती हैं, और इंद्रजाल के माध्यम से पुरुषों को बकरियों में बदल सकती हैं। भारत में लगभग 1000 वर्ष पहले योगी और योगिनी के बीच यह तनाव बहुत तीव्र था। समय के साथ सम्मोहक महिला योगिनी का महत्त्व कम होते गया और आज हम केवल पुरुष ब्रह्मचारी योगी पर ध्यान केंद्रित करते हैं। नए काल के पंथों में तंत्र का मनोगत पहलू केवल बढ़िया कामोन्माद प्राप्त करने तक ही सीमित रह गया है।

स्थिर योगी

इस चुनौतीपूर्ण संतुलन की मुद्रा में धैर्य रखना सबसे अधिक आवश्यक होता है। जबकि कई लोग पद्म-आसन की स्थिति में सहजता से आ सकते हैं, शरीर को इस स्थिति में संतुलित करना विशेष रूप से चुनौतीपूर्ण हो

सकता है। दीवार के सामने स्थित होकर आसन को शुरू करना उपयोगी हो सकता है क्योंकि अन्यथा शरीर को इस मुद्रा में लाते समय, उंगलियों को फर्श पर रखने के लिए धड़ का आगे की ओर झुकना आवश्यक है। इससे शरीर के गुरुत्वाकर्षण का केंद्र मिलना कठिन हो जाता है, और शरीर को ऊपर लाने के लिए धक्का देने से यह कठिनाई और भी बढ़ती है। हाथों को दीवार के सामने रखने से साधक को उचित शारीरिक अभिविन्यास खोजने में मदद मिलती है जो अंततः शरीर के स्वतंत्र रूप से संतुलन के लिए आवश्यक है। एक बार यह स्थिति अच्छी तरह से अंतर्निहित हो जाती है, तो दीवार से दूर रहते हुए इसे फिर से खोजना और आसान हो जाता है।

44

दंड-आसन

डंडे की मुद्रा

डंडा राजसी प्रभुत्व का प्रतीक है। काशी शहर में, दंडपाणि नामक संरक्षक देवता एक डंडा पकड़े रहते हैं और कुत्ते पर सवार भैरव की सेवा करते हैं, शिव का वह रूप जो काशी शहर की रक्षा करता है। कई चित्रणों में, पृथ्वी पर धर्म स्थापना कर रहे विष्णु को डंडा या गदा पकड़े हुए दिखाया जाता है। नैतिकता के वैदिक देवता, वरुण और मृत्यु के वैदिक देवता तथा निष्पक्ष रूप से हमारा भाग्य निर्धारित करने वाले यम, भी डंडा चलाने के लिए जाने जाते हैं। राजसी डंडा धारण करने वाले एक अच्छे राजा को विष्णु की तरह धर्म की स्थापना करनी चाहिए, और वरुण की तरह नैतिक तथा यम की तरह तटस्थ होना चाहिए।

दंडपाणि

योगी बहुधा हाथ में डंडा पकड़ते हैं। डंडे में या तो एक बांस की छड़ी हो सकती है या कई।

प्रत्येक छड़ी का बहुत ही प्रतीकात्मक अर्थ है। उदाहरणार्थ, तीन बांस की छड़ियाँ तत्त्व में पाए जाने वाले तीन गुणों का प्रतीक है। उनके चारों ओर बंधे हुए आठ धागे योग के आठ चरणों का प्रतीक है। अपने कुंवारे रूप में, शिव के पुत्र कार्तिकेय को भी एक डंडा पकड़े हुए दिखाया जाता है, जिस कारण उन्हें दंडपाणि, डंडे के धारक, कहा जाता है। डंडे कभी-कभार वाय अक्षर के आकार के होते हैं, ताकि धारक उसपर अपनी बाहों को रख सकें, विशेष रूप से नाम-जप करते हुए जपमाला के मणिका गिनते समय। नाम-जप में किसी एक देवता के नाम का सौ या हज़ार बार जप किया जाता है। इस प्रकार, दंड न केवल लौकिक प्रभुत्व का प्रतीक है बल्कि आध्यात्मिक प्रभुत्व का प्रतीक भी है।

डंडा (लकुल) पकड़े हुए लकुलेश शिव की विद्या के प्रारंभिक शिक्षकों में से एक थे। उन्हें खड़े लिंग और डंडा पकड़े हुए दिखाया जाता है। इस प्रकार डंडा खड़े लिंग के लिए एक रूपक बन जाता है। पाश्चात्य विद्वानों ने शिव के खड़े लिंग का शाब्दिक अर्थ लिया है। एक शक्तिशाली प्रतीक का असभ्य तरीक़े से, यहाँ तक कि जानबूझकर, ग़लत अर्थ निकाले जाने से कई हिंदू परेशान हुए हैं। शिव के लिंग का अर्थ शिव का गुप्तांग नहीं है; उसका अर्थ है कोई विशेष गुण न होने वाले व्यक्ति (अ-लिंग) का विशेष गुण (लिंग)। हालाँकि शिव का लिंग खड़ा है, उनकी आँखें बंद हैं। इसका अर्थ है कि वे उत्तेजित हैं लेकिन बाहरी संवेदी उत्तेजनाओं या ऐसी उत्तेजनाओं की स्मृतियों के माध्यम से नहीं। सांसारिक वस्तुओं पर निर्भरता से नहीं बल्कि उनसे मुक्त होने के कारण उनमें शांति

लकुलेश

(आनंद) निर्माण होती है। इस आनंद की अभिव्यक्ति उनके खड़े लिंग के रूप में दिखाई देती है। इसलिए, शिव और उनके छात्र, लकुलेश, डंडे धारण किए साधु हैं। डंडा उस वीर्य का एक दृश्य अनुस्मारक है, जो तंत्र में उर्ध्व-रेतस की प्रक्रिया से गर्भ में गिरने के बजाय, रीढ़ की हड्डी से ऊपर जाते हुए सिर में पहुँचता है। इससे योगी को मनोगत शक्तियाँ प्राप्त होती हैं।

इस आसन का यहाँ दिखाया गया प्रकार (जिसका सही नाम योग दंड-आसन है) बैठकर किया जाता है। इसमें एक टाँग को तीव्र बाहरी घुमाव दिया जाता है और पैर को हाथ की कांख में रखा जाता है। इस आसन का प्रतीकवाद शिव के तपस्वी भक्तों से आता है, जो श्वास के प्रवाह को नियंत्रित करने के लिए भुजा के नीचे लकड़ी का कठोर डंडा रखते हैं। एक हाथ घुमाई हुई टाँग के नीचे दबाया जाता है जबकि दूसरा हाथ ज्ञान मुद्रा में आगे बढ़ाया जाता है। चतुरंग दंड-आसन (चार-अंग वाले डंडे की मुद्रा) इस आसन का एक और, संभवतः अधिक व्यापक रूप से मान्यता-प्राप्त प्रकार है। यह इसलिए कि सूर्य नमस्कार जैसे अनुक्रमों में उसे कई

बार करना पड़ता है। इसमें, साधारणतः साधक को शरीर को फर्श पर सख्ती से रखना पड़ता है जबकि पैर और हाथ शरीर का वज़न संभालते हैं (पुश-अप करते समय शरीर की निचली स्थिति के समान)। दंड-आसन के एक और प्रकार में साधक को बैठकर पैरों को एक साथ आगे की ओर बढ़ाना पड़ता है जबकि धड़ और सिर फर्श से लंबवत रखे जाते हैं।

विष्णु

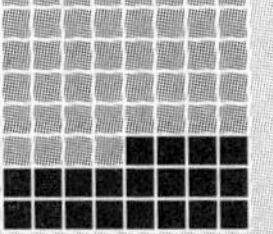

विष्णु संस्कृति के रक्षक हैं। उनके कई अवतार हैं। क्षीरसागर में स्थित उनके स्वर्ग वैकुंठ से, वे समय-समय पर पृथ्वी पर विभिन्न रूपों में अवतरित होते हैं, मनुष्यों को बुद्धि की खोज में मदद करने के लिए। उनके सबसे लोकप्रिय अवतार अयोध्या के राजा और रामायण के नायक, राम और महाभारत में राजा-निर्माता, कृष्ण हैं।

अवतार सुपरहीरो नहीं होता। सुपरहीरो एक साधारण व्यक्ति होता है जो असाधारण बन जाता है, किसी यूनानी नायक की तरह जिसे ओलिंपस के देवताओं के साथ बैठने की अनुमति दी जाती है। अवतार अनंत अमर परमात्मा का सीमित नश्वर रूप है। नबी या मसीहा के विपरीत, अवतार उद्धारक नहीं होता, क्योंकि हिंदू पुराणशास्त्र में मनुष्य 'पतित' नहीं होते हैं; वे कारण और प्रभाव, जन्म और मृत्यु के चक्र में फंसे होते हैं। इसका

नारायण, शयन करते विष्णु

लक्ष्मी, धन

सामना नहीं कर पाने के कारण, वे जीवन के अर्थ की खोज करते हैं। संसार में अपनी भूमिका या जीवन में अपने उद्देश्य के बारे में वे अज्ञात होते हैं और इसलिए उन्हें दु:ख झेलने पड़ते हैं। विष्णु के साथ जुड़ने से वे बुद्धिमान बन जाते हैं और उनका विश्व को देखने का दृष्टिकोण बदल जाता है। इसके परिणामस्वरूप उन्हें शांति, सुख और समृद्धि प्राप्त होती है। विष्णु धर्म की स्थापना करते हैं।

बौद्ध धर्म में, धम्म (धर्म के लिए पाली शब्द) का अर्थ है बुद्ध के मार्ग पर चलना। जैन धर्म में, धर्म का अर्थ है चलन, ब्रह्मांड का शाश्वत सिद्धांत। हिंदू धर्म में, धर्म का अर्थ है अपने स्वभाव के प्रति सच्चा होना। तत्त्वों के लिए, धर्म भौतिक विज्ञान के नियमों का पालन करना है। प्राणियों के लिए, यह जंगल के नियम का पालन करना है, जिसे संस्कृत में मत्स्य न्याय के नाम से जाना जाता है, जिसके अनुसार जीवित रहने के लिए बड़ी मछली छोटी मछली को खाती है। मनुष्यों के लिए, धर्म मत्स्य न्याय के पार जाना है ताकि सभ्यता स्थापित हो सकें: बड़ा छोटे की मदद करता है। यह साकार करने के लिए विष्णु गृहस्थ बनकर रहते हैं। लेकिन, ब्रह्मा के विपरीत और वैरागी शिव की तरह वे धन, शक्ति, संपत्ति, दर्जा, अपनी गृहस्थी या विश्व के लिए न तो तरसते हैं, और न ही आसक्त होते हैं। इस प्रकार विष्णु एक वैरागी-गृहस्थ हैं, जो गृहस्थ बनकर जीते हैं लेकिन वैरागी की तरह सोचते हैं। जबकि ब्रह्मा और उनकी संतान, देवता और असुर, स्वयं के लाभ के लिए विश्व से जुड़ते हैं, विष्णु दूसरों के लाभ के लिए विश्व से जुड़ते हैं।

मत्स्य न्याय

जब तक विष्णु बहु-फण वाले आदिशेष की कुंडली पर सोते हैं, तब तक विश्व अस्तित्व में नहीं होता है; उनके जगने पर विश्व भी अस्तित्व में आता है। फिर उनके विभिन्न अवतार पृथ्वी पर प्रकट होते हैं। उनका पहला अवतार मत्स्य अवतार है और उनका अंतिम अवतार घुड़सवार योद्धा कल्कि हैं। उसके बाद वे एक बार फिर क्षीरसागर पर शयन करते हैं, और विश्व के अस्तित्व का अंत हो जाता है। शिव के विपरीत, जो स्वयं को राख से लेपकर खाल पहनते हैं, विष्णु स्वयं को सुगंध और चंदन से लेपते हैं, सुगंधित फूलों से स्वयं को सजाते हैं और चमकीले रेशमी कपड़े पहनते हैं। इससे स्पष्ट है कि उनका संस्कृति के साथ आरामदेह संबंध है। वे जीवन का आनंद लेते हैं। उन्हें कला की परख है। वे लड़ते हैं लेकिन घृणा नहीं करते। वे प्रेम करते हैं लेकिन अपने प्रेमी को नियंत्रित किए बिना। वे मुस्कुराते हैं इस बात को जानते हुए कि इंसान अपने आप को कैसे बहकाते हैं।

विष्णु भाग्य की देवी लक्ष्मी के प्रिय हैं। जबकि हर कोई भाग्य के पीछे दौड़ता है, भाग्य विष्णु का पीछा करता है। लेकिन विष्णु लक्ष्मी को नियंत्रित करने में कोई रुचि नहीं रखते। लक्ष्मी उनकी ओर आकर्षित इसलिए होती हैं कि किसी वस्तु पर अपना अधिकार जमाए बिना वे संस्कृति के साथ जुड़ते हैं। मनुष्य लोगों और वस्तुओं पर अधिकार जमाना चाहते हैं क्योंकि वे नहीं जानते कि वे कौन हैं। उन्हें यह भ्रम होता है कि उनका मूल्य उनकी सम्पत्ति पर निर्भर होता है। विष्णु को समाज में अपना स्थान स्थापित करने के लिए धन या दर्जे की कोई आवश्यकता नहीं होती। वे किसी भी व्यक्ति या वस्तु के प्रति आसक्त नहीं होते हैं, लेकिन जन्म के साथ आने वाले अपने उत्तरदायित्वों को स्वीकार

गरुड़ पर बैठे विष्णु

करते हैं। इस प्रकार, राम के अवतार में वे राजा हैं क्योंकि वे राज परिवार के सबसे बड़े पुत्र हैं; यह महत्त्वाकांक्षा नहीं बल्कि एक दायित्व है। कृष्ण के अवतार में, वे एक चरवाहा हैं और सारथी के रूप में सेवा करना उन्हें अपमानजनक नहीं लगता।

कई विद्वानों ने विश्व की पुष्टि करने वाले विष्णु तथा विश्व को त्यागने वाले शिव के बीच संबंध की तुलना यूनानी देवता अपोलो और डायोनिसस से की है। अपोलो और विष्णु सांस्कृतिक व्यवस्था से जुड़े हैं जबकि डायोनिसस और शिव को नियमों को चुनौती देकर व्यवस्था भंग करने वाले देवता माना जाता है। लेकिन यूनानी और हिंदू पुराणशास्त्र में मूलभूत अंतर पुनर्जन्म में विश्वास से जुड़ा है। शिव पुनर्जन्म के चक्र के बाहर स्थित हैं। विष्णु भी इस चक्र के बाहर स्थित हैं, लेकिन वे नश्वर अवतार के रूप में इस चक्र में भाग लेते हैं – कभी नियम के पालन करने वाले, प्रतापी राम के रूप में और कभी नियम तोड़ने वाले रूमानी कृष्ण के रूप में।

45

अनंत-आसन

अनंत की मुद्रा

कला में विष्णु को एक हज़ार फणों के ब्रह्मांडीय नाग आदि अनंत शेष की कुंडलियों पर लेटे या बैठे दिखाया जाता है, वह नाग जो क्षीरसागर पर तैरता है। आदि का अर्थ है आदिम, अनंत का अर्थ आप जानते ही हैं और शेष का अर्थ है अवशेष। इस प्रकार, ब्रह्मांडीय नाग उस समय का प्रतीक है जिसका न कोई प्रारंभ है और न ही कोई अंत, और विष्णु का आसन बनाने के लिए वह कुंडलित है। आदि अनंत शेष को समय के झूले के रूप में कल्पित किया जाता है जो जब कुछ भी नहीं होता है तब ब्रह्मांडीय अस्तित्व को झुलाता है।

आदि अनंत शेष

जब विष्णु सोते हैं, तब विश्व के अस्तित्व का अंत हो जाता है; जब विष्णु जागते हैं, तब विश्व अस्तित्व में आता है। इस प्रकार, हिंदू दृष्टिकोण

में, विश्व वस्तुनिष्ठ वास्तविकता की नहीं बल्कि व्यक्तिपरक वास्तविकता की रचना है। मन के जगने से बाहर के विश्व का भीतर अनुभव होता है।

अनंत पर सोएं विष्णु

जब विष्णु पृथ्वी पर अवतरित होते हैं तब आदि अनंत शेष उनका साथ देते हैं: उनके छोटे भाई लक्ष्मण के रूप में, जब विष्णु अयोध्या के राजा राम के रूप में प्रकट होते हैं; और उनके भाई, किसान बलराम के रूप में, जब विष्णु चरवाहे कृष्ण के रूप में प्रकट होते हैं।

कहानी के कई संस्करणों में, अनंत शेष मेरु पर्वत के चारों ओर कुंडली बनाते हैं ताकि क्षीरसागर के मंथन के लिए देवता और असुर उनका रस्सी के रूप में उपयोग कर सकते हैं। इस मंथन से विश्व के विभिन्न खजाने उभरते हैं जो शक्ति, समृद्धि, प्रसन्नता और यहाँ तक कि बुद्धि भी प्रदान करते हैं। मंथन इतना ज़ोरदार था कि अनंत शेष ने हलाहल नामक भयानक विष उगल दिया जिसे केवल शिव ही अपनी योग शक्तियों के कारण पचा पाए। इस घटना से सबको याद दिलाया गया कि सभी अच्छी बातों के साथ बुरी बातें भी आती हैं। योग की मदद से जब तक कोई बुराई को सहन नहीं कर सकता, तब तक वह अच्छाई का संपूर्ण आनंद नहीं ले सकता।

अनंत का रस्सी के रूप में उपयोग

शिव अनंत शेष का ब्रह्मांडीय प्रत्यंचा के रूप में और मेरु का अपने धनुष के डंडे के रूप में उपयोग करते हैं। वे एक ही बाण से, वैदिक ज्ञान

को त्यागने वाले असुरों के तीनों लोकों को नष्ट करते हैं। इस प्रकार, जब वैदिक ज्ञान बढ़ता है, तब ख़ज़ाने ढूँढने के लिए नाग और पर्वत की मदद से समुद्र मंथन किया जाता है। वैदिक ज्ञान के क्षय होने पर यही नाग और पर्वत विनाश के हथियारों में बदल जाते हैं।

एक और मान्यता यह है कि पृथ्वी अनंत शेष के फण पर टिकी हुई है; जब वे हिलते हैं तब भूकंप आते हैं।

बहु-सिर वाले नागों का हिंदू, बौद्ध और जैन पुराणशास्त्र में लगातार उल्लेख हुआ है। प्रजनन से लेकर मनोगत शक्तियों तक सभी रहस्यमय बातों के प्रतीक के रूप में संभवतः बहुत पहले उनकी उत्पत्ति हुई होगी।

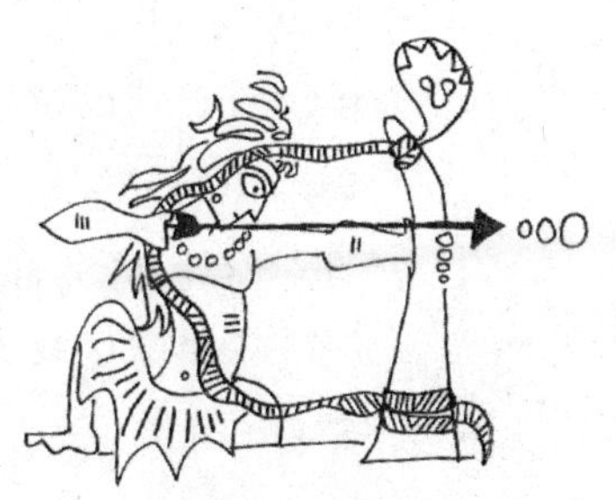

शिव की प्रत्यंचा के रूप में अनंत

अनंत-आसन का नाम विष्णु के विशाल नाग के नाम से रखा गया है, जिसपर विष्णु ब्रह्मांड की स्थिर लय बनाए रखते हुए भी निश्चिंत होकर लेटते हैं। यह आसन, दिखने में तो आसान है। लेकिन इसमें गिरने की संभावना बहुत

है और उसे रोकने के लिए एकाग्रता की भी आवश्यकता होती है। जैसे पानी पर तैरते लट्ठे पर संतुलन बनाते समय किया जाता है, वैसे इस मुद्रा में फैलाए गए पैर की खड़ी स्थिति पर सावधानीपूर्वक ध्यान देना आवश्यक है ताकि शरीर 'घूमकर' गिर न जाए। जो साधक फैलाए हुए पैर की अंगुली तक पहुंचने में कठिनाई अनुभव करते हैं, वे इस आसन में थोड़ा बदल ला सकते हैं। अंगुली के साथ और अच्छे जुड़ाव और शरीर की और अच्छी स्थिरता के लिए फैलाए गए पैर के चारों ओर एक बेल्ट या पट्टा बांधा जा सकता है।

46

गरुड़-आसन

गरुड़ की मुद्रा

विष्णु नाग पर लेटते हैं, लेकिन गरुड़ (कुछ लोग मानते हैं कि उनका वाहन चील या बाज़ है) पर विश्वभर में घूमते हैं। गरुड़ पक्षियों के राजा हैं। उन्होंने अपनी चोंच में अमरत्व के अमृत का घड़ा (कुंभ) पकड़ा था, लेकिन उसमें से एक घूंट भी नहीं लिया, क्योंकि वह उनका नहीं था। इससे उनकी सत्यनिष्ठा स्पष्ट दिखाई देती है।

गरुड़ की माँ, विनता को उनकी बहन कद्रू और कद्रू के बच्चों, नागों, ने अपना दास बना लिया था। विनता को मुक्त करने के बदले में नागों ने उनसे अमृत के पात्र की मांग की। गरुड़ ने इंद्र के स्वर्ग में प्रवेश किया, इंद्र सहित अन्य देवताओं से लड़े और अमरत्व का अमृत बाहर ले आए। फिर, अमृत का एक बूंद भी पिए बिना वे उसे नाग-लोक तक

गरुड़ के नाखूनों में नाग

ले गए। देवता इस बात से इतने प्रभावित थे कि विष्णु ने गरुड़ को अपना वाहन और अपना प्रतीक बना लिया, जो प्रतीक उनके ध्वज पर उनके साथ सभी जगह जाता है। कई हिंदू देवताओं के ध्वजों पर उनके प्रतीक प्रदर्शित होते हैं। उदाहरणार्थ, शिव के ध्वज में बैल का प्रतीक होता है।

एक महत्त्वपूर्ण बात यह है कि विष्णु नाग पर सोते हैं और उनका वाहन गरुड़ है। प्रकृति में नाग और गरुड़ शत्रु हैं; नाग गरुड़ के अंडे खाते हैं और गरुड़ नाग का शिकार करते हैं। लेकिन विष्णु शिकारी और शिकार दोनों के साथ जुड़ते हैं, और इसलिए वे संरक्षक हैं। वे दोनों का मूल्य जानते हैं और इसलिए दोनों में पक्षपात नहीं करते हैं। वे जानते हैं कि ब्रह्मांड में दोनों महत्त्वपूर्ण भूमिका निभाते हैं। गरुड़ विहंगम दृष्टि, या मानवता की कूटनीतिक दृष्टि का प्रतीक है, और नाग कृमि की दृष्टि, या मानवता की सामरिक दृष्टि का प्रतीक है। इस प्रकार, विष्णु विश्व को विस्तृत और सकेंद्रित दोनों दृष्टिकोण से देखते हैं। इस कारण वे विश्व के महान विवेचक और संरक्षक हैं।

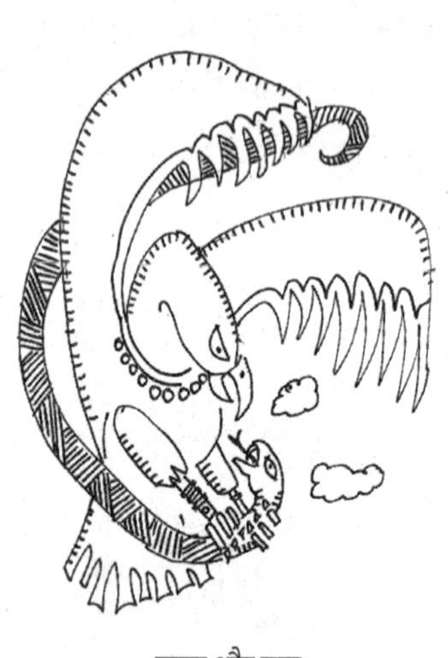

गरुड़ और नाग

रामायण में, मेघनाद के बाणों से निकल रहे नागों की विषैली कुंडलियों से राम को मुक्त करने के लिए गरुड़ झपट्टा मारते हैं। महाभारत में, नरक और बाण नामक असुरों के साथ युद्ध करने के लिए कृष्ण गरुड़ पर सवार होकर जाते हैं। गरुड़ पर सवार कृष्ण देवों के राजा, इंद्र को भी हराते हैं। कला में, प्रेम के देवता काम के साथ विष्णु और कृष्ण के घनिष्ठ संबंध को दिखाने के लिए गरुड़ को गरुड़ के रूप में कम और एक तोते

के रूप में अधिक दिखाया जाता है।

जैन पुराणशास्त्र में, इस युग के चौदहवें जीन, अनंत-नाथ का प्रतीक बाज़ है। जातक कथाओं के अनुसार, सक्का, मेरु पर्वत पर रहने वाले तैंतीस देवों के राजा, अपने किसी अगले जन्म में बुद्ध बनने वाले थे। जब पर्वत के तल पर रहने वाले असुरों ने देवों पर हमला किया, तो देव, सक्का सहित, आकाश की ओर भागे। लेकिन जब सक्का जान गए कि उनका उड़ता हुआ रथ एक गरुड़ के घोंसले और उसमें स्थित बच्चों से टकराने और उन्हें मारने जा रहा है, तो वे पीछे मुड़ गए। उनके पास आक्रमण करने वाले असुरों का सामना करने के अलावा कोई विकल्प नहीं था। उनके करुणामय निर्णय ने देवों को भी पीछे मुड़कर सक्का के साथ लड़ने के लिए प्रेरित किया। इसके बाद हुए युद्ध में, असुरों की हार हुई और एक युद्धविराम की घोषणा की गई। असुर राजकुमारी सुजा ने सक्का से विवाह किया।

जीन अनंत-नाथ

गरुड़ की कहानियाँ 1000 वर्ष पहले समुद्री व्यापारियों के माध्यम से दक्षिण पूर्व एशिया में फैलीं, और वे अभी भी बहुत लोकप्रिय हैं। इंडोनेशिया, जिसमें मुसलमानों की जनसंख्या दूसरे धर्मों से अधिक है, उसके राष्ट्रीय एयरलाइन को गरुड़ इंडोनेशिया कहा जाता है, जो देश की सांस्कृतिक जड़ों का प्रतीक है।

लोगों को यह जानकर बहुधा आश्चर्य होता है कि इस आसन का उद्देश्य गरुड़ का प्रतीक होना नहीं है (भले ही उसे अधिकतर लोग 'ईगल पोज़' कहते हैं)। वास्तव में इस मुद्रा में नायक राम को दर्शाया गया है जब वे रावण के पुत्र मेघनाद (जिन्हें इंद्रजीत भी कहा जाता है) के साथ लड़ाई में लंका की रणभूमि पर नागों से लिपटे और बंधे हुए हैं। गरुड़ ऊपर से नीचे झपट्टा मारते हैं और नागों को खाते हैं। इससे राम मुक्त हो जाते हैं और वे अपने प्रतिद्वंद्वी से फिर से लड़ने लगते हैं। 'ईगल पोज़' जैसे ग़ैर विशिष्ट नाम नहीं देना इतना महत्त्वपूर्ण क्यों है इसका यह एक और उदाहरण है। आसन के नाम के पीछे की कहानी को जानने से अभ्यास को गहराई मिलती है और उसके मूल को और समझने के लिए हमें प्रेरणा मिलती है।

47

माला-आसन

माला की मुद्रा

हिंदू देवता बहुधा मालाओं से जुड़े होते हैं। जबकि शिव की माला रुद्राक्ष मणिकाओं से बनी है, जो वस्तुत: रुद्राक्ष पौधे के बीज हैं, विष्णु की माला पत्तों और फूलों से बनी होती है। दोनों की मालाओं में अंतर से हम समझते हैं कैसे शिव का वैरागी रूप और समय के साथ देवी के आग्रह पर गृहस्थ में उनका परिवर्तन वह बीज है जो विष्णु में सन्निहित प्रबुद्ध वैरागी-गृहस्थ को जन्म देता है। देवी काली अपने गले में नर मनुष्यों के सिरों की माला पहनती हैं। इसे मुंड-माला कहते हैं, और वह हमें याद दिलाती है कि प्रकृति अंतत: सभी जीवों के प्राण लेती हैं क्योंकि वे किसी को विशेष नहीं समझती। नर सिर मानव अहंकार का प्रतीक है। मानवता को देवी और विश्व का सच्चा स्वरूप समझने के लिए इन सिरों का कुचला जाना आवश्यक है।

विष्णु को वनमाली कहा जाता है, वे जो अपने गले में वन के फूल पहनते हैं। उन्हें वैजयंती भी कहा जाता है, वे जो अपने गले में जीत की माला पहनते हैं। ये मालाएँ बहुधा सुगंधित, रंगीन, ओस से सराबोर, अमृत से परिपूर्ण

फूलों से बनी होती हैं जो मधुमक्खियों और तितलियों को आकर्षित करते हैं। ये जीवन के साथ जुड़ाव और विश्व में सहभाग लेने के संकेत हैं। ये विष्णु को प्रेम के देवता, काम से भी जोड़ते हैं, जिन्हें शिव अपनी तीसरी आँख की एक झलक से भस्म कर देते हैं। जैसे मधुमक्खियाँ फूलों की ओर आकर्षित होती हैं वैसे कामदेव मनुष्यों को वासना से उन्मत्त कर देते हैं। लेकिन विष्णु मानव मन का विस्तार करते हैं, ताकि स्वयं के लिए लेने से नहीं, बल्कि दूसरों को देकर आनंद अनुभव किया जा सके।

देवी, मानव सिरों की माला के साथ

विष्णु, वन से फूलों और पत्तों की एक माला के साथ

यदि शिव के गले के बीज क्षमता के प्रतीक हैं, तो विष्णु सुगंध, रंग और माधुर्य वाले पत्तों और फूलों के रूप में उस क्षमता के साकार होने का प्रतीक हैं। विष्णु स्वयं को सजाकर अपने आप को आकर्षक बनाते हैं। उनके विपरीत, शिव शरीर को राख से लेपकर अपने आप को विश्व के लिए अनाकर्षक बनाते हैं, ताकि वे विश्व से पीछे हटकर एकांत में रह सकें। दोनों के संपूरक व्यक्तित्व देवत्व के चित्र को पूर्ण करते हैं।

पौराणिक कथाओं में, महिलाएँ उन पुरुषों को माला पहनाती हैं जिनसे वे विवाह करना चाहती हैं। अतिथियों के आने पर उन्हें भी माला पहनाई जाती है। रामायण में, एक ब्रह्मांडीय माला आकाश से इंदुमती पर गिरने

शिव, रुद्राक्ष के बीज की माला के साथ

से वह चौंक जाती है। उसकी उसी क्षण मृत्यु हो जाती है, जिससे उसके पति और राम के दादा, अजा, शोकाकुल हो जाते हैं। महाभारत में, हाथ में माला लिए, अंबा विश्वभर घूमती है, एक ऐसे व्यक्ति की खोज में जो उसके अपमान का बदला ले सके।

लोककथाओं के अनुसार, एक बुद्धिमान व्यक्ति के गले की माला कभी नहीं मुरझाती, जबकि मूर्ख व्यक्ति के गले की माला मुरझाती है। यह इसलिए कि बुद्धिमान व्यक्ति कभी भी उत्तेजित नहीं होता जबकि मूर्ख व्यक्ति होता है। मालिनी एक ऐसी योगिनी का नाम है जो दिन में मालाएँ बनाती है लेकिन रात में छिपकर मनोगत विद्याओं का अभ्यास करती है।

जैन कहानियों के अनुसार जो महिलाएँ आगे जाकर महान राजाओं, योद्धाओं और तपस्वियों को जन्म देने वाली होती हैं उन्हें अपने सपनों में माला सहित अन्य शुभ वस्तुएँ दिखाई देती हैं।

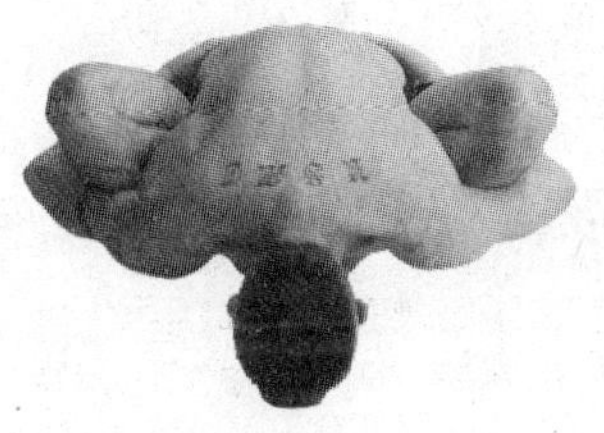

माला एक संस्कृत शब्द है और इसका अर्थ बहुधा एक डोर पर मणिकाओं का संग्रह भी हो सकता है। उदाहरणार्थ, जप माला ध्यान या प्रार्थना करते समय बहुधा उपयोग की जाती है। उसमें साधारणतः 108 मणिकाएँ (या बीज) होते हैं जिन्हें मंत्रों का जाप करते समय एक एक कर गिना

जाता है। पैरों को पालथी मारकर फिर धड़ को आगे की ओर मोड़ा जाता है और हाथों को पैरों के आगे की ओर लपेटा जाता है। उँगलियों को पीठ के पीछे स्पर्श करके या हाथों को पीछे की ओर बाँधकर शरीर को माला की स्थिति में लाया जाता है। यह आसन पहली बार करते साधक बहुधा बेल्ट या पट्टे के उपयोग से हाथों के बीच जोड़ बना सकते हैं।

48

चक्र-आसन

पहिए की मुद्रा

विष्णु को चार हाथों के साथ कल्पित किया जाता है। उनके हाथों में एक शंख, एक पहिए के रूप में शस्त्र (चक्र), एक गदा और एक कमल का फूल होता है। चक्र धारण करने के कारण उन्हें चक्रपाणि कहा जाता है। कई मंदिरों में, विष्णु के चक्र को स्वयं चक्र-पुरुष नामक एक देवता के रूप में पूजा जाता है।

विष्णु के पहिए को सुदर्शन चक्र कहते हैं। वह एक बूमरैंग के समान है: विष्णु के हाथ से छूटने पर वह शत्रुओं का शिरच्छेदन करके फिर उनके हाथ तक लौट आता है। सुदर्शन चक्र से विष्णु ने राहु नामक असुर का शिरच्छेदन कर दिया, जिसने अमरत्व का अमृत पीया था। कटे हुए सिर में अमृत था और वह राहु या ग्रहण का असुर बन गया, और बची हुई छटपटाती पूंछ केतु नामक धूमकेतु बन गई, अधीरता का मूर्त रूप।

रथ के आरों वाले पहिए को भी चक्र कहा जाता है। जब शिव असुरों के नियंत्रण में तीन लोकों के विरुद्ध युद्ध करने निकलें, तब पृथ्वी उनका

विष्णु अपना चक्र पकड़े हुए

रथ थी, जिसके पहिए सूर्य और चंद्रमा से बने थे। तांडव करते समय शिव के चारों ओर ज्वाला का चक्र बन जाता है।

सभी भारतीय पुराणशास्त्रों में, चाहे वे बौद्ध, जैन या हिंदू हों, चक्र अंतरिक्ष का प्रतीक है। चक्र का केंद्र मेरु पर्वत का प्रतीक है, जो सभी भारतीय पुराणशास्त्रों के अनुसार पवित्र विश्व का केंद्र है। मेरु पर्वत से नदियाँ चक्र की परिधि तक बहती हैं, जहाँ महासागर स्थित है। यह रीढ़ की हड्डी के लिए एक रूपक है जिसमें नदियाँ उन नाड़ियों का प्रतीक हैं जो इंद्रियों को मस्तिष्क से जोड़ती हैं। विश्व पर राज करने वाले राजा को चक्रवर्ती कहा जाता है, क्योंकि उनका राज्य क्षितिज तक फैला होता है, जो एक चक्र जैसे गोलाकार में होता है। रूपक की दृष्टि से देखा जाए तो वे बुद्धि हैं, हमारे मन के स्वामी।

चक्र समय के चक्रीय स्वरूप का प्रतीक भी है। हिंदू पुराणशास्त्र में, समय दोहराते जाता है और, हर काल में, जैसे-जैसे समय का चक्र घूमता है, युग बदलते हैं, बचपन (कृत-युग) से युवा (त्रेता-युग) से प्रौढ़ता (द्वापर-युग) और अंत में बुढ़ापा (कलि-युग) तक, जिसके बाद प्रलय के आने से ब्रह्मांड की मृत्यु होती है। इसके बाद ब्रह्मांड का पुनर्जन्म होता है और समय का चक्र दोहराता है। जैन पुराणशास्त्र में, जैसे-जैसे चक्र घूमता है, वैसे स्थिति सुधरती है (सुषमा) और फिर वह बिगड़ती है (दुशमा)। यह बार-बार होता है। समय के इस चक्रीय स्वरूप का तात्पर्य यह है कि इस विश्व में सब कुछ दोहराया जाता है। अद्वितीय कुछ भी नहीं है। हर बार जब विश्व नया आकार लेता

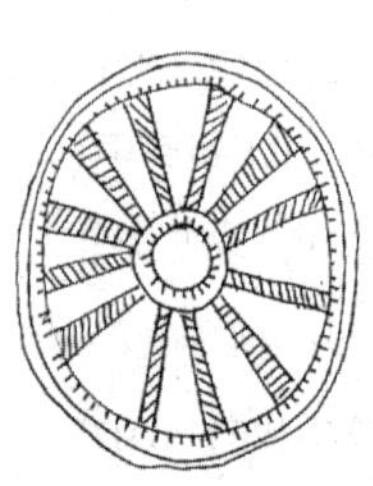

आरों का पहिया

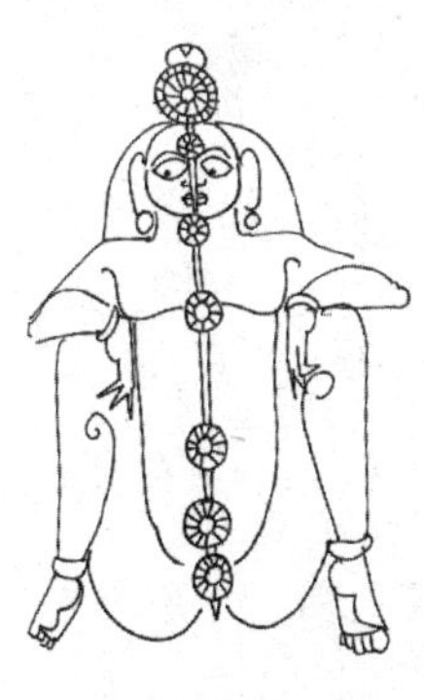

सात चक्र

है, विष्णु अपने विभिन्न अवतारों में धरती पर प्रकट होते हैं, राजा राम और ग्वाले कृष्ण के रूप में, समस्याओं को सुलझाने के लिए। ईसाई पुराणशास्त्र में विश्व जजमेंट डे (जिसे इस्लाम में क़यामत कहते हैं) की ओर बढ़ रहा है। लेकिन हिंदू पुराणशास्त्र में विश्व लगातार मृत्यु और पुनर्जन्म की ओर बढ़ता है। इस प्रकार यहाँ विश्व को देखने का दृष्टिकोण बहुत ही अलग है।

तांत्रिक परंपराओं में, चक्र रीढ़ की हड्डी की उन गाँठों के प्रतीक हैं जो शरीर के विभिन्न अंगों को नियंत्रित करती हैं।

चक्र	**इंद्रधनुष का रंग**	**ललाट का स्थान**	**रीढ़ की हड्डी का स्थान**	**ग्रंथि**	**रूपक**
मूलाधार	लाल	मलद्वार	कोक्सीक्स	एड्रेनालिन	भय
स्वाधिष्ठान	नारंगी	जननांग	त्रिकास्थि	जनन-ग्रंथि	इच्छा
मणिपुर	पीला	नाभि	काठ का स्थान	पैंक्रिआज़	भूख
अनाहत	हरा	हृदय	वक्षीय	थाइमस	संवेदना
विशुद्ध	नीला	गला	ग्रीवा का स्थान	थाइरॉइड	संचार
आज्ञा	गहरा नीला	माथा	निचला मस्तिष्क	पिट्यूटरी	अंतर्दृष्टि
सहस्रार	बैंगनी	शिखर	ललाट का मस्तिष्क	पीनियल	बुद्धि

चालों का यह गतिशील क्रम एक पहिए के घूमने, या विष्णु के सुदर्शन चक्र के घूमने का प्रतीक है। इस क्रम को बहुधा पूरी तरह से पीठ पर लेटी हुई स्थिति से शुरू किया जाता है। जैसे पैर कूल्हों के ऊपर आते हैं, हाथों को हिलाकर उँगलियों को कंधों तक लाया जाता है। जैसे पैर पीछे झूलते हैं, वैसे हाथों को फ़र्श में ज़ोर से दबाया जाता है। इससे कूल्हे और सिर दोनों ऊपर उठते हैं। जब पैर फ़र्श पर स्थिर हो जाते हैं, तब साधक हाथों को तब तक दबाते रहता है, जब तक कि भुजाएँ सीधी न हो जाएं। अंत में शरीर डाउन्वर्ड-फ़ेसिंग डॉग पोज़ (अधोमुख श्वान-आसन) में आ जाता है। आसन अभ्यास के पाश्चात्य रूपांतरों में, लोग इस मुद्रा और अपवर्ड बो पोज़ (ऊर्ध्व धनुर-आसन) में उलझ गए हैं, जिसे केवल व्हील पोज़ कहा जाता है। लेकिन, सूर्य नमस्कार की तरह ही, यह आसन चालों का घूमता क्रम है और एक पहिए के हिलने का प्रतीक है।

49

बाल-आसन

बालक की मुद्रा

एक दिन, मार्कंडेय ऋषि को विश्व के अंत होने का आभास हुआ। मनुष्यों की तरह विश्व की मृत्यु भी होती है। इसे प्रलय कहा जाता है, जिसमें सभी पहाड़, जंगल, भूमि और नदियाँ समुद्र में डूबकर पानी में घुल जाती हैं। इस भयानक दृश्य में तारे और ग्रह भी समुद्र में समा जाते हैं। मार्कंडेय ने यही दृश्य देखा। जैसे वे यह दृश्य देखते गए, उन्होंने एक बरगद का पत्ता देखा, जिसे प्रलय के पानी की लहरें झुला रही थीं। इस बरगद के पत्ते पर एक बालक था, जो अपने पैर का अंगूठा चूस रहा था। यह बालक शिशु रूपी विष्णु थे। मार्कंडेय को आश्वासन मिला कि विश्व का जो भयानक अंत उन्होंने देखा था वह ब्रह्मांड के जीवन चक्र की केवल एक घटना थी। मृत्यु के बाद पुनर्जन्म होगा, न केवल सभी जीवित प्राणियों का, बल्कि स्वयं विश्व का भी। कलकल करता हुआ खुश बच्चा इस बात का प्रतीक है कि कैसे परमात्मा सबसे बड़ी आपदाओं को भी ब्रह्मांड में होने वाली अनंत घटनाओं में से केवल एक घटना मानते हैं।

पत्ते पर लेटें बाल-कृष्ण

तब शिशु ने गहरा श्वास लिया और मार्कंडेय को अपने शरीर में खींच लिया। शरीर के भीतर, मार्कंडेय ने पूरे विश्व को फिर से पुनर्गठित होते हुए देखा – ब्रह्मांडीय क्षेत्रों का ऊपर गठन हुआ, उनके नीचे पृथ्वी का गठन हुआ और सबसे नीचे नाग और असुर लोकों का गठन हुआ। मार्कंडेय समझ गए कि जो कुछ भी टूट जाता है उसे देवता अंततः जोड़ भी देते हैं। विश्व सृजन और विनाश के चक्रीय चरणों से गुज़रता रहता है। वे यह भी समझे कि सब कुछ देवत्व के भीतर और बाहर स्थित है। इस प्रकार, बाल रूप के माध्यम से, विष्णु ने मार्कंडेय को हिंदू धर्म के अनुसार विश्व का स्वरूप समझाया, और मार्कंडेय ने उस ज्ञान को विश्व के साथ बाँटा। हिंदू पुराणशास्त्र में, भगवान बहुधा बालक के रूप में प्रकट होते हैं, न केवल बालक की तरह भोलेपन को मूर्त रूप देने के लिए, बल्कि इसलिए कि उनके भक्त वात्सल्य के माध्यम से उनका अनुभव कर सकें। भावनाओं के माध्यम से परमात्मा का अनुभव किया जा सकता है और वात्सल्य ऐसी ही एक भावना है।

ब्रह्मांडीय बालक

हालाँकि राम और कृष्ण के अवतारों में विष्णु को एक बालक के रूप में कल्पित किया जाता है, कुछ परंपराओं में शिव को भी एक शिशु का रूप दिया जाता है। इस रूप में, वे जंगली और क्रोधित देवी काली

में मातृक वृत्ति जगाकर उन्हें शांत कर देते हैं। शिव के पुत्र, गणेश और कार्तिकेय (मुरुगन) को भी बालकों का रूप दिया जाता है, ताकि भक्तों में वात्सल्य की भावना जागृत हो सकें।

बाल-कृष्ण

पुराणों में चार सनत-कुमार जैसे संत भी हैं, जो बालकों के समान दिखते हैं, हमें उनके भोले और शुद्ध स्वभाव की याद दिलाने के लिए।

भागवत पुराण में कृष्ण के बचपन की कई कहानियों में वे असुरों को डरा-धमकाते हैं, उनसे लड़ते हैं, अपनी माँ को मक्खन के प्रति अपने लगाव से प्रसन्न करते हैं और अपने मुँह में उन्हें संपूर्ण विश्व दिखाते हैं।

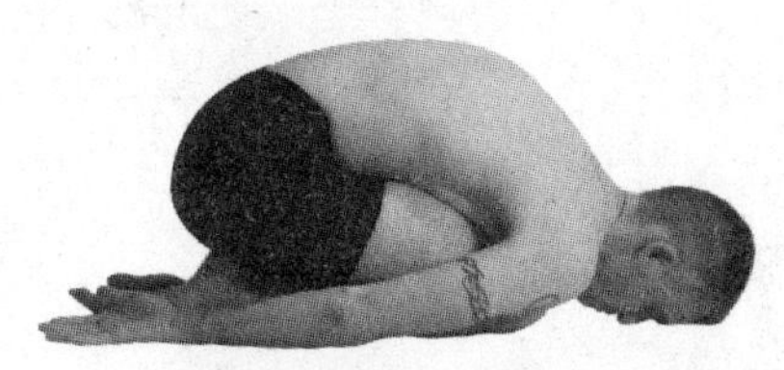

सभी आसनों में से यह आसन संभवतः सबसे सरल और शरीर को सबसे 'स्थिर' करने वाला आसन है। यह आसन बहुत ही शांतिदायक है और अधिकांश साधक इसे सहजता से कर सकते हैं। इसके बहुधा दो प्रकार होते हैं। पहले प्रकार में घुटनों को एक साथ रखकर धड़ को पैरों के ऊपर रखा जाता है। इस प्रकार में पीठ के निचले भाग को थोड़ा और गोलाकार मिलता है। दूसरे

प्रकार में घुटनों को थोड़ा चौड़ा रखा जाता है ताकि धड़ जांघों के बीच बैठ सके। इस प्रकार में कूल्हों को थोड़ा और गहरा ताना जाता है। लेकिन चूँकि इस प्रकार में रीढ़ की हड्डी और सीधी रहती है, इसलिए जिन लोगों को पीठ के निचले भाग में दर्द होता है वे भी यह आसन कर सकते हैं।

50

मत्स्य-आसन

मछली की मुद्रा

मत्स्य न्याय, हिंदू पुराणशास्त्र में एक बहुत ही महत्त्वपूर्ण अवधारणा है। अंग्रेज़ी वाक्यांश, 'लॉ ऑफ़ द जंगल' का यह संस्कृत अनुवाद है। समुद्र में बड़ी मछली छोटी मछली को खा जाती है और सभी इसे पूर्णतः स्वीकार करते हैं। लेकिन, मनुष्यों में, ऐसा व्यवहार, जहाँ शक्तिशाली शक्तिहीन का शोषण करते हैं, अस्वीकार्य है। मानव संस्कृति में, शक्तिशाली लोगों से अपेक्षा की जाती है कि वे शक्तिहीन लोगों की देखभाल करें। यह मत्स्य न्याय के विपरीत है। इस विपरीत व्यवहार को धर्म माना जाता है। जब मनुष्य जानवरों की तरह व्यवहार कर शक्तिहीन का शोषण करते हैं, तो वे अधर्म का पालन करते हैं।

मत्स्य न्याय

विष्णु के पहले अवतार में, वे

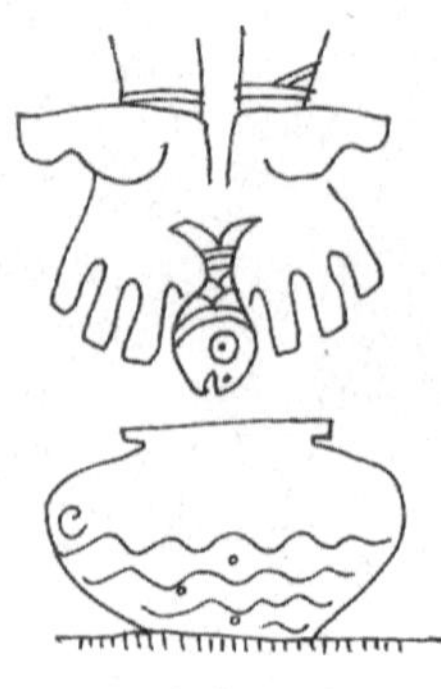

मटके में मछली

एक छोटी मछली का रूप धारण करते हैं। फिर यह मछली पहले इंसान मनु से उसे बड़ी मछली से बचाने का अनुरोध करती है। इसलिए मनु उसे एक मटके में रखकर बड़ी मछली से सुरक्षित रखते हैं। अगले दिन, छोटी मछली आकार में बढ़ जाती है और मटका उसके लिए अपर्याप्त रह जाता है। इसलिए मनु उसे उससे भी बड़े मटके में रखते हैं। कुछ बार ऐसा करने के बाद मछली इतनी बड़ी हो जाती है कि उसे नदी में डाल देना पड़ता है, जहाँ से वह तैरकर समुद्र में जाती है। वह मनु को वचन देती है कि एक दिन वह उन्हें बचाने के लिए लौट आएगी।

एक दिन भारी वर्षा के कारण पृथ्वी पानी में डूबने लगती है। मनु समझ जाते हैं कि विश्व का अंत होने जा रहा है; वे नहीं जानते कि उसे कैसे बचाया जाए। अचानक, बड़ी मछली क्षितिज पर दिखाई देती है और वह उनसे कहती है कि विश्व में जो कुछ भी मायने रखता है – सबसे अच्छे बीज, सभी पौधे, सभी प्राणी, वेदों का ज्ञान – वे उन्हें एक जहाज़ में रखें, जिसे मछली, जो स्वयं विष्णु है, एक सुरक्षित जगह रस्सी से खींचकर ले जाएगी।

इस प्रकार जिस तरह मनु ने विष्णु को बचाया था उसी तरह विष्णु मनु को बचाते हैं। जब मनु शक्तिशाली थे, तब उन्होंने शक्तिहीन मछली की रक्षा की, और जब मनु शक्तिहीन थे, तब शक्तिशाली मछली ने उन्हें बचाया। शक्तिशाली लोगों को हमेशा शक्तिहीन लोगों की मदद करनी चाहिए, ताकि शक्तिहीन शक्तिशाली बनकर बदले में दूसरों की मदद कर सकें। इसे सभ्यता की विशेषता माना

मनु का जहाज़ खींचती हुई मछली

मछली जातक

जाता है। यह विष्णु द्वारा स्थापित और सम्भाला गया धर्म है।

जातकों में, होने-वाले-बुद्ध मछली बनकर जन्म लेते हैं। वे अन्य मछलियों को मछुआरे के जाल से बचने में मदद करते हैं। सूखा पड़ने के कारण जब मछलियाँ कीचड़ में फंस जाती हैं और कौवें उन्हें खा सकते हैं तो बुद्ध अपने पुण्य का उपयोग कर वर्षा लाते हैं ताकि मछलियाँ बच जाएँ।

जीन आरा-नाथ

जैन कला में, मछली वर्तमान कल्प के अठारहवें जीन आरा-नाथ का प्रतीक है। जीन बनने से पहले, वे एक चक्रवर्ती (एक विशाल साम्राज्य के शासक) और एक काम-देव (सबसे वांछित व्यक्ति) भी थे।

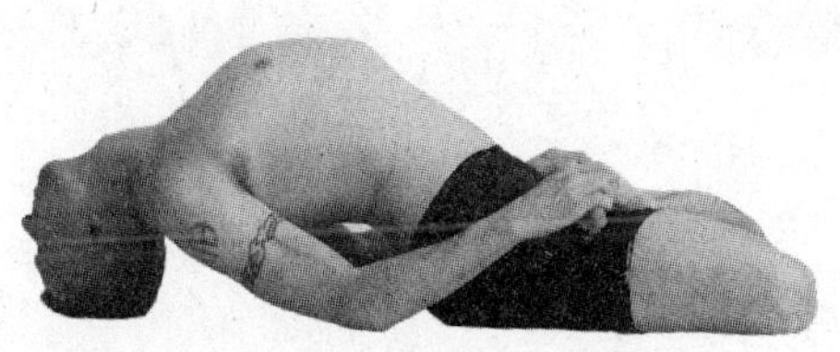

इस आसन में पसलियों को चौड़ा खोला जाता है और पैरों को पद्मासन के कोणीय आकार में मोड़ा जाता है। इसलिए, यह मुद्रा करता व्यक्ति मछली के शरीर के

समान दिखता है। ऊपरी शरीर को हाथ की हड्डियों से आधार मिलता है, और हाथों और पैरों के बीच के संपर्क से शरीर धीरे-धीरे एक गहरे आर्च में खींचा जा सकता है। लेकिन, चूँकि गर्दन शरीर का एक दुर्बल भाग है, ध्यान दें कि अपना पूरा वज़न सिर पर न रखें। जब कोई अतिरिक्त भार ग्रीवा की रीढ़ पर हों तब अपने सिर को एक ओर से दूसरी ओर भी न मोड़ें।

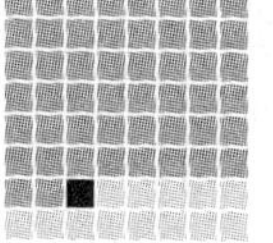

51

नाव-आसन

नाव की मुद्रा

बाइबल के नूह के जहाज़ के बारे में हम सभी जानते हैं। ऐसी ही कहानी हिंदू पुराणशास्त्र में भी पाई जाती है। इसमें मनु ने पौधों और प्राणियों के साथ पवित्र वेदों और सात आदिम ऋषियों को एक जहाज़ में रखकर, प्रलय से होते हुए मेरु पर्वत पर शरण पाई।

रामायण में, राम नाव से सरयू नदी के पार जाकर वन में प्रवेश करते हैं, चौदह वर्षों का वनवास जीने के लिए। महाभारत में, सत्यवती नामक मछुआरी पराशर नामक ऋषि को नाव से नदी के पार ले जाती है। ऋषि को उससे प्रेम हो जाता है और साथ में वे एक बालक को जन्म देते हैं। ऋषि की जादुई शक्तियों के कारण, नाव के दूसरी छोर तक पहुँचने से पहले ही सत्यवती गर्भवती बनकर बालक को जन्म भी देती

जहाज़, मनु और सात ऋषियों को लेकर

है। बालक तुरंत बड़ा हो जाता है और नदी के बीच एक द्वीप पर रहने के लिए चला जाता है। यह बालक आगे जाकर वेदों के महान संकलक व्यास के नाम से जाना जाने लगा।

सत्यवती और पराशर

जबकि कई लोग बौद्ध धर्म की तरह हिंदू धर्म को भी तपस्या और ध्यान करने के साथ जोड़ते हैं, हिंदू धर्म गृहस्थ के विश्व, अर्थात प्रेम और उत्तरदायित्वों के विश्व को भी महत्त्व देता है। उदाहरणार्थ, कृष्ण एक रूमानी देवता हैं जो वृंदावन में अपनी प्रेयसियों के साथ और द्वारका में अपनी आठ रानियों के साथ नाव की सवारी पर जाते हैं। इस प्रकार, प्रेम और विलासिता कृष्ण पूजा के अभिन्न अंग हैं, जो प्रेम की भावना को जागृत करते हैं। नाव को भी कृष्ण की भक्ति के माध्यम से, सांसारिक विश्व के प्रचंड महासागरों पर जीवित रहने का एक प्रतीक माना जाता है। कृष्ण मंदिरों में, चांदनी रातों में, कृष्ण और उनकी पत्नियों की छवियों को उनकी प्रसन्नता के लिए नाव की सवारी पर ले जाया जाता है।

नाव में बैठे कृष्ण और राधा

जातक कथाओं में, बुद्ध के पिछले जन्मों का वर्णन किया गया है। एक कहानी में, राजकुमार महाजनक अपने भाग्य की खोज करने के लिए सुवर्णभूमि (दक्षिण पूर्व एशिया) तक एक जहाज़ से यात्रा कर

रहा था। लेकिन, जहाज़ तूफ़ान में फंस गया और उसका डूबना अनिवार्य था। जबकि बाकी लोग घबरा गए, वह शांत रहा। उसने पेट भर के खाना खाया ताकि जहाज़ के डूबने के बाद आने वाले भुखमरी के दिनों से वह बच सके। जबकि अन्य नाविक डूब गए, वह जहाज़ के खंभे के सहारे तैरता रहा। सात दिनों के बाद, समुद्र की देवी, मणिमेघलाई ने उसे भविष्य के बुद्ध के रूप में पहचान लिया और उसे बचाकर किनारे पर ले आईं।

महाजनक

इस चुनौतीपूर्ण आसन का उद्देश्य पेट और कूल्हों की मांसपेशियों को दृढ़ करना है। मुद्रा का आकार जहाज़ के ढाँचे का प्रतीक है और हाथ पानी की रेखा का प्रतीक हैं जब जहाज़ तैरता है। इस आसन के कई प्रकार इसे और सुलभ बनाते हैं। एक प्रकार में घुटनों को मोड़ा जाता है

ताकि पिंडलियाँ फर्श के समानांतर हों। जब पैर सीधे रखे जाते हैं, तब आसन बनाए रखने के लिए पेट और कूल्हों की मांसपेशियों को हैमस्ट्रिंग की मांसपेशियों के विरोध में काम करना पड़ता है। लेकिन घुटनों को मोड़ने से पैरों के पिछले भाग में तनाव घटता है और इससे यह आसन कम तनावपूर्ण बन सकता है।

52

कुर्म-आसन

कछुए की मुद्रा

जातक कथाओं के अनुसार अपने एक पिछले जन्म में बुद्ध एक कछुआ थे जिसने एक जहाज़ को डूबते देखा था। कछुए ने नाविकों को अपनी पीठ पर शरण देकर उन्हें पास के एक द्वीप तक पहुंचाकर बचा लिया। नाविक जीवित बचने से ख़ुश थे, लेकिन वे भूखे भी थे। उन्होंने उसी कछुए को खाने का निर्णय लिया। बोधिसत्त्व होने के कारण, कछुए को इससे कोई आपत्ति नहीं थी। अपनी असीम करुणा में उसने नाविकों को उसे खाने दिया।

होने-वाले-बुद्ध कछुए के रूप में

जैन धर्मियों के लिए, कछुआ मुनि-सुव्रत या सुव्रत का प्रतीक है, जो राम के समय में रहने वाले जीन थे। हिंदुओं के लिए, कछुआ यमुना नदी का वाहन है, और उस नदी के

मंद प्रवाह का संकेत है। इसके विपरीत तेज़ी से बहने वाली गंगा नदी की देवी डॉल्फ़िन पर सवार होती हैं। अपने वाहनों पर सवार इन दो नदी देवियों की छवियाँ कई मंदिरों के द्वारों को सुशोभित करती हैं।

कछुए को संस्कृत में कश्यप कहा जाता है। यह संभवतः देवों और असुरों के पिता, ऋषि कश्यप की ओर इंगित करता है, जो अपने झगड़ालू पुत्रों के साथ धैर्य से पेश आते हैं। कछुए को दीर्घायु का प्रतीक और बहुधा पृथ्वी का आधार माना जाता है।

कछुए का सबसे महत्त्वपूर्ण चिन्ह स्वयं विष्णु का है। यह कहानी न केवल भारत में बल्कि दक्षिण पूर्व एशिया के थाईलैंड और कंबोडिया जैसे कई देशों में पाई जाती है जो प्राचीन काल में भारत के समुद्री व्यापारियों के साथ व्यापार करते थे। इस कहानी में ब्रह्मा के युद्धरत वंशजों के दो समूहों का समावेश है: देवता, जो आकाश के ऊपर रहते हैं, और असुर, जो पृथ्वी के नीचे रहते हैं।

एक बार देवताओं को अपना जीवन नीरस लगने लगा था और इसलिए वे अपने पिता, ब्रह्मा से सलाह लेने गए। ब्रह्मा ने कहा कि वे सभी वस्तुएँ जो उनके जीवन को अत्युत्तम बना सकती हैं, क्षीरसागर में घुली हुई थीं। मंथन करने से वे बाहर आ सकती थीं। देवता समुद्र मंथन कैसे करना है वह नहीं जानते थे और इसलिए वे विष्णु से मिलें। विष्णु के कहने पर गरुड़ मेरु पर्वत को समुद्र के बीच तक ले गए और वह मंथन के लिए डंडा बन गया। फिर उन्होंने अपने नाग अनंत (जो अन्य पुनःकथनों में नागों के राजा, वासुकी हैं) से पहाड़ से लिपटने के लिए कहा ताकि वे मंथन की रस्सी बन

विष्णु का कुर्म अवतार

सकें। विष्णु ने स्वयं एक कछुए, या कुर्म का रूप धारण किया, और इस ब्रह्मांडीय मंथन को अपनी पीठ पर आधार दिया। विष्णु के कहने पर, असुरों को मंथन का प्रतिबल बनाया गया था। यदि उन्हें अपने आप पर छोड़ दिया होता, तो युद्धरत सौतेले भाइयों ने शेष के साथ रस्साकशी खेली होती। लेकिन, विष्णु के निर्देशों का पालन करते हुए, असुरों के रुकने पर देवताओं ने शेष को खींचा और देवताओं के रुकने पर असुरों ने उसे खींचा। इस प्रकार क्षीरसागर का मंथन किया गया और उससे कई खजाने बाहर आए जिन्होंने उनके जीवन को आनंदमय बना दिया। यह केवल विष्णु के कछुआ अवतार के कारण संभव हुआ।

हर शिव मंदिर में, एक कछुए की छवि पाई जाती है। यह उस योगी का प्रतीक है जो आसानी से विश्व से पीछे हट सकता है, जैसे एक कछुआ अपने अंगों को अपने खोल के अंदर ले लेता है।

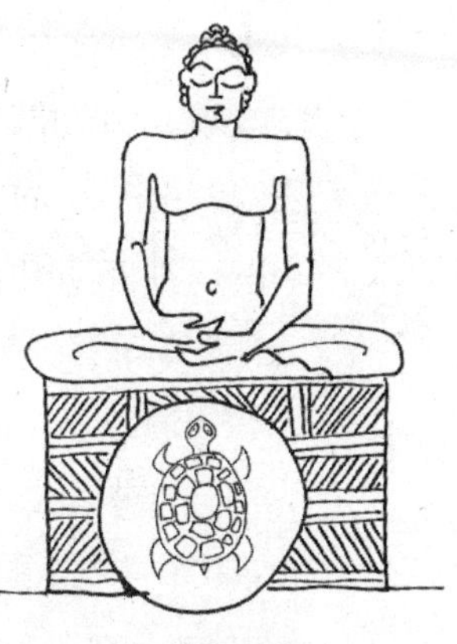

जीन सुव्रत

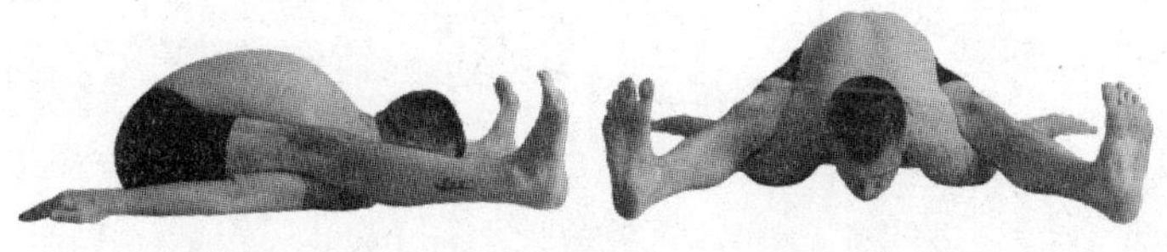

इस आसन में शरीर कछुए के शरीर जैसा आकार लेता है। यह आसन विष्णु के दूसरे, कुर्म अवतार, को समर्पित है। इसे करने के लिए हैमस्ट्रिंग में अत्यधिक लचीलापन

आवश्यक है। इसके अलावा कंधों को कैसे रखा जाना चाहिए उसपर उचित विचार करना भी आवश्यक है। खड़े होकर किए गए आसन, जैसे प्रसारित पादोत्तान-आसन या टिट्टिभ-आसन के खड़े प्रकार को करने से कुर्म-आसन को करने में बहुत मदद मिल सकती है। कंधों के ऊपर रखे हुए पैरों को बलपूर्वक सीधा करने से शरीर को स्थायी हानि पहुँच सकती है। इसलिए साधकों को इस मुद्रा के विभिन्न चरण सावधानीपूर्वक करने चाहिएं। हैमस्ट्रिंग के लचीलेपन को विकसित करते समय पैरों के वज़न को आधार देने के लिए टखनों के नीचे ब्लॉक रखना मूल आसन में किया गया एक उपयोगी परिवर्तन है। यहाँ यह दोहराना आवश्यक है कि योग की कोई मुद्रा करने के लिए कभी भी अपने स्वास्थ्य को त्यागना नहीं चाहिए। योग की एक आधारशिला अहिंसा है। इसका अर्थ बहुधा दूसरों को कोई हानि नहीं पहुँचाना लिया जाता है। लेकिन वास्तव में, इसका अर्थ स्वयं के साथ-साथ किसी और को भी हानि नहीं पहुँचाना लिया जा सकता है और लिया भी जाना चाहिए।

53

वराह-आसन

सूअर की मुद्रा

पुराणों में एक असुर की कहानी बताई गई है जिसने मदद के लिए पुकारती हुई पृथ्वी को समुद्र के नीचे घसीट लिया था। उस समय, ब्रह्मा के नथुनों से एक सूअर निकला, और समुद्र में प्रवेश कर उसने असुर से लड़ाई की। असुर का वध करके सूअर ने पृथ्वी को अपने थूथनों पर उठाया और समुद्र की सतह पर लाया। जैसे सूअर समुद्र की सतह तक आ रहा था, उसने पृथ्वी को अपने से सटा हुआ रखा। उस घनिष्ठ आलिंगन के कारण पृथ्वी अपने ऊपर ही मुड़ गई और वैसे पहाड़ तथा घाटियाँ निर्मित हुईं। सूअर के दांत ज़मीन के अंदर गए थे और उससे पृथ्वी गर्भवती बन गई। इस प्रकार, सभी पौधे अस्तित्व में आए। यह शानदार सूअर

वराह

वराही

विष्णु का अवतार, वराह है।

प्राचीन भारत में, विष्णु का जंगली सूअर अवतार पौरुष और राजस्व का प्रतीक था। लेकिन, समय के साथ विष्णु के इन प्राणी रूपों का राम और कृष्ण जैसे उनके मानवीय रूपों के कारण महत्त्व कम हो गया।

जैन पुराणशास्त्र में वराह या जंगली सूअर तीर्थंकर विमल-नाथ का प्रतीक है। वह संरक्षक देवी मारीचि का वाहन भी है, जो चीनी महायान बौद्ध धर्म में सूर्य से जुड़ी हुई हैं। कुछ जीवनियों में, बुद्ध की मृत्यु खाने से हुए विषाक्तन से हुई थी; हालाँकि वे मांस नहीं खाते थे, उन्हें भोजन देने वाले व्यक्ति के प्रति करुणा के कारण उनके अंतिम भोजन में उन्होंने जंगली सूअर का मांस खाया था। अन्य लोग इस दावे का खंडन करते हैं और मानते हैं कि बुद्ध का अंतिम भोजन जंगली मशरूम का था।

सूअर पर सवार मरीचि,
भोर की बौद्ध देवी

लालसा का बौद्ध प्रतीक

बौद्ध कला में, सूअर को आकर्षण का प्रतीक माना जाता है, और जीवन चक्र में उसे बहुधा लगाव के प्रतीक, मुर्गे, और घृणा के प्रतीक, सांप, के साथ कल्पित किया जाता है। ये तीनों उस लालसा के संकेतक हैं जो हमारे जीवन में दु:ख लाती है।

तंत्र में, उपजाऊपन और शक्ति से जुड़ी

सबसे शक्तिशाली देवियों में से एक, सुअरी देवी, वराही हैं। कर्नाटक में, तुलु-नाडु के लोग वन-आत्मा या भूता की पूजा करते हैं। इसे पंजुरली के नाम से जाना जाता है, और वह या तो जंगली सूअर के चेहरे के साथ या जंगली सूअर पर सवार कल्पित की जाती है। वह खेतों को जंगली सूअरों से सुरक्षित रखती है। स्थानीय पुराणशास्त्र में, मनुष्यों की दो विश्वों तक पहुँच है – अनियंत्रित वन अर्थात अरण्य-लोक और पालतू खेत अर्थात ग्राम्य-लोक तक। लेकिन शामन-पुजारी-राजा की भूता-लोक तक भी पहुँच है। वे विभिन्न भूतों से अनुरोध करते हैं कि वे खेत को वन के प्राणियों से सुरक्षित रखें और शांति और समृद्धि सुनिश्चित करें।

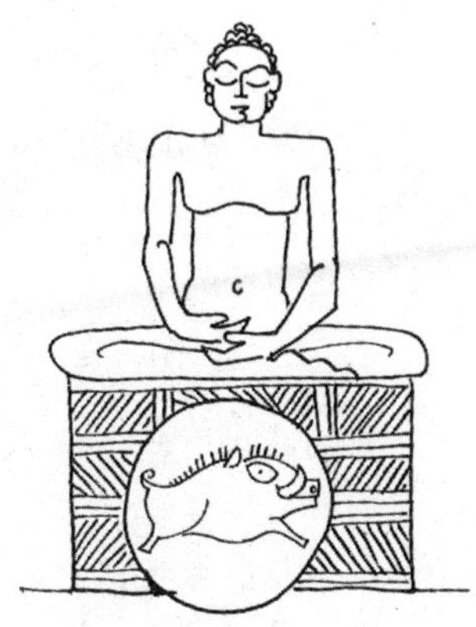

जीन विमल-नाथ

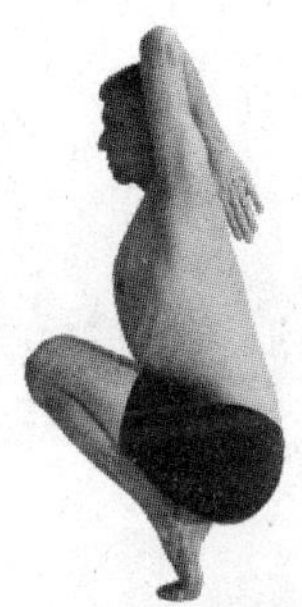

वराह 'जंगली सूअर' के लिए संस्कृत शब्द है। इस आसन में कोहनियों की उभरी नोकें सूअर के दांतों का प्रतीक हैं। इस मुद्रा के दोनों प्रकारों में पैरों को एक

साथ रखकर उन्हें पालथी मारी जाती है और शरीर को बिलकुल नीच ले जाया जाता है। लेकिन, जिस प्रकार में एड़ियाँ फर्श पर रखी जाती हैं उसमें निचले पैरों के पिछले भाग में एक गहरा खिंचाव मिलता है, जबकि उठी हुईं एड़ियों के प्रकार में शरीर को संतुलित रखने की एक और चुनौती निर्मित होती है।

54

सिंह-आसन

शेर की मुद्रा

देवी दुर्गा शेर पर सवार युद्ध करने जाती हैं। शेर, वन का अल्फ़ा, अर्थात सबसे शक्तिशाली शिकारी है। इसलिए विश्वभर में शेर राजपद से जुड़े हुए हैं, चीन और सिंगापुर जैसे दूर-दराज़ के देशों में भी जहाँ शेर नहीं पाए जाते। भारत में राजगद्दी को सिंहासन कहा जाता था। राजमहल के मुख्य प्रवेश द्वार को बहुधा सिंहद्वार कहा जाता है।

नरसिंह

कहते हैं कि एक बार एक असुर को ऐसी शक्ति प्राप्त हुई कि न मानव न प्राणी उसे पराजित कर सकता था। इसलिए उसका वध करने के लिए विष्णु ने एक विलक्षण प्राणी का रूप लिया, जो आधा शेर और आधा मानव था। नरसिंह नामक इस मिश्रित रूप में विष्णु न ये थे न वो थे। विष्णु का नरसिंह रूप समलैंगिक क्षेत्र का प्रतीक है, जो न इधर का है न उधर का। यह रूप एक ऐसे राजा का अभिमान मिटाने

के लिए लिया गया था जो सोचता था कि वह स्वयं सभी श्रेणियों का स्वामी है, और जो मानता था कि वह विफल हो ही नहीं सकता। प्रकृति में कोई श्रेणियाँ नहीं होती; श्रेणियाँ केवल मानवीय रचनाएँ हैं। नरसिंह के रूप में, परमात्मा इन मानवीय रचनाओं को चूर-चूर कर देते हैं।

एक बार एक गाय ने एक राजा से उसे शेर से बचाने के लिए कहा। जब राजा ने शेर को रोकना चाह, तो शेर ने उनसे पूछा, 'यदि आप मुझे गाय को खाने से रोक देंगे, तो मैं कैसे जीऊँगा? गाय मेरा प्राकृतिक भोजन है।' इसलिए राजा ने शेर को हिरन खाने का विकल्प दिया। इसपर शेर ने तर्क दिया कि चूँकि राजा ने सभी हिरनों का शिकार किया था वन में एक भी हिरन नहीं बचा था। इसलिए उसके पास चरागाहों में आकर गाय का शिकार करने के अलावा कोई विकल्प नहीं बचा था। तब राजा ने गाय के बदले अपना शरीर शेर को प्रस्तुत किया। शेर ने हंसते हुए कहा कि राजा के शरीर से उसकी भूख केवल एक दिन के लिए मिटेगी। अगले दिन और उसके अगले दिन का क्या? यह कहानी पालतू किए गए स्थानों और अनियंत्रित स्थानों के बीच तनाव की ओर ध्यान आकर्षित करती है। जैसे-जैसे मनुष्य चरागाह स्थापित करते हैं और वन में घुस जाते हैं, वैसे-वैसे वन्य जीव, शेर जिनका मूर्त रूप है, सोचते हैं कि वे कहाँ जाएँ। इससे मनुष्यों और प्राणियों में तनाव निर्माण होता है। यह तनाव आज व्यापक है और हिंदू पुराणशास्त्र में इसका उल्लेख कई बार किया गया है। धर्म का पालन करने के लिए राजा को गाय की रक्षा करनी चाहिए, लेकिन ऐसा करने से वे एक धर्म-संकट में पड़ जाते हैं – क्योंकि गाय की रक्षा करके वे शेर को भूखा रख रहे हैं और वे उन अन्य प्राणियों के लिए भी उत्तरदायी हैं जिन्हें शेर मार डालेगा।

शेर और हिरन

सिंहासन पर बैठने वाले राजा को यह तय करना होगा कि क्या वे अल्फ़ा शिकारी बनना चाहते हैं या शक्तिहीन के रक्षक।

जैन पुराणशास्त्र में, इस कल्प के चौबीसवें जीन, महावीर का प्रतीक एक शेर है। जातक कथाओं में, होने वाले बुद्ध शेर के रूप में जन्म लेते हैं और एक लोमड़ी के साथ उनके कई अच्छे और बुरे किस्से होते हैं। एक कहानी में, लोमड़ी के कहने पर शेर राजा के घोड़ों पर हमला करता है, जिस कारण राजा के धनुर्धर उसे तीर से मार देते हैं। दूसरी कहानी में, लोमड़ी, यह सोचते हुए है कि वह शेर जितना शक्तिशाली है, एक हाथी का शिकार करने निकलता है और मारा जाता है। तीसरी कहानी में, शेर और लोमड़ी मित्र बनकर साथ रहते हैं। लेकिन उनके परिवार झगड़ते हैं, जिससे दोनों को अलग होना पड़ता है।

जीन महावीर

ऊपर की ओर मुख किए कुत्ते की मुद्रा अर्थात 'अप्वर्ड फ़ेसिंग डॉग पोज़' (उर्ध्वमुख श्वान-आसन) के समान, इस मुद्रा में पैरों को पद्म-आसन में मोड़ा जाता है और छाती को ऊपर उठाने के लिए हाथों को फर्श में दबाया

जाता है। इसके अतिरिक्त, इस आसन में चेहरे पर रोचक भावना लाई जाती है क्योंकि नज़र को नाक की नोक पर लाया जाता है और जीभ पूरी तरह से ठुड्डी की ओर फैलाई जाती है। संस्कृत में, सिंह का अर्थ है 'शेर', लेकिन इसका अनुवाद 'नायक' या 'प्रसिद्ध व्यक्ति' भी हो सकता है।

55

गंड भेरुंड-आसन

गंड भेरुंड की मुद्रा

एक बार एक असुर ने ब्रह्मा से वरदान प्राप्त किया – उसका न दिन में और न रात में, न किसी घर के अंदर और न उसके बाहर, न मानव द्वारा और न प्राणी द्वारा वध किया जा सकता था। उसका वध करने के लिए, विष्णु ने नरसिंह का रूप धारण किया, जो न मानव हैं और न प्राणी। नरसिंह ने असुर को पकड़कर उसे उसके घर की चौखट तक घसीटा, जो न घर के अंदर थी और न उसके बाहर। फिर सांझ के समय, जो न दिन है और न रात है, नरसिंह ने असुर की छाती को चीरकर उसे मार डाला।

लेकिन जब नरसिंह ने असुर का रक्त पीया तो उनमें रक्त की लालसा जाग गई और वे अपनी दिव्य अवस्था भूल गए। उन्हें नियंत्रित करने के लिए, शिव ने नाग की पूंछ और आठ पैरों वाले शेर, शरभ, का रूप लिया। इस रूप में जब शिव ने विष्णु के नरसिंह अवतार को वश में किया, तो वे भी घमंडी बन गए और स्वयं को विश्व का सबसे शक्तिशाली प्राणी मानने लगे। उनका घमंड दूर करने के लिए, विष्णु शिव के सामने गंड भेरुंड के

रूप में प्रकट हुए। यह दो सिरों वाला बाज़ इतना विशाल था कि वह अपने चार पंजों में हाथी को भी पकड़ सकता था। शिव को वश में करने के लिए विष्णु ने यह भयानक रूप लिया था।

गंड-भेरुंड

ये कहानियाँ पक्षपातपूर्ण हिंदू परंपराओं से आती हैं। मोटे तौर पर, हिंदू परंपराओं को शिव उपासकों और विष्णु उपासकों में विभाजित किया जा सकता है। इस प्रतिद्वंद्विता के कारण ऐसी कहानियाँ उभरीं जिनमें प्रत्येक समूह ने अपने देवता को श्रेष्ठ दिखाना चाहा। अंत में, सब इस बात पर सहमत हुए कि विष्णु और शिव एक ही हैं: वे एक ही देवत्व के दो पहलुओं के प्रतीक हैं – शिव, परमात्मा के वैरागी पहलू के प्रतीक हैं और विष्णु, परमात्मा के गृहस्थ पहलू के प्रतीक हैं।

यूनानी पुराणशास्त्र में, चिमेरा और स्फ़िंक्स जैसे राक्षस अराजकता के प्रतीक हैं और इसलिए उन्हें नायकों द्वारा नष्ट किया जाना आवश्यक है। लेकिन हिंदू पुराणशास्त्र में, राक्षस देवताओं द्वारा लिए गए रूप हैं, मनुष्यों को मानवीय कल्पना की परिसीमा से अवगत कराने के लिए। मानवीय वास्तविकता में जो अस्तित्व में नहीं होता वह भगवान की कल्पना में अस्तित्व में होता है।

शरभ

जापान के बौद्ध पुराणशास्त्र में, भारत में रहने वाले, गुम्योचो नामक, दो सिर वाले पक्षी की कहानी बताई गई है। एक सिर का नाम करुड और दूसरे का उपकरुड था। दोनों सिरों के विपरीत व्यक्तित्व थे। जब एक जागता था, दूसरा सो जाता

था, जब एक खेलना चाहता था, दूसरा आराम करना चाहता था। एक दिन जब उपकरुड सो रहा था, तब करुड ने स्वादिष्ट फल खाए। जब उपकरुड जागा तो उसने देखा कि करूड ने सारे फल खा लिए थे और उन दोनों का साझा पेट भर गया था। फल न चख पाने के कारण वह क्रोधित हुआ। करुड को बीमार करने के लिए उसने विषैले फल खा लिए, यह भूलते हुए कि विष उनके साझे पेट में जाकर दोनों मर जाएँगे। मरने से पहले, वह परस्पर जुड़ाव और निर्भरता का मूल्य जान गया। यही वजह है कि उसका पुनर्जन्म अमिताभ बुद्ध के शुद्ध भूमि स्वर्ग, सुखवती में हुआ।

यह मुद्रा सबसे चुनौतीपूर्ण मुद्राओं में से एक है। आसन अभ्यास की विभिन्न शैलियों में इस आसन के कई प्रकार पाए जाते हैं। यहाँ चित्रित ठुड्डी-पर-खड़ा प्रकार इनमें से एक है। इस आसन को 'पूर्ण' रूप से करने के लिए शुरू में फर्श पर पेट के बल लेटे सामने की ओर देखा जाता है। फिर शरीर को अत्यधिक गहराई से पीछे की ओर मोड़ा जाता है, ताकि पैर ऊपर से चेहरे के बाहर फर्श पर

आ सकें। फिर भुजाएँ पैरों के ऊपर रखी जाती हैं, हाथ ठुड्डी के नीचे रखे जाते हैं और उँगलियाँ आपस में लपेटी जाती हैं। इस मुद्रा से हमें यह सीख मिलती है कि सभी शरीरों को सभी आसन करना संभव नहीं होता है। योग के किसी आसन में 'सफल' होने के साथ भावनात्मक मूल्य जोड़ने से बहुधा जल्दी ही आपको दीर्घकालिक पीड़ा हो सकती है। ऐसी मुद्राओं का अभ्यास ज़िम्मेदारी के साथ और केवल योग्य शिक्षकों के मार्गदर्शन में ही किया जाना चाहिए।

56

त्रिविक्रम-आसन

त्रिविक्रम की मुद्रा

एक बार एक असुर इतना शक्तिशाली बन गया कि कोई भी उसे युद्ध में पराजित नहीं कर सकता था। उसने तीनों लोकों पर स्वामित्व का अधिकार जमाया: पृथ्वी, वायुमंडल और आकाश पर। वह इतना शक्तिशाली और घमंडी बन गया कि उसने विश्व में लोगों की सभी इच्छाएँ पूरी करने का प्रस्ताव किया। तो, विष्णु ने बौने व्यक्ति का रूप धारण कर असुर से तीन कदम भूमि मांगी। 'बस इतना ही?' बौने के छोटे कद को देखते हुए असुर ने कहा। 'हाँ,' बौने ने कहा। जैसे ही असुर बौने की मांग पूरी करने के लिए सम्मत हुआ, बौना महाकाय बन गया। उसने दो कदमों में पृथ्वी, वायुमंडल और आकाश पर अधिकार जमा लिया, जिनपर पहले असुर ने अधिकार जमाया था। फिर असुर की ओर देखते हुए उसने पूछा, 'मैं अपना तीसरा कदम कहाँ रखूँ? तीनों लोकों में से एक भी लोक नहीं बचा।'

उस समय, असुर देवत्व की शक्ति जान गया। उसने भले ही तीनों लोकों को जीत लिया हो, लेकिन देवत्व उन तीनों लोकों से भी बड़ा था। असुर

त्रिविक्रम के रूप में विष्णु

यह भी समझ गया कि उसमें हर व्यक्ति की इच्छा पूरी करने की शक्ति नहीं थी, क्योंकि महाकाय बने बौने व्यक्ति की तरह मानवीय भूख भी असीमता तक बढ़ सकती है, और विश्व के संसाधन हमेशा सीमित होते हैं। वह अपने घमंड से अवगत हो गया और समझ गया कि विष्णु उसे अपनी सीमाओं को याद दिलाने का प्रयास कर रहे थे। असुर ने विष्णु को नमन करते हुए कहा, 'आपके तीसरे कदम से, कृपया मेरे अहंकार को कुचल दो।'

इस प्रकार, भगवान ने दो कदमों में तीनों लोकों को जीत लिया, और अपना पैर असुर के सिर पर रखकर उसके अहंकार को कुचल दिया। त्रिविक्रम की यह मुद्रा, जिन्होंने तीनों लोकों को जीत लिया है, बहुधा कला में चित्रित की जाती है। इस मुद्रा में उनका एक पैर पृथ्वी पर, दूसरा पैर असुर के सिर पर और तीसरा पैर स्वर्ग तक फैला होता है।

तीन लोकों की धारणा हिंदू, बौद्ध और जैन पुराणशास्त्रों में पाई जाती है। वेदों में, उसे आकाश, पृथ्वी और वायुमंडल के रूप में वर्णित किया जाता है। पुराणों में, उसे देवों के आकाशीय लोक, मनुष्यों के भौतिक लोक और असुरों के भूमिगत लोक के रूप में वर्णित किया जाता है। फ़ारस से जरथुस्त्र के धर्म और बाद में ईसाई धर्म और इस्लाम के प्रभाव से, स्वर्ग, पृथ्वी और नरक की धारणाओं का हिंदू और बौद्ध पुराणशास्त्रों में उल्लेख होने लगा। रूपक की दृष्टि से, तीन लोक मांस, अंदर के मनोवैज्ञानिक विश्व और बाहर के सामाजिक विश्व को उल्लिखित करते हैं।

जैसे विष्णु बलि नामक असुर से तीनों लोक जीत लेते हैं, वैसे ही शिव त्रिपुरा नामक असुरों के तीन उड़ते हुए गढ़ों को नष्ट कर देते हैं। इसलिए उन्हें त्रिपुरांतक कहा जाता है। शिव की तीन आँखें और उनका त्रिशूल विष्णु के तीन कदमों के समान हैं। शिव इन तीनों लोकों को नष्ट करके आत्मा प्रकट करते हैं और इसलिए उनके माथे पर राख की तीन क्षैतिज रेखाएँ होती हैं।

शिव का त्रिशूल

बौद्ध पुराणशास्त्र में, पृथ्वी के नीचे बंधनों में अटके असुर और नाग जैसे जीव हैं, और उसके नीचे नरक हैं। पृथ्वी के ऊपर देवताओं के लोक हैं, और उसके ऊपर विभिन्न बुद्धों के लोक हैं। इच्छा हमें नीचे ले जाती है, और धम्म हमें ऊपर ले जाता है। नीचे दुख है और ऊपर शांति है।

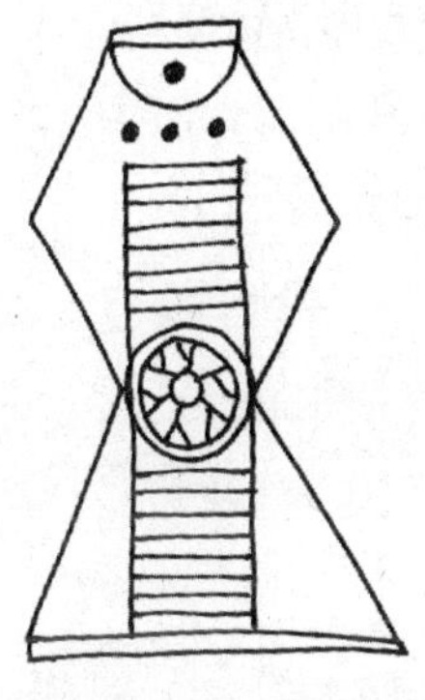

जैन धर्म के तीन लोक

जैन पुराणशास्त्र में, पृथ्वी लोक मध्य में स्थित है, नाग लोक के ऊपर और देवताओं के लोक के नीचे। हमारा कर्म का बोझ हमें नीचे के लोकों में ले जाता है, और आत्मसंयम से हमारे कर्म का बोझ हल्का होता है और हम ऊपर के लोकों में जाते हैं। पुनर्जन्म के चक्र से मुक्त हो चुके जीन सबसे ऊँचे लोक में रहते हैं।

यह इस आसन का लेटा हुआ (सुप्त) प्रकार है, और इसके लिए हैमस्ट्रिंग और कूल्हों की मांसपेशियों को बहुत अधिक लचीला होना आवश्यक है। इसे बहुधा हनुमान-आसन (सामने की ओर मुँह करके पैरों को विभाजित करना) का अगला चरण माना जा सकता है क्योंकि इसमें भी पैरों को उसी तरह रखा जाता है। लेकिन इसमें धड़ पर गुरुत्वाकर्षण का प्रभाव नहीं होता। इसलिए पैरों को तानना और अधिक चुनौतीपूर्ण बन जाता है। इस आसन की अंतिम अभिव्यक्ति में एक पैर सीधे खड़ा रहता है।

57

भद्र-आसन

सिंहासन की मुद्रा

राम विष्णु के एकमात्र अवतार हैं जो राजा हैं। अयोध्या के राजा के सबसे बड़े पुत्र होने के नाते, उनका सिंहासन पर बैठना अनिवार्य था। लेकिन उनके राज्याभिषेक की पूर्वसंध्या पर उन्हें चौदह वर्षों के वनवास में भेजा गया। राम ने बिना किसी प्रत्यारोप या पश्चाताप के उन्हें दी गई आज्ञा का पालन किया। उनके छोटे भाई भरत, जिनकी माँ के षड्यंत्र से यह राजनीतिक आपदा आई थी, ने छल से प्राप्त सिंहासन पर बैठने से इनकार कर दिया। इसके बदले भरत ने सिंहासन पर राम की पादुकाएँ रखीं और राम की वापसी तक राज्य-संरक्षक के रूप में शासन किया। बौद्ध जातकों में, ऐसी ही कहानी बताई गई है, लेकिन एक परिवर्तन के साथ: राम के पिता को डर था कि उनकी कनिष्ठ रानी, राम की सौतेली माँ, राम को मारने का षड्यंत्र रचेंगी और इसलिए उन्होंने राम को वन में भेजा। ज्योतिषियों ने राजा को बताया कि राम केवल चौदह वर्षों बाद ही राजा बनेंगे। इसलिए राम को चौदह वर्षों बाद लौटने के लिए कहा गया। जब नौ वर्षों बाद राजा की मृत्यु हुई, तब भरत

ने राम से वापस लौटकर राजा बनने का आग्रह किया। लेकिन राम अपने पिता को दिया वचन तोड़ना नहीं चाहते थे और इसलिए उन्होंने समय से पहले लौटने से इनकार किया। तब भरत ने राम की पादुकाएँ सिंहासन पर रखीं और राम की वापसी तक राज्य-संरक्षक के रूप में शासन किया। रामायण के जैन संस्करण में, राम यह सुनिश्चित करने के लिए वन में रहने गए कि भरत, जो एक साधु बनना चाहते थे, अपनी माँ के साथ महल में रह सके। तीनों कहानियाँ इस बात पर ध्यान केंद्रित करती हैं कि कैसे राम, जिनके भाग्य में राजा बनना लिखा है, को सिंहासन से कोई लगाव नहीं है। उनके भाई भी भोजन, साथी और वर्चस्व के लिए लड़ने वाले क्षेत्रीय जानवरों के तरीक़ों को बहुत सार्वजनिक रूप से अस्वीकार करके सत्यनिष्ठा दिखाते हैं। इसलिए राम को धर्म का प्रतीक माना जाता है।

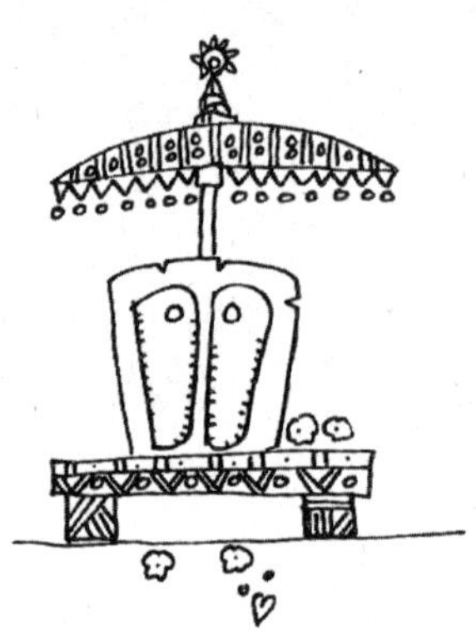

सिंहासन पर राम की पादुकाएँ

भारतीय लोककथाओं में, भोज नामक राजा को विक्रमादित्य का प्राचीन सिंहासन एक खेत में गढ़ा मिला। सिंहासन का तल बत्तीस योगिनियों की छवियों से बना था। जब भी भोज इस सिंहासन पर बैठने की कोशिश करते, उनमें से एक योगिनी उन्हें विक्रमादित्य की एक कहानी सुनाती थी। हर कहानी में विक्रमादित्य का एक गुण वर्णित होता था, जिस कारण वे एक महान राजा कहलाते थे। योगिनियाँ भोज को

विक्रमादित्य का सिंहासन

चेतावनी देती, 'वह गुण नहीं होते हुए भी यदि आप इस सिंहासन पर बैठोगे, तो हम आपको पागल कर देंगी।' भोज बत्तीस गुणों में से प्रत्येक गुण को विकसित करने के बाद ही सिंहासन पर बैठे। अंततः वे विक्रमादित्य जितने प्रसिद्ध हुए और शांति, समृद्धि, उदारता और न्याय के युग के लिए जाने गए।

सिंहासन एक शुभ प्रतीक है जो उन महिलाओं के सपनों में दिखाई देता है जिनके भाग्य में जैन नायकों, राजाओं और ऋषियों की माँएँ बनना लिखा होता है।

इस आसन को बहुधा बद्ध कोण-आसन (बाउंड एंगल पोज़) के नाम से जाना जाता है। योग अभ्यास में कूल्हों को खोलने के लिए बैठकर किए गए आसनों में से यह सबसे उपयोगी आसनों में से एक है। पद्म-आसन (कमल मुद्रा) जैसी अधिक जटिल मुद्राओं में कूल्हों में अत्यधिक बाहरी घुमाव की आवश्यकता होती है। कोई साधक पद्म-आसन करने के लिए तैयार है या नहीं यह भद्र-आसन करने की उसकी क्षमता से तय किया जा सकता है। इस आसन में आगे की ओर मुड़ने से जांघों

के अंदरूनी भाग को तीव्र खिंचाव मिल सकता है। इस मुद्रा के लेटे हुए प्रकार का बहुधा स्वास्थ्यकर प्रथाओं में समावेश किया जाता है। इस आसन का एक प्रमुख पहलू पैरों के तलवों को ऊपर की ओर मोड़ना है। हाथों से पैरों को खोलना इसे समझने का एक अच्छा तरीक़ा है, जैसे कि कोई क़िताब को खोलता हो। इस मुद्रा में आगे की ओर मुड़ते समय यह याद रखें कि सिर को फर्श की ओर ले जाने से और महत्त्वपूर्ण है शरीर को आगे की ओर ले जाना। रीढ़ की हड्डी को तानने और ठुड्डी के साथ आगे बढ़ने से शरीर को आगे ले जाने में और उसे उस स्थिति में बनाए रखने में मदद मिल सकती है।

58

सेतु बंध-आसन

बांध रहे पुल की मुद्रा

राम के वनवास के चौदहवें वर्ष में, राक्षस-राजा रावण ने उनकी पत्नी, सीता का अपहरण किया और उन्हें समुद्र के बीच स्थित अपने द्वीप लंका ले गए। फिर राम ने वानरों की एक सेना एकत्रित की और समुद्र के पार लंका तक जाने वाला एक पुल बनाया। राम और वानर सेना ने पुल को पार किया, और रावण को युद्ध में पराजित कर सीता को बचाकर उन्हें अयोध्या ले आए। महाकाव्य रामायण इसी कहानी पर आधारित है। रामायण में राजत्व और प्राकृतिक साधनों को एकजुट करने की राजा की क्षमता के बारे में विस्तार से बात की गई है। एक सच्चा राजा वनवास में, सबसे बुरे संकटों के बीच भी संसाधन एकजुट कर सकता है।

लंका तक राम का पुल,
वानरों द्वारा बनाया गया

समुद्री व्यापारी मसालों, सोने और कपड़े के साथ रामायण की कहानियाँ भी दक्षिण पूर्वी एशिया ले गए। रामायण के थाईलैंड के संस्करण में वानरों द्वारा बनाए गए पुल का लंका की ओर का छोर रावण ने तोड़ दिया। इसलिए हनुमान ने अपना आकार बढ़ाकर अपनी पूंछ को लंबा किया ताकि राम और उनकी वानर सेना उसपर चलकर लंका तक पहुँच सकें। हनुमान यह अद्‌भुत कार्य इसलिए कर सकें क्योंकि उनमें सिद्धि नामक यौगिक शक्तियाँ थीं।

महाकपि जातक

इस थाई कहानी का महाकपि जातक से गहरा संबंध है। इस जातक में होने वाले बुद्ध एक वानर थे, जिन्होंने दो दूर स्थित पेड़ों के बीच अपने शरीर को तानकर एक पुल बनाया ताकि उनकी सेना शिकारियों से बच सकती थी। पीठ पर वानरों के चलने से उनकी रीढ़ की हड्डी टूट गई। इसके बावजूद उन्होंने दोनों पेड़ों को पकड़े रखा और सभी वानरों को भागने में मदद की।

स्वर्ग तक अर्जुन का पुल

महाभारत में भी महान धनुर्धर अर्जुन द्वारा चलाए गए बाणों से बने एक पुल की बात की गई है। इस पुल ने पृथ्वी को आकाश से जोड़ा और देवताओं के राजा इंद्र का वाहन, ऐरावत, हाथियों के उत्सव में स्वर्ग से पृथ्वी पर आ सका।

फिर अर्जुन सोच में पड़ गए कि राम ने सीता को बचाने के लिए लंका तक बाणों का पुल क्यों नहीं बनाया। वानरों ने अर्जुन को नदी को लांघने वाला पुल बनाने की चुनौती दी जो वानर की संपूर्ण सेना का भार नहीं तो कम से कम एक वानर का भार उठा सकता था। और निश्चित ही जैसे ही एक वानर ने अपना पंजा पुल पर रखा, अर्जुन का पुल ढेर हो गया। फिर कृष्ण ने अर्जुन को राम नाम का जप करके बाण चलाने के लिए कहा। इस प्रकार बनाया गया पुल इतना शक्तिशाली था कि वानरों की एक पूरी टोली के उसपर कूदने पर भी वह हिला नहीं। वानर और अर्जुन समझ गए कि केवल पुल की शक्ति या धनुर्धर के कौशल की वजह से नहीं बल्कि दिव्य कृपा की वजह से पुल बना था और स्थिर रह रहा था।

पुराणों में दो व्यक्तियों के एक संकरे पुल के बीच में मिलने की कहानियाँ हैं। जाने के लिए कौन किसके लिए जगह बनाता है? शक्तिशाली व्यक्ति या बुद्धिमान व्यक्ति? यदि शक्तिशाली शक्तिहीन के लिए जगह बनाता है तो इसका अर्थ है कि वह बुद्धिमान है और धर्म का पालन कर रहा है। लेकिन, हमारा अहंकार चाहता है कि उसे संतुष्ट किया जाए और इसलिए अल्फ़ा प्राणियों की तरह शक्तिशाली व्यक्ति मार्ग पर अपना अधिकार जमाता है। यह अधर्म है।

पुल की अवधारणा जैन पुराणशास्त्र में बहुत महत्त्वपूर्ण है। जीन वे हैं जो अपनी वासनाओं को वश में कर लेते हैं। उन्हें तीर्थंकर भी कहा जाता है, जो वह पुल (या तीर्थ) ढूँढ लेते हैं जो हमें पुनर्जन्म के विश्व से बाहर ले जाता है। यह पुल जैन मान्यताओं और प्रथाओं से बना है।

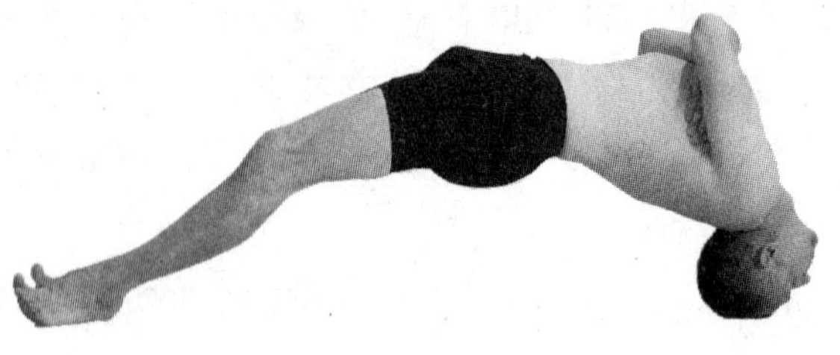

तकनीकी रूप से यह आसन शरीर को उलटने का आसन है, क्योंकि इसमें हृदय सिर से ऊपर उठा होता है। इसे करने के लिए एब्डमेन की मांसपेशियों में स्थिरता और गर्दन में शक्ति की बहुत आवश्यकता होती है। इस आसन में पैर शरीर को उठाने का अधिकांश प्रयास करते हैं। लेकिन इस आसन के कई प्रकार हैं, जिन्हें क्रमशः करने से आप इस आसन की पूर्ण अभिव्यक्ति तक पहुँच सकते हैं। सेतु 'पुल' के लिए संस्कृत शब्द है जबकि बंध का अर्थ है 'एक साथ बांधना' (पुल से दो भूमियों को एक साथ बांधने की ओर संकेत)।

59

हनुमान-आसन

हनुमान को समर्पित मुद्रा

हनुमान हिंदू धर्म में सबसे लोकप्रिय देवताओं में से एक हैं। उन्हें वानर के रूप में कल्पित किया जाता है, लेकिन वे कोई साधारण वानर नहीं हैं। वे एक महान वानर हैं, अत्यंत बलवान, बहुत बुद्धिमान और एक महान योगी भी हैं। उन्हें शास्त्रों का गहन ज्ञान है। वे कवि, संगीतकार, और जादूगर हैं, जो अपनी ऊंचाई और आकार को बढ़ा या घटा सकते हैं, अपने रूप को बदल सकते हैं और उड़ भी सकते हैं।

हनुमान

सूर्य हनुमान के गुरु थे। हनुमान ने अपने पैरों को पूर्वी से पश्चिमी क्षितिज तक फैलाया और पूरे दिन सूर्य के रथ के सामने रहकर बिना किसी रुकावट के अपनी शिक्षा जारी रखी। अपनी गुरुदक्षिणा के रूप में,

हनुमान, क्षितिज के पार अपने पैर फैलाते हुए

उन्होंने सूर्य देव को वचन दिया कि वे उनके पुत्र, सुग्रीव की मदद करेंगे। सुग्रीव के सौतेले भाई, वाली ने सुग्रीव को घर से निकाल दिया था।

हनुमान ने राम को सुग्रीव से मिलवाया। दोनों में एक समझौता हुआ: यदि राम सुग्रीव को वानरों का राजा बनने में मदद करते, तो बदले में सुग्रीव, राक्षस-राजा रावण को हराने के लिए सेना जुटाने में राम की मदद करते। फिर, सीता को खोजने हनुमान ने समुद्र के पार छलाँग लगाई और वे लंका गए। इस अविश्वसनीय यात्रा में विभिन्न राक्षसों के साथ उनके कई साहसिक संघर्ष हुए। उनकी मदद से राम ने समुद्र के पार एक पुल बनाया। इस पुल को पार करके वानरों की सेना लंका गई, जहाँ उसने रावण से युद्ध लड़ा। युद्ध में, जब राम के छोटे भाई, लक्ष्मण को एक ज़हरीले बाण से चोट पहुँची, तब हनुमान उत्तर से उन्हें ठीक करने के लिए जड़ी-बूटियों का एक पहाड़ ले आए। कला में, उन्हें बहुधा अपने हाथ में जड़ी-बूटियों का पहाड़ पकड़े हुए, अपने पैरों से राक्षसों को कुचलते हुए, अपनी पूंछ को ऊपर उठाते हुए और अपने हाथ में राम का ध्वज या अपनी गदा पकड़े हुए दिखाया जाता है।

कई लोग हनुमान को शिव के रूप और देवी के संरक्षक भी मानते हैं। वे गिने-चुने देवताओं में से हैं जिन्हें हिंदू धर्म के सभी संप्रदायों में पूजा जाता है। चूँकि वे ब्रह्मचारी हैं, उनकी इंद्रियों पर उनका पूर्ण नियंत्रण है, और वे दूसरों की सेवा में विश्वास करते हैं, वे तपस्वियों के बहुत प्रिय हैं। वे महा-सिद्ध हैं। उनकी मनोगत शक्तियों से वे अपना माप और आकार बदल सकते हैं, पानी पर चल सकते हैं, आकाश में उड़ सकते हैं और किसी भी जीव को

मंत्रमुग्ध कर सकते हैं। लेकिन सीता और राम के साथ उनके गूढ़ मिलन से यह शक्तियाँ नियंत्रित हो जाती हैं। इसलिए वे इन शक्तियों का उपयोग किसी से श्रेष्ठ लगने के लिए नहीं करते। कहते हैं कि वे केले के वन में सादा, चिंतनशील जीवन जीते हैं, जहाँ वे आज भी राम के नाम का जप करते हैं। कुछ मंदिरों में, उन्हें राम के सेवक, रामदास के रूप में पूजा जाता है, अपने स्वामी के चरणों में बैठे हुए। दूसरों में उन्हें स्वतंत्र रूप से पांच सिर और पांच जोड़े हाथ वाले देवता के रूप में पूजा जाता है। वे दक्षिण की ओर मुँह करते हैं, भूतों, राक्षसों और स्वयं मृत्यु को डराते हुए।

जातकों में, होने-वाले-बुद्ध महाकपि नामक एक महान वानर के रूप में प्रकट होते हैं। महाकपि अपने आप को दो पेड़ों के बीच तानता है ताकि उसकी टोली के वानर उसकी पीठ के ऊपर से दौड़कर शिकारियों से बच सकें। वह उस मगरमच्छ को भी धोखा देता है जिसकी माँ उसका हृदय खाना चाहती थी, यह कहकर कि उसने अपना हृदय अपने पेड़ पर छोड़ दिया है, जिस कारण मगरमच्छ उसे वापस नदी के किनारे ले जाने में विवश हो जाती है।

कल्प-सूत्र के अनुसार, इस कल्प के चौबीस तीर्थंकरों में से चौथे जीन अभिनंदन-नाथ का प्रतीक एक वानर है।

जैन रामायणों को पद्म-चरित्र के नाम से जाना जाता है। इनमें हनुमान एक वानर नहीं बल्कि विद्याधर के रूप में वर्णित हैं, एक दिव्य प्राणी जिसकी जादुई शक्तियाँ हैं। उन्हें हर कल्प में जन्मे चौबीस कामदेवों में से एक माना जाता है; कामदेव एक ऐसा पुरुष है जो महिलाओं को सम्मोहित कर देता है।

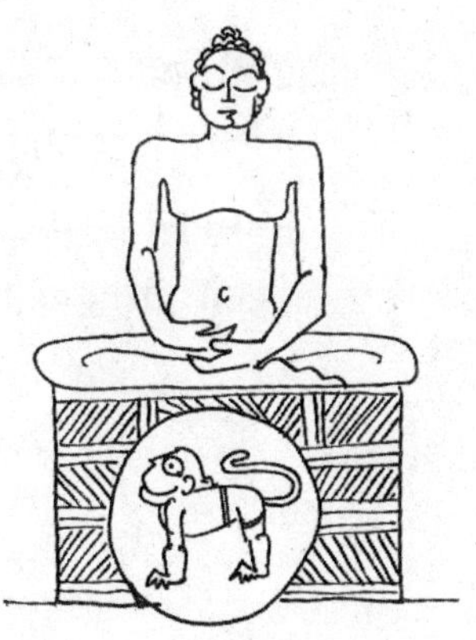

जीन अभिनंदन-नाथ

वे रावण की भतीजी सहित कई महिलाओं से विवाह करते हैं लेकिन अंततः एक जैन भिक्षु बन जाते हैं।

इस आसन को 'मंकी पोज़' कहने से इसका अधिकांश पौराणिक औचित्य खो जाता है और इसकी प्रबलता भी। हनुमान कोई साधारण वानर नहीं हैं, और समुद्र के पार लंका द्वीप तक उनकी छलाँग एक पोखर पर छलाँग से कई गुना महत्त्वपूर्ण है। यह पुराणशास्त्र की सबसे बड़ी छलाँग थी – संपूर्ण महासागर के पार, जब सारी आशा लगभग ख़त्म हो चुकी थी, और सब कुछ दाँव पर था। हनुमान ने वह कर दिखाया जो असंभव था और यह मुद्रा उनको और उनके महान कृत्य को समर्पित है।

60

तोल-आसन

तुला की मुद्रा

नारद मुनि यहाँ वहाँ जाकर लोगों को परेशान करने के लिए प्रसिद्ध हैं। एक दिन वे कृष्ण से मिलने द्वारका आए। कृष्ण की आठ रानियों ने उनका स्वागत किया और कहा कि वे उन्हें जो वो चाहे देने के लिए तैयार हैं। शरारती नारद ने कहा कि वे कृष्ण को अपने साथ ले जाना चाहते हैं। इस अनुरोध से रानियाँ चौंक गईं – भला वे अपना पति किसी को कैसे दे सकती थीं! कृष्ण को छोड़ कुछ भी माँगो, रानियों ने नारद से कहा। इसलिए, नारद मुनि ने उनसे कृष्ण के मूल्य जितना कुछ माँगा। रानियाँ सोच में पड़ गईं कि उन्हें कृष्ण के मूल्य जितना कुछ कैसे मिल सकता था। इसलिए, वे एक विशाल तुला को आंगन में लेकर आईं।

तुला पर बैठे कृष्ण

फिर उन्होंने कृष्ण को तुला की एक थाली पर बिठाया, और अपनी सबसे मूल्यवान वस्तुएँ दूसरी थाली पर रखीं। सत्यभामा ने अपने गहने तुला पर रख दिए, लेकिन कृष्ण का वज़न सभी गहनों से कहीं अधिक था। दूसरी रानी ने अपने पास के सभी फल और सब्ज़ियाँ रख दीं, लेकिन वह भी पर्याप्त नहीं थे। अंत में, रुक्मिणी, तुलसी के पौधे की एक टहनी लेकर आईं। इस टहनी को उनकी भक्ति का प्रतीक कहते हुए उन्होंने उसे तुला की दूसरी ओर रख दी। उसी क्षण तुला टहनी की ओर झुक गई और कृष्ण ऊंचे उठे। इससे स्पष्ट था कि कृष्ण के प्रति रुक्मिणी की भक्ति स्वयं कृष्ण से कहीं अधिक मूल्यवान थी। यही टहनी उन्होंने नारद को दी, जिन्होंने वह अनुग्रह के साथ स्वीकार की।

आज भी, कृष्ण मंदिरों में रखी तुलसी की टहनी हमें याद दिलाती है कि कैसे कृष्ण की भक्ति स्वयं कृष्ण से कहीं अधिक शक्तिशाली है। कृष्ण पृथ्वी पर अमर परमात्मा के नश्वर रूप हैं। लेकिन हमारे जीवन की समस्याएँ वे नहीं बल्कि उनके प्रति हमारी भक्ति हल करती है।

भारतीय पुराणशास्त्रों में संतुलन की अवधारणा बहुत महत्त्वपूर्ण है। हिंदू धर्म में, गृहस्थ की भौतिक ताक और साधु की आध्यात्मिक ताक के बीच संतुलन पाया जाता है। बौद्ध धर्म में, बुद्धिमत्ता और करुणा के बीच संतुलन पाया जाता है जिससे 'मिडल पाथ' अर्थात मध्य मार्ग उत्पन्न होता है। लेकिन पाश्चात्य पुराणशास्त्र में संतुलन की समझ बहुत अलग है। वहाँ उसे निष्पक्षता और न्याय का प्रतीक माना जाता है: आँख के बदले आँख, दांत के बदले दांत। मिस्त्र के पुराणशास्त्र में पाए जाने वाली तुलाएँ भी अलग हैं। वहाँ, सियार के सिर वाले अनुबिस और आइबिस के सिर वाले थॉथ ने मृतकों के हृदय को मा'आत के पंख के साथ तौला, यह देखने के लिए कि क्या मृतक मरणोपरांत जीवन जीने के लिए ओसिरिस राज्य जाने के योग्य हैं या नहीं।

विश्व में तोल (या तुला) का सबसे पहला कलात्मक प्रतिरूप, समान भुजाओं की तुला का है। यह चित्र पश्चिम भारत में अजंता की बौद्ध गुफ़ा चित्रों में पाया जाता है, जो 2000 वर्ष से अधिक प्राचीन हैं।

बौद्ध और हिंदू पुराणशास्त्रों में, शिबि नामक राजा की कहानी पाई जाती है, जो एक कबूतर की बाज़ से रक्षा करते हैं। इसलिए बाज़ शिबि से खाना माँगता है। राजा उसे अन्य पक्षियों का मांस देने का प्रस्ताव करते हैं, लेकिन बाज़ उस मांस को नकारता है यह कहकर कि राजा कबूतर को आश्रय देने के कारण अन्य पक्षी क्यों मारे जाए। राजा उसे अन्य प्राणियों का मांस देने का प्रस्ताव करते हैं, लेकिन बाज़ वही तर्क लगाकर उस मांस को भी नकारता है। अंत में राजा कबूतर के वज़न के बराबर अपना मांस बाज़ को देने का प्रस्ताव करते हैं। कबूतर को तुला की एक थाली पर रखा जाता है और राजा अपना मांस दूसरी थाली पर रखते हैं। लेकिन कबूतर इतना भारी होता है कि राजा को अपने शरीर का सारा मांस काटना पड़ता है। राजा अपना मांस काटते जाते हैं, जिससे बाज़ प्रभावित होता है। वास्तव में बाज़ एक देवता होता है, जो राजा की प्रतिबद्धता की परीक्षा लेना चाहता है – हिंदू पुन:कथन में धर्म के प्रति और बौद्ध पुन:कथन में करुणा के प्रति उनकी प्रतिबद्धता।

शिबि जातक

इस मुद्रा का आकार एक संतुलित तुला को दर्शाता है, जहाँ तुला की थालियाँ हवा में सहजता से तैरती हैं। मैं बहुधा साधकों से कहता हूँ कि यह आसन 'जितना आसान दिखता है उससे अधिक कठिन है' – लेकिन इसलिए नहीं कि इसके लिए ऐब्डमेन में अत्यधिक शक्ति की आवश्यकता होती है। यह आसन करते समय अधिकांश लोगों को अपर्याप्त ताकत या लचीलेपन के कारण नहीं बल्कि अनुचित तकनीक के कारण समस्याओं का सामना करना पड़ता है। इसके बारे में ऐसे विचार करें; यदि आप अपनी रीढ़ की हड्डी को सीधा रखके फर्श पर बैठे हैं, तो आपके कंधे फर्श से सबसे अधिक दूरी पर होते हैं (इसी स्थिति में लोग बहुधा कहते हैं, 'मेरी बाहें बहुत छोटी हैं')। लेकिन यदि आप अपनी रीढ़ की हड्डी को थोड़ा गोलाकार देकर अपनी बाहों को सीधा करोगे, तो सीधी रीढ़ की हड्डी के साथ किए गए आसन की तुलना में आप शरीर को फर्श के और ऊपर उठा पाओगे।

61

हल-आसन

हल की मुद्रा

रामायण में जब मिथिला के राजा जनक सोने के फावड़े से देवी के पवित्र खेत को जोत रहे थे, तब उन्हें हल-रेखा में एक संतान मिली। जनक ने उसे गोद ले लिया और उसे सीता नाम दिया। सीता राम की पत्नी बनीं और उनके साथ वनवास गईं।

हरिवंश में, कृष्ण के बचपन का वर्णन किया गया है। उसमें हल को बलराम से जोड़ा गया है। बलराम हल का उपयोग न केवल खेतों की जुताई के लिए करते हैं बल्कि यमुना नदी के मार्ग को बदलने के लिए भी करते हैं, जो कार्य नहर सिंचाई के लिए एक पौराणिक रूपक है। हिंदू पुराणशास्त्र में, जब विष्णु चरवाहे कृष्ण का रूप लेते हैं, तो नाग अनंत, कृष्ण के बड़े भाई, किसान बलराम का रूप

सीता

लेता है। कृष्ण और बलराम यह दो देवता मनुष्यों के प्राथमिक व्यवसायों, पशुपालन और खेती को मूर्त रूप देते हैं। जैन पुराणशास्त्र में, कृष्ण और बलराम अपने शत्रु, जरासंध से लड़ते हैं। जरासंध उनके शहर पर हमला कर उसे जला देता है, जिस कारण उन्हें मथुरा से द्वारका में स्थानांतरण करना पड़ता है।

द्वारका द्वीप पर माप में विशालकाय किसी व्यक्ति का शासन हुआ करता था। इस व्यक्ति ने कृष्ण और बलराम से कहा कि यदि उनमें से कोई एक उनकी बेटी रेवती, जो स्वयं भी विशालकाय थी, से विवाह करेगा, तो वे दोनों भाइयों को द्वारका सौंप देंगे। उन्हें रेवती के लिए सबसे अच्छा वर चाहिए था, और इसलिए ऐसे वर की खोज में वे ब्रह्मा से मिलने चले गए। लेकिन वे यह भूल गए कि ब्रह्मा के निवासस्थान में एक दिन पृथ्वी पर 1000 वर्ष के बराबर होता है। जब वे अपनी बेटी के साथ पृथ्वी पर लौटे, तो सदियाँ बीत चुकी थीं, उनका राज्य नष्ट हो चुका था, और विश्व इतना बदल गया था कि उनके समय की तुलना में लोग बहुत छोटे बन गए थे। उनकी 'विशालकाय' बेटी को अब पति मिलना असंभव था। रेवती का चेहरा और अच्छे से देखने के लिए, बलराम ने अपने हल को उसके कंधे

बलराम

पर अटकाकर उसे नीचे खींचने की कोशिश की। लेकिन जैसे ही हल ने रेवती के कंधे को छुआ, वह चमत्कारपूर्ण ढंग से सिकुड़कर बलराम के माप की हो गई। इस प्रकार, दोनों विवाह कर पाएँ और द्वारका कृष्ण और बलराम का शरणस्थान बन गया।

महाभारत में ऐसी कहानियाँ हैं जहाँ कौरवों से क्रोधित बलराम ने अपने हल से उनके शहर हस्तिनापुर को समुद्र की ओर खींचा और अपने बल से सभी को भयभीत कर दिया।

कई विचारधाराओं में, बलराम को शिव का रूप माना जाता है, क्योंकि शिव की तरह, वे मादक भांग का सेवन करना पसंद करते हैं, उन्हें बहुत जल्दी क्रोध आता है, उतने ही जल्दी शांत भी हो जाते हैं और बहुत सीधे-सादे भी हैं। इस प्रकार वे अपने सम्मोहक पर ठगी से भरे छोटे भाई, कृष्ण से बहुत अलग हैं।

बौद्ध वृत्तांतों के अनुसार बुद्ध बनने से पहले, शाक्य वंश के सिद्धार्थ गौतम ने अपने पिता को एक जुताई उत्सव में भाग लेते देखा था। जबकि उसके पिता प्रसन्न दिख रहे थे, बैल प्रसन्न नहीं थे। सिद्धार्थ गौतम समझ गए कि कैसे जब हम ख़ुश होते हैं तब हम दूसरों के दुःखों को अनदेखा कर देते हैं। दूसरी बार, बुद्ध के रूप में उन्होंने एक किसान से भोजन मांगा। तब किसान ने उज्जड़ उत्तर दिया, 'मैं हल चलाता हूँ, बीज बोता हूँ, फ़सल काटता हूँ और खाता हूँ। तुम क्या करते हो?' बुद्ध ने उत्तर में कहा कि वे भी जोतते थे, बोते थे, काटते थे और खाते थे। वे धम्म से मन को जोतते थे, अनुशासन को बोते थे, सचेतन को इकट्ठा करते थे और पीड़ा के अंत को खाते थे। वे अपना भोजन सभी के साथ बाँटते थे, जैसा कि किसान को करना चाहिए।

यह आसन हल का आकार लेता है। शरीर को उलटने का यह आसन करने के लिए रीढ़ की हड्डी को लचीला और कंधों को गतिशील होना आवश्यक है। वास्तव में हल-आसन सर्वांग-आसन (शरीर को कंधों पर खड़े रखने का आसन, वस्तुतः ऐसी मुद्रा जिसमें केवल अंगों का प्रयोग होता है) की मुद्रा का अगला चरण है। इसमें पैरों को फर्श पर लाया जाता है और पैरों की उंगलियों को ताना जाता है (वे हल की धार का प्रतीक हैं)। पीठ और कंधों की मांसपेशियों को तानने के अलावा, यह आसन पाचन में भी मदद कर सकता है क्योंकि शरीर को आगे की ओर मोड़कर उसे उलटने से पेट के निचले अंगों को एक कोमल निचोड़ मिलता है। ऐसे आसन करते समय साधकों को गर्दन और सिर की स्थिति के बारे में सावधान रहना चाहिए। जब गर्दन पर अतिरिक्त भार हो तो अपने सिर को एक ओर से दूसरी ओर कभी भी न मोड़ें।

62

भुज पीड-आसन

कंधों को दबाने की मुद्रा

महाभारत में भीम सबसे शक्तिशाली पांडव थे। उनमें इतनी शक्ति थी कि जब पांडवों को जंगल में शरण लेनी पड़ी और हत्यारे कौरवों से बचकर रहना पड़ा, तो भीम ने अपने चारों भाइयों और उनकी माँ को अपनी बाहों में उठा लिया।

भीम अपने भाइयों को ले जाते हुए

रामायण में श्रवण कुमार की कहानी बताई गई है। वे अपने कंधों पर एक बांस का खंभा रखते थे, जिसके दोनों छोर से दो टोकरियाँ टंगी होती थीं जिनमें उनके वृद्ध पिता और माता बैठते थे। ऐसी ही एक कहानी बौद्ध जातकों में पाई जाती है, जहाँ बोधिसत्त्व जामा के रूप में जन्म लेते हैं। जामा श्रवण कुमार की तरह अपने अंधे माता-पिता को बांस के गोफन

कावड

से लटकी हुईं टोकरियों में ले जाता है। रामायण की कहानी में, अयोध्या के राजा दशरथ श्रवण को मार देते हैं, जिस अपराध के लिए श्रवण के माता-पिता उन्हें श्राप देते हैं कि वे भी अपने प्रिय पुत्र राम से अलग हो जाएँगे। लेकिन जातकों की बौद्ध कथा में, वाराणसी के राजा पिलियक्का, जो जामा को बाण से मारते हैं, को जामा के माता-पिता क्षमा कर देते हैं। इसके परिणामस्वरूप जामा पुनर्जीवित हो जाता है और उसके माता-पिता की दृष्टि भी लौट आती है। हिंदू कहानी कर्मों के परिणामों की बात करती है और बौद्ध कहानी क्षमा की शक्ति की बात करती है।

दोनों ओर वज़न लगे हुए बांस के खंभे को 'कावड' कहा जाता है। यह उन सांसारिक उत्तरदायित्वों के लिए एक रूपक है जिन्हें सांसारिक जीवन और पुनर्जन्म के चक्र से मुक्त होने से पहले निभाने के लिए हम बाध्य होते हैं। यह भीम के राक्षस साले हिडिम्ब से भी जुड़ा है। कहते हैं कि जब ऋषि अगस्त्य उत्तर से दक्षिण भारत की यात्रा कर रहे थे, तब वे स्वयं को उत्तरी हिमालयों की याद दिलाना चाहते थे। इसलिए उन्होंने हिडिम्ब को अपने कंधे पर लटके हुए बांस के दो छोरों पर पर्वत की चोटियों को ले जाने के लिए कहा। इसलिए कहते हैं कि प्रायद्वीपीय भारत के पर्वत उत्तरी हिमालयों से जुड़े हैं।

उत्तर भारत में, गर्मी के महीनों में कई युवक नदियों तक जाकर कावड की मदद से पानी के बर्तन वापस ले आते हैं। स्थानीय शिव मंदिर तक पहुंचने तक बर्तनों को ज़मीन पर कभी भी रखना नहीं चाहिए। इसी तरह की प्रथा दक्षिण भारत में भी पाई जाती है। दोनों में अंतर केवल यह है कि

दक्षिण भारत में कावड मोर-पंखों से सजी हुई होती है, और हिडिम्ब की दक्षिण की यात्रा की याद दिलाती है, जिसमें वे हिमालय के पहाड़ अपने कंधे की गोफन पर रखते हैं। इन पहाड़ों ने न केवल अगस्त्य को बल्कि शिव के पुत्र मुरुगन को भी बहुत प्रसन्न किया, जो अपने पिता से दूर दक्षिण में रहना पसंद करते थे।

शरीर को भुजाओं पर संतुलित करने की इस मुद्रा में पैरों का वज़न ऊपरी भुजाओं पर दबाव (पीड़ा) डाल रहा है। इस आसन में शरीर को संतुलित करने के लिए कंधों को कलाइयों के आगे ले जाया जाता है ताकि शरीर के गुरुत्वाकर्षण के केंद्र अर्थात कूल्हों को समर्थन के आधार अर्थात हाथों के ठीक ऊपर रखा जा सकता है। आगे गिरने से रोकने के लिए उँगलियों को हल्के से दबाया जाता है। इस मुद्रा में संतुलन पाने और बनाए रखने की आदर्श तकनीक सिर को ऊपर उठाकर नज़र को आगे

की ओर (नीचे, फर्श की ओर के बजाय) रखना है। जब साधक यह मुद्रा पहली बार कर रहे होते हैं, तो बहुधा इसे खड़े होकर शुरू किया जाता है। पैरों को कूल्हों से थोड़ा और चौड़ा रखा जाता है और धड़ को आगे की ओर गहराई से मोड़ा जाता है। जैसे कूल्हें नीचे बैठना शुरू कर देते हैं, वैसे कंधे धीरे-धीरे मुड़ते हुए घुटनों के पीछे काम करते हैं। जैसे कूल्हें ज़मीन की ओर आते हैं, ऊपरी धड़ को ऊपर उठना चाहिए (सिर ऊपर, नज़र आगे की ओर), अन्यथा संतुलन जल्दी से असहनीय हो जाता है। जब पैर ऊपर आ जाते हैं, तब एक टखने को दूसरे के ऊपर रखने से पैरों का वज़न और संगठित होता है और वे साधक के द्रव्यमान के केंद्र के निकट आते हैं। इसके कारण, बिना अधिक प्रयास के संतुलन बनाए रहता है।

63

वातायन-आसन

घोड़े की मुद्रा

अपनी विरक्त पत्नी, सरन्यू, के साथ संभोग करने के लिए सूर्य ने घोड़े का रूप ले लिया, जबकि सरन्यू ने घोड़ी का रूप लिया। इस मिलन से जुड़वां अश्विनी भाइयों ने जन्म लिया। वे घोड़े के सिर वाले देवता थे और सोम की गुप्त विद्या सीखना चाहते थे। लेकिन, इंद्र ने उन्हें यह विद्या सिखाने से इनकार कर दिया, यह कहते हुए कि इस रहस्य का ख़ुलासा करने वाले व्यक्ति का सिर एक हज़ार टुकड़ों में फट जाएगा। अंत में, ऋषि दधीच इस विद्या को बाँटने के लिए तैयार हुए, इस शर्त पर कि अश्विनी जुड़वां उन्हें इंद्र के शाप से बचाएँगे। जुड़वां भाइयों ने चिकित्सा और शल्यचिकित्सा के ज्ञान से ऋषि के सिर की जगह घोड़े का सिर जोड़ दिया। जब दधीच ने घोड़े के सिर के माध्यम

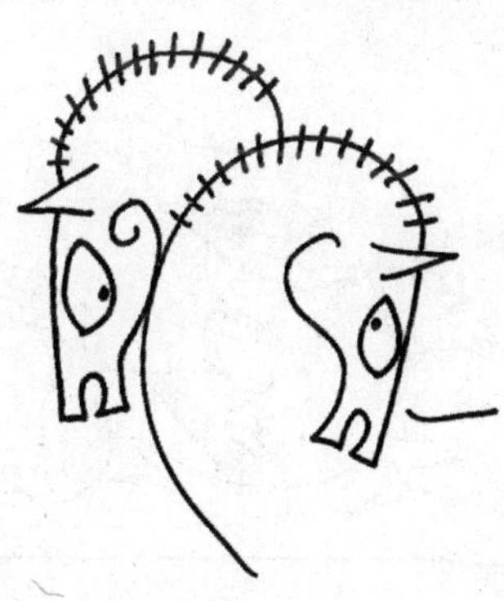

सूर्य और सरन्यू

हयग्रीव

से गुप्त विद्या का खुलासा किया, तो वह सिर एक हज़ार टुकड़ों में फट गया। फिर जुड़वां भाइयों ने मानव सिर को ऋषि के शरीर से फिर से जोड़ दिया। उस दिन से, घोड़े को ज्ञान का प्रसारक माना जाता है। अश्विनी भाइयों को यूनान के डायसकूरी भाइयों के समान माना जाता है, जो आकाश के जुड़वां घुड़सवार हैं।

उपनिषदों में, ऋषि याज्ञवल्क्य ज्ञान प्राप्त करने के लिए सूर्य से मिले। उन्हें विश्व का ज्ञान देने के लिए सूर्य ने घोड़े का रूप धारण किया। पुराणों में, विष्णु कभी-कभार हयग्रीव का रूप लेते हैं जिनका घोड़े का सिर होता है। इस रूप में, वे वेदों को नष्ट होने से बचाते हैं और उनके ज्ञान को मानवता के साथ बाँटते हैं।

जब विष्णु जागते हैं और विश्व अस्तित्व में आता है, तब वे एक मछली का रूप लेते हैं। इस रूप में वे धर्म के रहस्य को लोगों तक पहुंचाते हैं और संस्कृति की स्थापना करते हैं, जहाँ शक्तिशाली लोग शक्तिहीन लोगों की देखभाल करते हैं। विश्व में एक ऐसा समय भी आता है जहाँ सभी लोग धर्म को त्याग देते हैं। वे हिंसक प्राणियों की तरह व्यवहार करते हैं – शक्तिशाली लोग शक्तिहीनों का शोषण करते हुए। यह विश्व के अंत का समय है, और विष्णु घुड़सवार योद्धा कल्कि का रूप लेते हैं और अपनी तलवार से संपूर्ण विश्व को नष्ट कर देते हैं। यह विष्णु का हिंसक रूप है। कुछ लोगों ने विष्णु के इस रूप को ईसाई

कल्कि

पुराणशास्त्र में पाए जाने वाले 'अपोकलिप्स' के चार घुड़सवारों के समान माना है।

बौद्ध पुराणशास्त्र में, बुद्ध का कंथक नामक घोड़े के साथ गहरा संबंध है। उन्हें यह घोड़ा तब दिया गया था जब वे राजकुमार थे। इस घोड़े पर सवार उसने कई द्वंद्व और प्रतियोगिताएँ जीतीं। कंथक द्वारा खींचे गए रथ पर बैठे, उसने एक रोगी, एक बूढ़ा व्यक्ति, एक मृत व्यक्ति और एक साधु देखा। इन दृश्यों को देखकर वह जीवन की पीड़ा को हल करने के लिए प्रेरित हुआ। और अंत में, इस घोड़े पर सवार, वह अपना महल छोड़कर वन में चला गया, जहाँ उसने अत्यधिक जागरूकता की बुद्धत्व की अवस्था प्राप्त की।

घोड़ों का रथ

जैन पुराणशास्त्र में, घोड़ा इस कल्प के तीसरे जीन, संभव-नाथ का प्रतीक है।

भारतभर में, गांव के संरक्षकों को टेराकोटा घोड़े अर्पण किए जाते हैं। इन देवताओं को हाथ में तलवार और भाला पकड़े, एक सफ़ेद घोड़े पर सवार, एक कुत्ते के साथ, और कभी-कभार उनकी साथी के साथ दिखाया जाता है। सदियों से, यूनानी, फ़ारसी, शक वासी, पार्थ वासी, मंगोल और तुर्कों जैसे विभिन्न घुड़सवारों ने उत्तर-पश्चिम दिशा से भारत में प्रवेश किया। इस प्रकार घोड़ा सैनिक परंपरा से बहुत निकटता से जोड़ा गया।

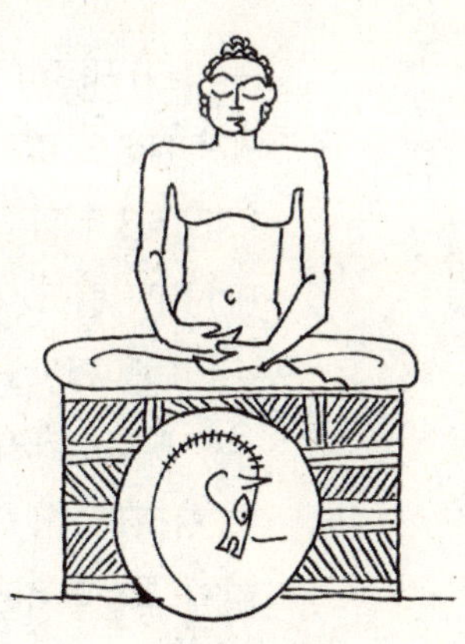

जीन संभव-नाथ

यह आसन गरुड़-आसन के लगभग समान होते हुए भी उससे कई अधिक चुनौतीपूर्ण है, क्योंकि इसमें एक पैर को पद्म-आसन की मुद्रा में मोड़ते हुए दूसरे पैर के घुटने को मोड़ा जाता है। जैसे घोड़े की सवारी करते समय शरीर को स्थिर और संतुलित करने के लिए बहुत अधिक धैर्य और अभ्यास लगता है वैसे इस आसन के साथ भी है। जिन आसनों में पैरों को आधे या पूर्ण पद्म-आसन की स्थिति में मोड़ना पड़ता है उन सभी आसनों में घुटनों पर अत्यधिक दबाव आ सकता है। इसलिए, उन्हें करने से पहले बद्ध कोण-आसन (बाउंड एंगल पोज़) जैसे आसनों में निपुण होना बेहतर होगा। भुजाओं का बंधन बहुधा घुटना मोड़कर संतुलन मिलने और पूरी तरह से स्थिर होने के बाद किया जाता है। लेकिन आप चाहे तो घुटनों पर संतुलन बने रहने तक हाथों को कूल्हों तक ला सकते हों या धड़ के दोनों ओर फैला सकते हों।

64

पिंड-आसन

गेंद की मुद्रा

एक बार विष्णु ने मोहिनी नामक सम्मोहक युवती का रूप धारण किया, जो देवताओं और असुरों के सामने गेंद (पिंड) को एक हाथ से दूसरे हाथ में उछालती हुई दिखाई दी। इस हाव-भाव से वह बहुत आकर्षक और सुंदर लग रही थी। देव और असुर दोनों उसपर इतने मोहित थे कि वे उसकी ख़ुशी के लिए जो वो चाहें करने को तैयार थे। मोहिनी दोनों में अमरत्व का अमृत बाँटना चाहती थी। जब देव और असुर उसकी बात मान गए, तब असुरों को एक भी बूंद दिए बिना, उसने देवताओं को सारा अमृत पिलाना शुरू कर दिया। जब असुर समझ गए क्या हो रहा था, तब बहुत देर हो चुकी थी। आख़िर मोहिनी की सुंदरता ने उन्हें पूर्णतः मोहित जो कर दिया था।

कहानी में ऐसा प्रतीत होता है कि मोहिनी के रूप में विष्णु देवताओं का पक्ष लेकर असुरों का विरोध कर रहे हैं। इसलिए कई लोग मानते हैं कि देवता अच्छे हैं और असुर दुष्ट हैं। लेकिन यह निष्कर्ष ग़लत है। याद रहें कि हिंदू धर्म में दुष्टता की कोई अवधारणा नहीं है। विष्णु लोगों के

एक समूह को भाग्यवान बनाते हैं और दूसरे समूह को भूखा रखते हैं। इससे दोनों समूहों में तनाव निर्माण होता है। यह तनाव केवल तब दूर होगा जब भरपेट खाने वाले लोग भूखों के साथ अपना भोजन बांटेंगे। लेकिन वे ऐसा कभी नहीं करेंगे। वे मानते हैं कि चूँकि उनके श्रम के कारण देवत्व ने उन्हें भोजन दिया है, उस भोजन पर उनका अधिकार है। यदि देवता नहीं समझेंगे कि उन्हें भोजन बांटना चाहिए, असुर उनपर हमला करते रहेंगे। मोहिनी गेंद से खेलना पसंद करती है, जो देवताओं और राक्षसों के बारी-बारी बदलते भाग्य और दुर्भाग्य की तरह ऊपर और नीचे जाते रहता है। उसी प्रकार, हिंदू पुराणशास्त्र में देवों और असुरों के बीच, मोहिनी द्वारा शुरू की गई लड़ाई, चलती रहती है।

मोहिनी

पिंड का अर्थ एक ठूंठ या ढेर भी हो सकता है। स्थानीय लोग बहुधा शिव-लिंग को शिव-पिंड कहते हैं। कई कहानियों में, ऋषि समुद्र-तट पर रेत का ढेर बनाकर, या नदी के तल से एक अंडाकार पत्थर लेकर नदी के किनारे की रेत में डालकर शिव-पिंड का निर्माण करते थे। पाश्चात्य लोग, शिव-लिंग को बहुधा शिव का उत्तेजित लिंग मानते हैं। यह बात कई हिंदुओं को अपमानजनक लगती है क्योंकि वे शिव-लिंग के बारे में इस तरह से नहीं सोचते। वे शिव-पिंड को निराकार देवत्व के आकार का प्रतीक मानते हैं। किसी विशेष रूप में न उकेरे जाने के कारण, पिंड अस्तित्व की आदिम, 'गाँठ के बिना' अवस्था को इंगित

शिव पिंड

करता है। यह बिना किसी प्रारंभ या अंत की उग्र चेतना के आदिम स्तंभ का प्रतीक है, जिसे पानी से 'ठंडा' किया जा रहा है और जिसे एक कुंड में रखा है। पानी और कुंड देवी के प्रतीक हैं। देवी मानवता के जो परे है उसे अंतर्निहित बनाती है। जब हम लिंग और गर्भ जैसे शब्दों का उनके प्रतीकात्मक अर्थ के बिना और उचित संदर्भ से बाहर उपयोग करते हैं, तो हम बहुधा जटिल आध्यात्मिक विचारों को महत्त्वहीन कर देते हैं और इससे लोगों को केवल नीरस गुदगुदाहट प्रदान करते हैं।

हिंदुओं के अंतिम संस्कार (श्राद्ध) में कुचले हुए चावल के गोलों या ढेरों की महत्त्वपूर्ण भूमिका होती है। उन्हें भी पिंड कहते हैं। यह पिंड मृत पूर्वजों (पितरों) के शरीर के साथ-साथ मृतकों को दिए गए भोजन के भी प्रतीक हैं। हमारा मांस या शरीर (अन्न-कोश) भोजन (अन्न) से बना होता है। इसलिए कुचले हुए चावल के गोले 'भोजन खाने वाले' के साथ-साथ 'भोजन' के लिए भी उपयोग किए जाते हैं। अंततः यह पिंड कौवों को दिए जाते हैं, जो जीवित लोगों की भूमि (भू-लोक) में मृतकों के प्रतीक हैं। हमारे पूर्वज मृतकों की भूमि (पितर-लोक) में फँसे हुए हैं और एक बार फिर जीवन का अनुभव करने के लिए एक शरीर के लिए तरस रहे हैं। शरीर प्राप्त किए बिना वे योग का अभ्यास नहीं कर सकते और इसलिए पुनर्जन्म के चक्र से मुक्त नहीं हो सकते।

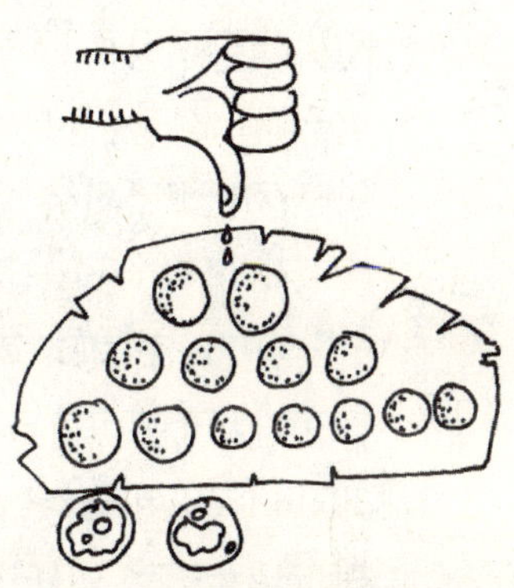

पितरों को अर्पण पिंड

पिंड-आसन केवल एक चतुर नाम नहीं है। इस आसन में शरीर का आकार वास्तव में लगभग गेंद जैसे बन जाता है। सर्वांग-आसन की स्थिति से, कंधों पर संतुलन बनाए रखते हुए, पैरों को पद्म-आसन की मुद्रा में मोड़ा जाता है। फिर धड़ को बीच में मोड़कर घुटनों को कानों के बग़ल में लाया जाता है। संकुचित दिखने के बावजूद, यह मुद्रा वस्तुतः बिलकुल आरामदायक है। लेकिन हाथों को पैरों के चारों ओर बांधने के लिए बहुत अभ्यास की आवश्यकता हो सकती है। जैसे की पहले भी कहा गया है, इस आसन में भी व्यक्तिगत सुरक्षा अत्यधिक महत्त्वपूर्ण है। याद रहे कि ऐसे आसनों में सिर एक ओर से दूसरी ओर कभी भी नहीं घुमाना चाहिए। इसके अतिरिक्त, साधकों से यह आग्रह किया जाता है कि स्वाभाविक रूप से जोखिम भरे आसन (जैसे शरीर को उलटने और शरीर को हाथों पर संतुलित करने के आसन) एक योग्य शिक्षक के मार्गदर्शन और उपस्थिति में ही करें (जो किसी पुस्तक या विडियो रिकॉर्डिंग से कई गुना अच्छा होगा)। धैर्यवान योगियों और योगिनियों को योग से स्वास्थ्य और ख़ुशी मिलती है, लेकिन महत्त्वाकांक्षी साधकों को बहुधा चोट लगती है।

निष्कर्ष: योगिनी के रूपक

किसी योगी को बहुधा स्थिर स्थिति में कल्पित किया जाता है, या तो बैठे हुए या खड़े, जबकि योगिनी लगातार गतिमान होती है – तानती, नृत्य करती, भागती, गाती और उड़ती हुई। इसका यदि शाब्दिक अर्थ लिया जाए, तो योगी योग का पुरुष साधक है जो वेदांत रहस्यवाद पर ध्यान केंद्रित करता है, जिसके माध्यम से भगवान से मिलन होता है। उधर योगिनी महिला साधक है जो तांत्रिक गुह्यविद्या पर ध्यान केंद्रित करती है। यह गुह्यविद्या व्यक्ति को भगवान जैसा बनने में सक्षम बनाती है। लेकिन दोनों के रूपकात्मक अर्थ बहुत अलग हैं।

योगी-योगिनी

योगी वह है जो हम हैं और हो सकते हैं (भूखे, भयभीत, उदासीन, करुणामय, बुद्धिमान)। योगी निर्भर ब्रह्मा है जो स्वतंत्र शिव या विश्वसनीय विष्णु बन सकता है। योगिनी वह है जिसकी खोज

में हम हैं, जो हम चाहते हैं और जो हमारे पास है (भोजन, सौंदर्य, धन, शक्ति, ज्ञान)। योगिनी देवी है, जंगली (काली) और घरेलू (गौरी), जो संसाधनों (लक्ष्मी), शक्ति (दुर्गा), ज्ञान (सरस्वती) के रूप में प्रकट होती हैं। योगी की नज़र से योगिनी शक्ति या माया में बदल जाती है। दोनों धारणाएँ लिंग पर निर्भर नहीं हैं और एक दूसरे को पूर्ण करती हैं।

शब्दों जैसे, पुराणशास्त्र में पात्र और कथानक केवल विचारों के संचार के लिए माध्यम होते हैं (जिन्हें संस्कृत में पात्र कहा जाता है)। चूँकि ये विचार संकेत नहीं बल्कि प्रतीक हैं, उनके कई अर्थ होते हैं। जैसे-जैसे हमारी संवेदनशीलता और जागरूकता बढ़ती है, वैसे-वैसे हमारे लिए उनके अर्थ भी बदलते हैं। हम जितना जीवन का अध्ययन करते हैं, जितना लोगों में बाँटते हैं, जितना लोगों की सुनते हैं, और जितना हमारे मन का समझ, अनुभव और सहानुभूति के कारण विस्तार होता है, उतने ही विचारों के अधिक अर्थ और जीवन के पहलुओं में संबंध हम खोजते हैं।

समझने के साथ-साथ उस समझ का संचार करना भी उतना ही महत्त्वपूर्ण है। जब बुद्ध निर्वाण प्राप्त करते हैं, तब वे समझ जाते हैं कि बोलने से निर्वाण का उनका अनुभव कम गहरा हो जाता है। लेकिन संवाद नहीं करना भी उचित विकल्प नहीं है। जब जीन सर्वज्ञ बन जाते हैं, तब जो शब्दों में व्यक्त नहीं किया जा सकता उसे वे टेलीपैथी से व्यक्त करते हैं। पुराणशास्त्र में कई रूपकों का उपयोग किया जाता है: तत्त्वों, पौधों, जानवरों, शिल्पकृतियों, कहानियों और ज्यामिति से लेकर खगोल विज्ञान तक। पुराणशास्त्र समझना निराशाजनक हो सकता है, लेकिन केवल तब जब कोई यह मान लेता है कि विश्व में केवल एक ही वस्तुनिष्ठ सत्य है, न कि कई व्यक्तिनिष्ठ सत्य, जिनमें लगातार आदान-प्रदान हो रहा है और जो अनंत की ओर बढ़ते रहते हैं।

एक समय था जब प्राचीन विद्या सीखने के लिए दीक्षा दिया जाना

आवश्यक था। यह इसलिए कि रूपकों के जटिल चक्रव्यूह में शिक्षक छात्र का धीरे-धीरे मार्गदर्शन कर सकें। रूपक रहस्यमय थे! पुराणशास्त्र के नक़्शे के माध्यम से अज्ञात का पता लगाया जाता था।

उड़ती हुई योगिनी

दुर्भाग्यवश, आधुनिक समाज इतना अहंकारी है कि वह मानता है कि प्राचीन काल के लोग आदिम थे, और इसलिए रूपकों का उपयोग करने में असमर्थ थे। हम मानते हैं कि क्योंकि उस काल में टेक्नोलॉजी इतनी विकसित नहीं थी उन लोगों की मानव मनोविज्ञान की समझ भी सीमित हुई होगी। हम यह स्वीकार नहीं करना चाहते कि योगी और योगिनी ऐसी धारणाओं के लिए आशुलिपि हो सकते हैं जो भाषा के माध्यम से व्यक्त नहीं की जा सकती हैं।

जैन पुराणशास्त्र में, सिद्धों के लोक में पहुँचने के लिए पहले नायकों (वासुदेव) और नेताओं (चक्रवर्ती) के लोकों से होते हुए ऋषियों (जीन) के लोक में प्रवेश करना पड़ता है। नायक विश्व को केवल एक दृष्टिकोण से देखता है। एक धनुर्धर की तरह वह अपना ध्यान केवल लक्ष्य पर सकेंद्रन करता है। नेता विश्व को द्विविम दृष्टि से देखता है, एक सारथी की दृष्टि से, जो न केवल अपने मार्ग पर ध्यान केंद्रित करता है बल्कि मार्ग के आगे, पीछे और किनारों को भी ध्यान देता है। ऋषि नीचे से ऊपर उठता है और अंत में पहाड़ की चोटी पर बैठता है। इसलिए उसकी एक त्रिविम, श्रेष्ठ, दृष्टि होती है, एक पर्वतारोही की तरह जो समझ जाता है कि उसका गांव चोटी से कितना छोटा दिखता है।

यह दर्शक, जो योगी है, शरीर (देह) का निवासी (देही) है। उपनिषदों में

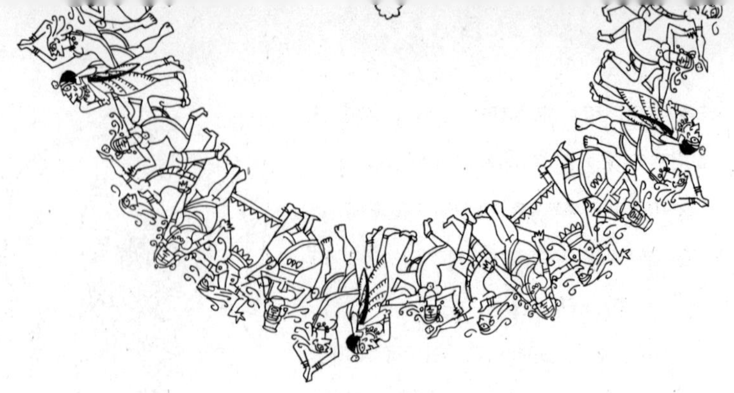

तांत्रिक मंदिर में योगिनियों का चक्र

दर्शक को जीव या आत्मा कहा जाता है। योग की मदद से हमारी ताक एक से लेकर दो और अंत में तीन आयामों तक विस्तारित होती है। जब यह होता है तब हम अपने शरीर, सांस, भावनाओं, विचारों, कल्पना से लेकर हमारे आसपास के लोगों, परिवार, मित्रों, अजनबियों, पौधों, प्राणियों, तत्त्वों, यहाँ तक कि पूर्वजों के साथ संबंधों के प्रति और जागरूक बन जाते हैं। एक धनुर्धर, एक सारथी, एक पर्वतारोही की तरह हम संयोजनों और वियोजनों को देख पाते हैं।

योगिनियाँ भूखों के लिए भोजन, भयभीतों के लिए शक्ति और अज्ञानियों के लिए ज्ञान की प्रतीक हैं। वे वो हैं जो हम चाहते हैं। वे वो सब हैं जो हमारे नियंत्रण के बाहर हैं और जिन्हें हम नियंत्रित करना चाहते हैं। वे वो सब हैं जो स्वतंत्र हैं और जिनपर हम अधिकार जमाना चाहते हैं। वे हमें घेरती हैं। बिना छत वाले तांत्रिक मंदिरों में वे अंदर की ओर मुँह करती हैं

वेदांतिक मंदिरों में योगिनियों का चक्र

जबकि वेदांतिक मंदिरों में वे बाहर की ओर मुँह करती हैं। वेदांतिक मंदिरों में देवता को एक गर्भगृह में रखा जाता है। इन मंदिरों के मेहराब और मीनार के आकार की छत हमें लगातार पहाड़ की चोटी और तीसरे आयाम की ताक की याद दिलाते हैं।

योगी भीतर देखता है; इसलिए आँख बंद कर लेता है। योगिनी उसे आँखें खोलने और आकाश की ओर देखने में विवश करती है। योगी अपनी आँखें खोले बिना, और योगिनी के साथ आकाश में से उड़कर पहाड़ों की चोटियों और कई शरीरों और लोकों में प्रवेश किए बिना, दृष्टि मुक्त होने के बजाय सीमित और एक जगह स्थिर रहेगी।

योग के पुराणशास्त्र में योगी और योगिनी के बीच का तनाव हम जो हैं या हो सकते हैं, और हमारे पास क्या है या क्या हो सकता है उस बीच का तनाव है। कुछ योगी योगिनियों से डरते हैं और उन्हें नियंत्रित करने की कोशिश करते हैं। दूसरे योगी उन्हें अस्वीकार करते हैं। अन्य योगी उनके साथ नृत्य करते हैं। संपत्ति – जिसपर हम 'अपना' होने का दावा करते हैं – के साथ मानवीय संबंधों के लिए यह सारे केवल रूपक हैं। क्या हमारी संपत्ति हमें फंसाती है? क्या उसके कारण हमें सुरक्षित लगता है? या क्या उसके कारण हम अपने आप को दूसरों से श्रेष्ठ समझने लगते हैं? या क्या वह हमें अपने बंधनों से मुक्त करती है? अपने आस-पास के धनवान या शक्तिशाली लोगों को देखो; क्या वे शांतिपूर्ण हैं? या सुंदर लोगों को; क्या वे आनंदमय हैं? और क्या शिक्षित लोग बुद्धिमान हैं? और जो किसी के प्रेम में हैं; क्या वे पहले से कम चिंतित हैं? या क्या, जैसे संपत्ति, शक्ति, सौंदर्य, ज्ञान और संबंधों का अभाव लोगों को क्रोधित, निराश और दुःखी बनाता है, वैसे उनकी उपस्थिति उन्हें आडंबरपूर्ण बनाती है? कई योगी, जो अपने आप को विश्व से मुक्त करने की चेष्टा करते हैं, अंत में ऐसे आश्रम स्थापित करते हैं जहाँ सारा ध्यान उनपर केंद्रित होता है। इस प्रकार वे हंसती

हुईं योगिनियों द्वारा फंस जाते हैं।

विक्रमादित्य के सिंहासन पर बत्तीस योगिनियाँ भोज को धन, शक्ति और ज्ञान के जोखिमों की याद दिलाती हैं। जब गोरख-नाथ अपने गुरु मत्स्येंद्र-नाथ को केले के वन से बाहर निकालते हैं, तो वे योगिनी की फंसाने की शक्तियों को प्रकट कर रहे होते हैं। यही कारण है कि सभी बुद्ध और जीन गृहस्थ के जीवन के बजाय संन्यासी का जीवन चुनते हैं।

विक्रमादित्य के सिंहासन की योगिनियाँ

लेकिन यह अस्वीकृति नहीं है। योगियों ने बस योगिनियों को जाने दिया है। चूँकि वे न तो उनसे चिपके रहते हैं और न ही उन्हें नकारते हैं, यही वजह है कि वे उन्हें आकर्षित करते हैं। वे उन्हें बाँधकर नहीं रखते हैं, और इसलिए योगिनियाँ उनके प्रति आकर्षित होती हैं, जैसे लोहा चुंबक की ओर होता है। उन्हें नियंत्रित करने के कारण योगिनियाँ योगियों से दूर भागती थीं। लेकिन जब योगी उन्हें मुक्त कर देते हैं तो योगिनियाँ उनके पास स्वेच्छा से लौटती हैं।

दर्शन, ताक

लेकिन जब योगिनियाँ स्वेच्छा से योगियों के पास आती हैं, तो क्या शांति की स्थिति बनी रह सकती है, या क्या वह धीरे-धीरे नष्ट हो जाती है? क्या योगी को अपनी आँखें हमेशा से कस कर बंद रखनी चाहिए, या उन्हें खोलने का जोखिम उठाना चाहिए? कभी न ख़त्म होने वाले विश्व में, इस संघर्ष का कोई अंत नहीं है।

भारतभर के मंदिरों में, देवता की बड़ी, न टिमटिमाती आँखें होती हैं। उनके ऊपर मेहराब होते हैं जिनपर बड़ी, उभरीं हुईं आँखों वाले प्राणियों के सिर होते हैं। और उससे भी ऊपर, छत पर, और भी सिर होते हैं, नीचे स्थित लोगों को घूरते हुए। ये सारे सिर हमारी ताक अर्थात हमार दर्शन चाहते हैं। हमारी आँखें योगिनी के मोह के सम्मोहित हो सकती हैं। इसलिए संन्यासी अपनी आँखें बंद कर लेता है, और अपनी तीसरी आँख खोलकर इच्छा को जलाता है, और योगिनी को नकारता है।

इसके बावजूद, उसी मंदिर में योगिनियों की छवियाँ पाईं जाती हैं – दीवारों पर, एक चक्र में स्थित, अंदर या बाहर की ओर मुँह करती हुईं। कुछ योगिनियाँ साधारण मनुष्यों की तरह दिखती हैं, दो भुजाओं के साथ। अन्य योगिनियाँ अद्भुत दिखती हैं, कई भुजाओं, और जानवरों के सिर और शरीर के साथ। क्या वे हमें शक्ति और ज्ञान के वचनों से मोहित कर हमारे अहम् को संतुष्ट कर रही हैं? या क्या वे हमें अपनी पशु प्रवृत्ति से ऊपर उठकर, मत्स्य न्याय को वश में कर, हमारी दिव्य क्षमता – हमारी मानवता और दूसरों की बिना शर्त के देखभाल करने की क्षमता की खोज करने का ज्ञान दे रही हैं? शिव और शक्ति, विष्णु और लक्ष्मी, यक्ष और यक्षी की छवियों को देखते ही हमें इस प्रश्न का उत्तर मिलेगा। वे एक-दूसरे की आँखों में प्यार से देखते हैं। देवी, या योगिनी ने उन्हें ऐसा कुछ दिखाया है जिसे हम अनदेखा कर देते हैं!

तीसरी आँख

हमारी दो आँखें हमें सांसारिक विश्व की ओर जागरूक और उसपर निर्भर बनाती हैं। हमारी तीसरी आँख इस निर्भरता को नष्ट कर इस विश्व के परे देखने में मदद करती है। संन्यासी मुक्त होने के

लिए दो आँखें बंद कर तीसरी आँख खोलना चाहता है। लेकिन योगिनी हमें तीनों आँखें खोलने के लिए प्रेरित करती है। यह इसलिए कि हम ऐसे संन्यासी बन सकें जो गृहस्थी का आनंद लेते हैं, और योगिनी के साथ नृत्य करते हैं, योगिनी को नियंत्रित करने की आवश्यकता अनुभव किए बिना, जैसे एक योगी को करना चाहिए। जब तीनों आँखें खुली होती हैं, तो हम अपने आप और विश्व की वास्तविकता समझ जाते हैं और इस प्रकार विश्वसनीय बन जाते हैं।

हमारी दिव्य क्षमता अहम् ब्रह्मास्मि, अर्थात मैं दिव्य हूँ, इस वाक्यांश में वर्णित है। इस क्षमता की खोज करने के साथ-साथ अपने आस-पास के सभी लोगों की दिव्य क्षमता को भी पहचानना उतना ही महत्त्वपूर्ण है, जो तत् तवं असि, अर्थात आप भी दिव्य हैं यह वाक्यांश वर्णित करता है। जब हम अपने आप और दूसरों में प्रकृति की अनंतता को सराहने लगते हैं, तब हम दूसरों को नियंत्रित करने की निरर्थकता समझ जाते हैं। फिर हम अपने और दूसरों के प्रति और दयालु बन जाते हैं। हम स्वीकार करते हैं कि दूसरे भी योगियों की तरह देख सकते हैं, यदि वे अपने आप को अनुमति दें तो। हमें उन्हें दिखाने की आवश्यकता नहीं होती, क्योंकि ज्ञान सर्वव्यापक है, फिर से खोजे जाने की वह प्रतीक्षा कर रहा है, जैसा कि अनंत भूतकाल में था, और अनंत भविष्यकाल में होगा। धन, शक्ति, विशेषाधिकार और ज्ञान की खोज करने, उनका आनंद लेने और उनकी सराहना करने के बाद, हमें बस पर्याप्त मात्रा में उदार बनना आवश्यक है ताकि योगिनियाँ मुक्त होकर वे अन्य लोगों के जीवन में उड़ सकें।

लेखकों का परिचय

देवदत्त पट्टनायक, भारत के विख्यात पौराणिक शास्त्रज्ञ, इस पुस्तक के लेखक और चित्रकार हैं। उन्होंने इस विषय पर 50 से अधिक पुस्तकें और 1000 से अधिक लेख लिखे हैं और कुछ टेड टॉक भी प्रस्तुत किए हैं। उन्होंने इस पुस्तक की संरचना इस हेतु से की है कि यह विषय अंतर्राष्ट्रीय दर्शकों के लिए सुलभ बन सकें।

मैथ्यू रूली, पूर्व यू. एस. मरीन और E-RYT 500 की रजिस्ट्री प्राप्त किए हुए अनुभवी योग शिक्षक हैं। वे दस वर्षों से अधिक समय से संस्कृत और पूर्वी दर्शनशास्त्र का अध्ययन करते आए हैं। योग के प्रति उत्साही लोगों के लिए इस तरह की पुस्तक की आवश्यकता उन्होंने महसूस की और इसलिए 2017 में उन्होंने देवदत्त पट्टनायक से संपर्क कर इस पुस्तक पर काम करना शुरू किया। अगले दो वर्षों में उन्होंने कई आसनों की सूची बनाई। इस पुस्तक के लिए चुने गए अंतिम 64 आसनों के लिए वे मॉडल, फ़ोटोग्राफ़र और टीकाकार बने।

अनुवादक का परिचय

मिहीर सासवडकर अंग्रेज़ी और हिंदी दोनों में अनुवाद करते हैं। आपने पौराणिक कथा, लिंग और किशोरों से संबंधित मामलों तथा इतिहास जैसे विविध विषयों पर पुस्तक, लेख, फिल्म स्क्रिप्ट तथा साउंड और लाइट शो स्क्रिप्ट जैसे प्रारूपों में अनुवाद किया है। आपके अनुवाद की गई किताबें हैं: देवदत्त पट्टनायक की 'कैसे बने धनवान' और 'वाहन'।

Yoga Mythology

64 Asanas and their Stories

The popular names of many yogic asanas—from Virbhadra-asana and Hanuman-asana to Matsyendra-asana, Kurma-asana and Ananta-asana—are based on characters and personages from Indian mythology. Who were these mythological characters, what were their stories, and how are they connected to yogic postures?

Devdutt Pattanaik's newest book *Yoga Mythology* (co-written with international yoga practitioner Matt Rulli) retells the fascinating tales from Hindu, Buddhist and Jain lore that lie behind the yogic asanas the world knows so well; in the process he draws attention to an Indic worldview based on the concepts of eternity, rebirth, liberation and empathy that has nurtured yoga for thousands of years.

आस्था

हिंदू धर्म में 40 प्रबोधन

हिन्दू इतने रूढ़िवादी क्यों हैं? वे मूर्तिपूजा क्यों करते हैं? क्या हिन्दू हमेशा से जातिवादी थे? क्या हिन्दुओं को शाकाहारी माना जाता है? क्या हिन्दू धर्म तलाक की अनुमति देता है? हिन्दुओं की प्रार्थना मुस्लिमों की नमाज या ईसाईयों की प्रेयर से क्यों भिन्न है? क्या हजारों साल पहले आये मुस्लिम हमलावरों ने हिन्दू संस्कृति को नष्ट किया? हिन्दू दर्शन और उससे जुड़े भारतीय साहित्य के इन मुख्य सवालों के जवाब देवदत्त पट्टनायक ने अपनी नई किताब में आसान, स्पष्ट और रोचक माध्यम से दिए हैं। उन्होंने हिन्दू धर्म के जटिल तत्वों को सुलझाकर रख दिया है। *आस्था* बहुत से जिज्ञासु पाठकों को दुनिया में सबसे ज्यादा पूजे जाने वाले हिन्दू धर्म के कई नए पहलुओं से अवगत कराएगी।

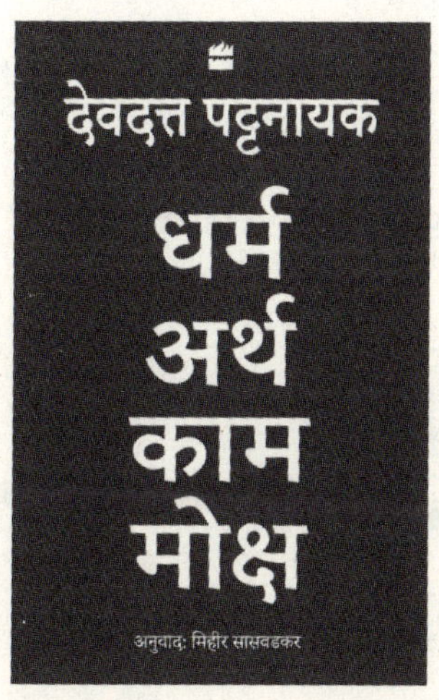

धर्म अर्थ काम मोक्ष

अर्थ-शास्त्र भोजन उत्पन्न करने की सोचता है, जैसे संपदा का कार्य सेवाएँ और संसाधन उत्पन्न करना है; काम-शास्त्र हमारी भूख को इस भोजन से जोड़ता है। धर्म-शास्त्र हमें दूसरों की भूख का भी ख्याल रखना सिखाता है, जबकि मोक्ष-शास्त्र सिखाता है कि अपनी लालसाएं बढ़ाते हुए भी खुद को भौतिकता से कैसे विलग रखें। ये चारों हिन्दू शास्त्र साथ में जीवन जीने का एक संतुलित तरीका सामने रखते हैं, जो मानव के अस्तित्व को अर्थ प्रदान करता है।

धर्म अर्थ काम मोक्ष में देवदत्त पट्टनायक हिन्दू जीवन शैली के महत्वपूर्ण पहलुओं को संक्षिप्त और दिलचस्प लेखों के माध्यम से प्रस्तुत करते हैं।